KB007423

명리학

—

재미있는 우리사주

지은이 **정담**(廷潭)

속명 김근환(金根煥)
1969년 강원도 월정사 상원암 탄허대종사를 은사로 출가 수행
미국 캘리포니아 버나딘 대학 자연치료학과 졸업
원광대학교 동양학대학원 동양철학 석사

현재 삼불사 포교원 산방굴 원장
     616-814 부산시 북구 덕천1동 814-1

     전화 051-334-8184
     직통 011-488-0316
     팩스 051-553-6237

명리학 | 재미있는 우리사주

1판 1쇄 인쇄일 | 2007년 1월 20일
1판 1쇄 발행일 | 2007년 1월 26일

발행처 | 삼한출판사
발행인 | 김충호
지은이 | 정담 선사

등록일 | 1975년 10월 18일
등록번호 | 제13-47호

411-800 경기도 고양시 일산 서구 구산동 142-4번
대표전화 (031) 921-0441
팩시밀리 (031) 925-2647

값 19,000원
ISBN 89-7460-116-8 03180

신비한 동양철학 · 74

명리학 | 재미있는 우리사주

정담 선사 편저

삼한

■ 머리말

 몇 년 전『사주에 모든 길이 있다』를 출간한 후 선배 제현들께 알찬 내용의 책다운 책을 접했다면서 매월 한 번만이라도 참 역학의 발전을 위하여 학술세미나를 열자는 제의를 받았다. 그러나 사주의 작성법을 설명하지 않아 독자들에게 많은 질타를 받고 뒤늦게 이 책을 출판하기로 결심했다. 이 책은 누구나 한글만 알면 역학과 가까워질 수 있도록 사주 세우는 방법부터 실제간명, 용어해설에 이르기까지 분야별로 엮었으니 많은 도움이 되리라고 생각한다.

 역학은 남의 운명을 점쳐주고 돈이나 받는 천한 학문이 아니다. 인생관이나 우주관을 타파하고 우주전만유(宇宙全萬有) 일진법계화(一塵法界化) 그대로가 진리라는 것을 확실히 보여준다. 여래께서 이 우주전만유(宇宙全萬有) 일진법계화(一塵法界化)의 도를 설했지만 중생들이 못 알아들으니 부득이 설법을 나누어 아함부(阿含部) 12년, 방등부(方等部) 8년, 반야부(般若部) 21년, 법화부(法華部) 8년을 합하여 49년 설법한 것이 바로 위대한 팔만대장경이다. 이는 모두가 화엄경(華嚴經)을 쉽게 이해시키기 위한 방편이다.

 소납도 초심자들이 쉽게 통변할 수 있도록『명리학·재미있는 우리사주』를 펴내니 학자 제현들께서는 혹세무민하지 말고 하루하루 각박해지는 현실에 주역의 도를 가르쳐 이 땅에 올바른 정신문화를 꽃피우는 학자가 되어야 할 것이다. 주역을 체득하지 못한 어떤 사람들은 중이 절간에서 염불이나 하지 왜 사주를 논하느냐며 질책한다. 천만의 말씀이다. 그것은 인생관, 우주관 우주전만유(宇宙全萬有) 일진법계화(一塵法界化)의 도리를 모르고 하는 소리이다.

세존께서 6년의 고행 끝에 삼명육통(三明六通)의 지혜광명으로 무명을 깨트리고 중생을 바른 길로 나아가게 제도하고 방편을 세우셨던 것이 바로 육심통(六心通)이다. 숙명통(宿命通), 천안통(天眼通), 누진통(漏盡通), 신족통(神足通), 천이통(天耳通), 타심통(他心通)의 육심통(六心通)으로 아라한과 지혜광명을 온 우주에 빛내셨다. 이 방대한 주역의 참 원리를 깨닫지 못한 일부 승려들은 자기의 무지를 모른채 교만과 아집으로 주역의 경지에 이른 학자들을 시기하지 말고 겸손하게 학문을 높이 평가하고 인정해야 한다.

선(禪)이란 무엇인가? 한마디로 부처님의 마음이다. 부처님 마음이란 무엇인가? 우주전만유(宇宙全萬有) 일진법계화(一塵法界化)의 도리이다. 바라건대 학자들은 기득권 세력에 기생하여 현실정치를 논하거나 개인의 욕망을 채우기 위하여 장삿속으로 접근하지 않기 바란다. 끝으로 이 책을 쓰는데 큰 도움을 주신 원각(圓覺) 선사님과 출간에 애쓴 삼한출판사 김충호 사장님과 임직원 여러분께도 깊이 감사드린다.

1장. 천간지지론(天干地支論)

천간(天干)은 하늘의 기를 말하고, 지지(地支)는 땅의 기를 말한다. 천간(天干)의 대표적인 기의 수가 10가지이므로 십간(十干)이라 하고, 땅의 기는 지지(地支)라고 하는데 그 기의 대표적인 수가 12가지이므로 십이지(十二支)라고 한다.

천간(天干)인 하늘의 기는 남성적으로 강한 것을 의미하고, 지지(地支)인 땅의 기는 여성적으로 유연하며 부드러운 것을 의미한다. 그러므로 강하고 유연한 하늘과 땅의 기가 서로 융합과 조화 속에 상생하여 만물을 생성하고 상극하여 만물이 소멸한다. 따라서 천기와 지기의 작용이 만물을 생멸시키고 인간의 운명을 속박하기도 한다.

1. 육십갑자(六十甲子)

천간(天干)의 첫 글자인 갑(甲)과 지지(地支)의 첫 글자인 자(子)가 결합되면서 차례로 이어진다. 이때 천간(天干)과 지지(地支)가 같은 음양(陰陽)으로 결합된다. 육십갑자(六十甲子)의 뜻은 천기(天氣)와 지기(地氣)가 한 번씩 결합되어 한 바퀴 돌면 60개의 간지(干支)가 되므로 첫 결합인 갑자(甲子)를 앞에 붙인 말이다. 천기(天氣)와 지기(地氣)의 결합은 어떻게 전개되는지 그 이치를 기억하면서 육십갑자(六十甲子)를 짚어갈 수 있도록 다음 쪽 육십갑자표(六十甲子表)를 보면서 연습하기 바란다.

육십갑자 조견표

甲子	甲戌	甲申	甲午	甲辰	甲寅
乙丑	乙亥	乙酉	乙未	乙巳	乙卯
丙寅	丙子	丙戌	丙申	丙午	丙辰
丁卯	丁丑	丁亥	丁酉	丁未	丁巳
戊辰	戊寅	戊子	戊戌	戊申	戊午
己巳	己卯	己丑	己亥	己酉	己未
庚午	庚辰	庚寅	庚子	庚戌	庚申
辛未	辛巳	辛卯	辛丑	辛亥	辛酉
壬申	壬午	壬辰	壬寅	壬子	壬戌
癸酉	癸未	癸巳	癸卯	癸丑	癸亥

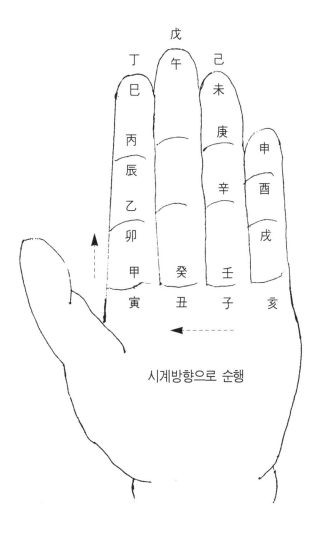

시계방향으로 순행

　　왼손에 십간(十干)과 십이지(十二支)를 입력한 후, 손에서 육십갑
자(六十甲子)를 돌리는 습관을 길러야 운명의 길흉화복을 쉽게 에
지할 수 있다. 위의 그림을 참고로 연습하기 바란다.

2. 천간(天干)과 지지(地支)

천간(天干)과 지지(地支)는 모두 음양(陰陽)과 오행(五行)으로 나뉘고, 역학(易學)의 근본 이치는 바로 음양오행(陰陽五行)에 있다. 따라서 사주학을 공부하는데 기본 상식이니 외워두는 것이 편하다.

天干	甲	乙	丙	丁	戊	己	庚	辛	壬	癸	-	-
地支	子	丑	寅	卯	辰	巳	午	未	申	酉	戌	亥
十二獸	쥐	소	뱀	토끼	용	뱀	말	양	원숭이	닭	개	돼지

		陽	甲	丙	戊	庚	壬	-
天干		陰	乙	丁	己	辛	癸	-
		五行	木	火	土	金	水	-
地支		陽	子	寅	辰	午	申	戌
		五行	水	木	土	火	金	土
		陰	丑	亥	酉	未	巳	卯
		五行	土	水	金	土	火	木

★ 암기 : 갑병무경임(甲丙戊庚壬)은 양천간(陽天干)이고,
　　　　을정기신계(乙丁己辛癸)는 음천간(陰天干)이다.

★ 암기 : 자인진오신술(子寅辰午申戌)은 양(陽)이고,
　　　　축해유미사묘(丑亥酉未巳卯)는 음(陰)이다.

3. 오행(五行)

오행(五行)이란 목화토금수(木火土金水)를 말하며, 상생법(相生法)·상극법(相剋法)·상비법(相比法) 3가지로 나눈다.

1. 상생법(相生法)

상생(相生)은 낳고 기르는 것이니 모자간으로 보면 된다.

— 목생화(木生火) : 목(木)은 화(火)를 낳고 사랑으로 기른다.
— 화생토(火生土) : 화(火)는 토(土)를 낳고 사랑으로 기른다.
— 토생금(土生金) : 토(土)는 금(金)을 낳고 사랑으로 기른다.
— 금생수(金生水) : 금(金)은 수(水)를 낳고 사랑으로 기른다.
— 수생목(水生木) : 수(水)는 목(木)을 낳고 사랑으로 기른다.

2. 상극법(相剋法)

— 목극토(木剋土) : 목(木)은 토(土)를 극하고 미워하며 질투한다. 나무는 땅 속에 뿌리를 박고 살면서 땅을 파괴시키지만 토(土)를 부드럽게 만든다.
— 토극수(土剋水) :토(土)는 수(水)를 극하고 미워하며 질투한다. 흙은 유유히 흐르는 물길을 방해하나 습지를 매립하여 대지를 만들기도 한다.
— 수극화(水剋火) : 수(水)는 화(火)를 극하고 미워하며 질투한다.

물은 활활 타오르는 불을 끄지만 물을 따뜻하게 만들기도 한다.

— 화극금(火剋金) : 화(火)는 금(金)을 극하고 녹이며 단련시킨다.
불은 쇠를 자유자재로 파괴하지만 쇠를 녹여 각종 제품을 만들
기도 한다.

— 금극목(金剋木) : 금(金)은 목(木)을 극하고 제재하며 공예품을
만들기도 하지만 어린나무를 없애버리기도 한다.

3. 상비법(相比法)

나와 같은 자로 형제나 친구, 또는 동업자나 경쟁자로 본다. 육친
으로는 비견(比肩)과 겁재(劫財)라고 한다.

— 목비목(木比木) : 목(木)이 목(木)을 만나면 비견(比肩)이나 겁
재(劫財)가 된다.

— 화비화(火比火) : 화(火)가 화(火)를 만나면 비견(比肩)이나 겁
재(劫財)가 된다.

— 토비토(土比土) : 토(土)가 토(土)를 만나면 비견(比肩)이나 겁
재(劫財)가 된다.

— 금비금(金比金) : 금(金)이 금(金)을 만나면 비견(比肩)이나 겁
재(劫財)가 된다.

— 수비수(水比水) : 수(水)가 수(水)를 만나면 비견(比肩)이나 겁
재(劫財)가 된다.

4. 오행(五行)과 간지(干支)

1. 목(木)

목(木)은 어질며 인자함을 뜻한다. 계절로는 만물이 소생하는 봄, 수리로는 3과 8, 방위로는 동쪽, 오성(五星)으로는 목성(木星), 오장(五臟)으로는 간담, 오곡(五穀)으로는 보리, 오미(五味)로는 신맛, 오색(五色)으로는 청색, 오기(五氣)로는 따뜻한 바람, 십신(十神)으로는 청제신(靑帝神)과 청룡신(靑龍神), 오제(五帝)로는 태호제(太昊帝)에 해당한다. 오성(五星)인 목성(木星)의 천간(天干)과 지지(地支)의 성격은 다음과 같다.

① 갑목(甲木) : 천기(天氣)의 양기(陽氣)를 쪼개어 터뜨림을 상징한다. 거목에 해당하여 풍파를 견뎌내는 굳건한 의지가 있어 부러질지언정 휘지 않고, 다른 세력에 굴하지 않는 대림목(大林木)이다. 오장(五臟)으로는 담에 해당한다.

② 을목(乙木) : 갑목(甲木)이 양기(陽氣)를 터뜨렸다면 을목(乙木)은 처음으로 만물이 그 형체를 드러냄을 의미한다. 씨앗이 싹을 틔우고 처음 솟아날 때 구부러져 오르는 모양이다. 비록 연약하지만 모진 비바람에도 꺾이지 않는 의지력이 있다. 작은 나무나 화초로 보고, 오장(五臟)으로는 간에 해당한다.

③ 인목(寅木) : 갑목(甲木)과 성격이 같으나 지기(地氣)에 해당하여 인(寅) 중에 있는 무토(戊土)에 목(木)이 뿌리를 박는 한편, 인(寅) 중 병화(丙火)의 불꽃 같은 양기(陽氣)가 터져나오는 것을 의미한다. 그러나 아직 추위가 남아 있는 때이므로 기상을 활짝 펴기까지는 시간이 필요하다. 오장(五臟)으로는 담에 해당한다.

④ 묘목(卯木) : 을목(乙木)과 기질이 같으나 땅 속에서 솟아오르는 싹으로 만물이 비로소 형체를 드러냄을 의미한다. 유약하지만 의지가 굳고, 순진하며 활동적이다.

2. 화(火)

화기(火氣)는 양기(陽氣)로 만물을 생출하는 에너지이다. 세상을 훤하게 밝히고 따뜻하게 해준다. 강한 것을 양(陽)이라 하고, 부드러운 것을 음(陰)이라 한다. 하늘과 남자, 밝은 것과 높은 것은 양(陽)에 해당하고, 땅과 여자, 어두운 것과 낮은 것은 음(陰)에 해당한다.

오성(五星)으로는 화성(火星), 오상(五常)으로는 예(禮), 계절로는 여름, 방위로는 남쪽, 오장(五臟)으로는 심장과 소장, 수리로는 2와 7, 오곡(五穀)으로는 기장, 맛으로는 쓰고 떫은 맛, 오색(五色)으로는 적색, 오기(五氣)로는 더운 열, 십신(十神)으로는 적제신(赤帝神)과 주작신(朱雀神), 오제(五帝)로는 염제(炎帝)에 해당한다.

① 병화(丙火) : 천간(天干)의 화기(火氣)로 양(陽)이며, 세상을 환하게 밝혀 만물을 생육하며 모습을 드러내게 한다. 상은 큰 불덩이인 태양으로 보고, 성격은 외향적이며 불처럼 급하나 잘 꺼지고, 오장(五臟)으로는 소장과 삼초에 해당한다.

② 정화(丁火) : 천간(天干)의 화기(火氣)로 음화(陰火)이다. 작은불·용광로·등촉·고요한 촛불에 해당한다. 성품은 조용하며 부드럽고 인자하다.

③ 사화(巳火) : 지지(地支)로 땅에 양기(陽氣)가 충만함을 의미한다. 물체로는 정유장·대형차량·휘발유 등으로 보고, 오장(五臟)으로는 심장에 해당한다.

④ 오화(午火) : 정화(丁火)와 기질이 같으나 음양(陰陽)이 교체되는 기운이다. 즉 양기(陽氣)가 다하여 음기(陰氣)가 시작되는 것인데, 음양(陰陽)이 모두 놀라며 미워한다. 그러나 이로써 결실을 위한 준비가 시작된다. 오장(五臟)으로는 소장과 삼초에 해당하여 그 기운이 약하면 심장판막이나 소화불량에 시달린다. 물체로는 화장품·유흥업소·악세사리·안경·전기·간판 등으로 본다.

3. 토(土)

토기(土氣)는 만물을 구성하는 근본으로 만물을 성장시킨다. 그래서 방위는 천하의 중앙이며, 계절도 사계에 배정되어 진술축미(辰戌丑未)의 4가지 지지(地支)가 있다. 따라서 만물은 오로지 토(土)에 의지하여 생장결실이 이루어지므로 믿음(信)에 해당한다. 오장(五臟)으로는 위장과 비장, 하늘에서는 토성(土星), 색깔은 황색, 수리로는 5와 10, 오미(五味)로는 단맛, 오기(五氣)로는 습(濕), 십일신(十一神)으로는 구진신(句陳神)과 등사신(騰蛇神), 오제(五帝)로는 황제신(黃帝神)에 해당한다.

① 무토(戊土) : 무토(戊土)는 양토(陽土)로 태산 같은 흙이며, 만물을 무성하게 할 수 있는 충분한 영양을 머금고 있다. 성원토(城垣土)로 제방·운동장·산야로 본다. 오장(五臟)으로는 위장에 속하여 무토(戊土)가 강하면 체격이 우람하며 음식을 가리지 않는다.

② 기토(己土) : 기토(己土)는 음토(陰土)로 얕은 흙에 해당하여 논밭의 흙, 화분의 흙, 도자기를 만드는 고령토로 보며 축미토(丑未土)와 같다. 오장(五臟)으로는 비장에 해당하여 기토(己土)가 강하면 배가 나오며 식욕이 왕성하다.

③ 진토(辰土) : 진토(辰土)는 춘토(春土)로 양기(陽氣)가 되어 만

물이 기개를 펴도록 한다. 음력 3월 토(土)로 식물의 싹이 힘차게 솟아올라 그 자태를 뽐내는 것과 같다. 그래서 진(辰) 중에 계수(癸水)가 암장(暗藏)되어 수기(水氣)를 넉넉히 머금은 토기(土氣)로 본다. 인체로는 등·허리·위장·맹장 등에 해당하여 진토(辰土)가 약하면 등이나 허리, 위장에 장애가 온다.

④ 미토(未土) : 하토(夏土)로 조토(燥土)이며 음(陰)에 해당한다. 미월(未月)이 되면 양기(陽氣)가 쇠잔해지며 음기(陰氣)가 몰려온다. 그러나 뜨거운 열기가 남아 가을의 결실을 도와주니 기토(己土)와 같이 만물의 모습을 완성시키는 근본 기운이다. 인체로는 위장·척추·복부에 해당하고, 물체로는 골재·시멘트·식품·혼수품으로도 본다.

⑤ 술토(戌土) : 술토(戌土)는 양토(陽土)로 늦가을에 해당한다. 미토(未土)가 만물의 형상을 이루게 한다면 술토(戌土)는 결실을 수장시키는 역할을 한다. 인체로는 위장과 갈비에 해당하고, 물체로는 컴퓨터·전자계산기·창고·서적·골키퍼로도 본다.

⑥ 축토(丑土) : 축토(丑土)는 한기가 수그러드는 음토(陰土)로 봄을 준비하는 흙이다. 양기(陽氣)를 움틔우는 바탕이 되고, 수장된 생명체가 재생하도록 준비하는 단계이다. 오장(五臟)으로는 비장, 물상으로는 인쇄기·전기제품·얼음판·이불·커튼 등으로 본다.

4. 금(金)

금(金)은 오상(五常)으로는 의(義)에 속하고, 만물을 구성하는 뼈대로 강하고 굳세다. 또 늙음에 해당하여 싸늘하며 쓸쓸하다. 그것은 만물의 완성을 뜻하는데, 완성은 곧 이별이 가까웠음을 의미한다. 그래서 계절로는 가을, 방위로는 서쪽, 색깔은 백색에 해당한다. 사람이 죽었을 때 흰색 옷을 입는 것도 이와 같은 이치 때문이다. 그리고 불교에서 서방정토는 극락세계를 말하는데 가을과 죽음, 정토와 순백색이 서로 관계가 있다.

수리로는 4와 9, 오곡(五穀)으로는 벼, 오기(五氣)로는 조(燥), 십신(十神)으로는 백호신(白虎神)과 백제신(白帝神), 오제(五帝)로는 소호신(少昊神), 오장(五臟)으로는 폐와 대장, 맛으로는 매운맛, 하늘에서는 금성(金星)에 해당한다.

① 경금(庚金) : 경금(庚金)은 무쇠덩어리에 해당하여 강경하고, 금(金) 중에 양기(陽氣)로 만물을 내적으로 충실해지도록 한다. 인체로는 대장에 해당하여 경금(庚金)이 약하면 변비나 설사 등의 질병에 시달릴 수 있고, 얼굴에 기미가 많이 생기기도 한다. 물상으로는 자동차·연장·무기 등으로 본다.

② 신금(辛金) : 경금(庚金)에 비하여 날카로운 쇠로 보석·바늘·침·면도칼·수저 등으로 본다. 음금(陰金)으로 인체에서는 폐에

해당하여 기력이 약하면 폐결핵·호흡기 장애·감기·편도선염 등에 시달린다.

③ 신금(申金) : 양(陽)에 속하며 만물의 형체를 완성시키는 경금(庚金)의 기능과 같다. 인체로는 대장에 속하고, 신(申) 중에는 무토(戊土)·임수(壬水)·경금(庚金) 등이 두루 내재되어 만물의 결실을 돕는다.

④ 유금(酉金) : 신금(辛金)과 같은데 만물의 결실을 완성시키는 다음 생을 준비하는 지지(地支)로 음기(陰氣)에 속한다. 인체로는 폐·코·음성에 해당하고, 물상으로는 귀금속·현금·은행·돈놀이·고추 등으로 본다.

5. 수(水)

수기(水氣)는 한냉한 어둠과 죽음, 그리고 지혜에 해당하며 색은 검고 맛은 짜다. 오곡(五穀)으로는 콩, 수리로는 1과 6, 방위로는 북쪽, 오장(五臟)으로는 정력과 정기가 머무는 신장, 십신(十神)으로는 흑제신(黑帝神)과 현무신(玄武神), 오제(五帝)로는 전제신(顓帝神)에 해당한다.

① 임수(壬水) : 양천간(陽天干)으로 대해수라 하고, 음(陰)이 지

극하여 양(陽)이 시생되어 음양(陰陽)이 혼합되어 있다. 그러나 양(陽)은 움만 틔었을 뿐 아직 어둡고 추운 곳에서 벗어날 수 없다. 오장(五臟)으로는 방광에 해당하여 임수(壬水)가 부족하면 정력이 떨어지고 소변도 잦아지며 하체에 힘이 없다.

② 계수(癸水) : 도도히 흐르는 임수(壬水)에 비하여 얕게 흐르는 개울물에 해당하고, 음수(陰水)로 양기(陽氣)가 점점 성장하는 기운이 있다. 인체로는 신장에 해당하여 계수(癸水)가 약하면 당뇨가 무섭고 정력이 떨어진다. 작은 물로 이슬비·눈물·샘물·시냇물 등으로 본다.

③ 해수(亥水) : 임수(壬水)와 같은 양(陽)에 속한다. 역시 방광에 속하고, 고환·소금물·음료수 등에 속하며, 만물에 생명이 끝이 났지만 다시 태어날 양기(陽氣)가 되는 씨앗이 내포되어 있다.

④ 자수(子水) : 계수(癸水)와 같은 음수(陰水)로 인체로는 신장에 해당하고, 자궁·생식기·정자·월경·음료수 등으로 본다.

 다음은 오행속성 활용표이다. 사주추명학에서 많이 활용하는 것이니 숙지하기 바란다.

오행속성배속표

오행 / 속성	木	火	土	金	水
천간	甲乙	丙丁	戊己	庚辛	壬癸
지지	寅卯	巳午	辰戌丑未	申酉	亥子
수리	3, 8	2, 7	5, 10	4, 9	1, 6
계절	봄	여름	환절기	가을	겨울
방위	동	남	중앙	서	북
간방	손	곤	중앙	건	간
오색	청	적	황	백	흑
오미	신맛	쓴맛	단맛	매운맛	짠맛
오기	바람	열	습	건조	차가움
오장	간장	심장	비장	폐	申장
육부	담	소장	위장	대장	방광
오궁	눈	혀	입	코	귀
오영	손발톱	눈	입술	毛	髮
육신	청룡	주작	구진, 등사	백호	현무
오성	세성	형혹성	진성	태백성	진성
오곡	보리	기장	조	벼	콩
오과	오얏	살구	대추	복숭아	밤
오축	개	양	소	닭	돼지
사덕	元	亨	通德	利	貞
오상	仁	禮	信	義	智

2장. 사주정립론(四柱定立論)

1. 사주팔자(四柱八字)란 무엇인가

사주팔자(四柱八字)는 태어난 년월일시의 간지(干支)가 4개이기 때문에 사주(四柱)라 하고, 사주의 천간(天干)과 지지(地支)가 8자이기 때문에 팔자(八字)라고 한다. 고로 생년월일시의 사주와 간지(干支)의 8글자를 모두 합하여 사주팔자라고 한다. 사주팔자가 비록 4기둥 8자로 짜여져 있지만 그 글자 속에 내포되어 있는 오묘한 진리는 형용하기 어려울 만큼 무궁무진하다.

생년(生年)은 년주(年柱)라 한다. 뿌리근 자를 써서 근(根)이 되니 조상의 자리로 본다. 사덕(四德)으로는 원(元)이고, 1세에서 20세까지의 초년운을 본다.

생월(生月)은 월주(月柱)라 한다. 싹묘 자를 써서 묘(苗)가 되니 부모형제의 자리로 본다. 사덕(四德)으로는 형(亨)이고, 20세에서

40까지의 중년운을 본다.

생일(生日)은 일주(日柱)라 한다. 꽃화 자를 써서 화(花)가 되니 자신과 배우자의 자리로 보고, 아신(我身)·기신(己身)·명주(命主)라고도 한다. 사덕(四德)으로는 이(利)고, 40세에서 60세까지의 장년운을 본다.

생시(生時)는 시주(時柱)라 한다. 열매실 자를 써서 실(實)이 되니 자손과 아랫사람의 자리로 본다. 사덕(四德)으로는 정(貞)이고, 60세에서 80세까지의 말년운을 본다.

사주(四柱)를 세울 때는 남녀를 구분한다. 남자는 남명, 여자는 여명, 또는 남명은 하늘건 자를 써서 건명(乾命), 여명은 땅곤 자를 써서 곤명(坤命)이라고 한다. 간지(干支)에 오행(五行)과 음양(陰陽)을 배정하고, 음양오행(陰陽五行)의 생극제화(生剋制化)의 원리에 의해 한 개인의 성격을 비롯하여 인격과 도량, 학문과 재능, 재물복과 직업운, 부모형제와 아내와 자식 등 육친의 길흉화복을 형이상학적으로 연구하는 학문으로 사주학(四柱學)·명리학(命理學)·추명학(推命學)이라고 한다.

2 년주(年柱) 세우는 방법

출생년의 간지(干支)를 년주(年柱)라고 하는데, 앞에서 설명한 천간(天干)과 지지(地支) 중 육십갑자(六十甲子)를 이해했으리라고 본다.

첫째, 만세력을 펴고 자신이 태어난 해를 찾아보자. 예를 들어 1945년생이면 만세력에서 1945년을 찾아본다. 간지(干支)가 을유년(乙酉年)이라고 쓰여 있을 것이다. 바로 그 을유(乙酉)가 그 해의 태세(太歲)로 년주(年柱)가 된다. 만약 갑신(甲申)년에 태어났으면 년주(年柱)가 갑신(甲申)이니 갑신(甲申)년생이 되고, 병술(丙戌)년에 태어났으면 역시 년주(年柱)가 병술(丙戌)이니 병술(丙戌)년생이 된다.

이때 주의할 점은 지난해와 새해를 구분할 때 양력이나 음력 모두 1월 1일을 기준으로 하나, 사주추명학에서는 24절기 중 12절에 해당하는 입춘을 기준으로 한다는 것이다. 그러니 입춘 절입시부터 새해로 계산해야 한다.

예를 들어 1월 5일에 태어났어도 그 해의 입춘이 1월 10일이면 새해로 보는 것이 아니라 지난해로 정해야 한다. 예를 들어 1947년 1월 10일생이면 1947년은 입춘이 1월 15일 자(子)시에 들어 입춘 전에 출생했으니 1947년 정해(丁亥)생이 아니라 지난해인 1946년 12월생으로 병술(丙戌)생이 된다. 또한 예로 1947년 12월 27일생이면 새해 입춘이 12월 26일 묘(卯)시에 들었으니 1947년 정해(丁亥)생이 아니라 새해인 1948년 무자(戊子)생이 된다는 것을 명심해야 한다. 절입표를 예시하니 암기하여 착오없기 바란다.

24절기표

	月支	節	氣
정월	寅月	立春	雨水
2월	卯月	驚蟄	春分
3월	辰月	淸明	穀雨
4월	巳月	立夏	小滿
5월	午月	芒種	夏至
6월	未月	小暑	大暑
7월	申月	立秋	處署
8월	酉月	白露	秋分
9월	戌月	寒露	霜降
10월	亥月	立冬	小雪
11월	子月	大雪	冬至
12월	丑月	小寒	大寒

2. 월주(月柱) 세우는 방법

월주(月柱)도 년주(年柱)를 정하는 법과 같이 만세력에 있는 해당월의 간지(干支)를 기록하면 된다. 이 간지(干支)를 월건(月建)이라고도 한다. 역시 주의할 점은 월주(月柱)의 간지(干支)를 정할때도 절입일의 시(時)를 기준으로 한다는 것이다.

예를 들어 1947년 음력 1월 12일에 태어났으면 새해가 시작되는입춘이 1월 5일 자시정(子時正)에 들었으니 1947년생이 아니라 지난해인 1946년 12월생으로 병술(丙戌)년 신축(辛丑)월생이 된다.

만일 1947년 음력 2월 12일에 태어났으면 2월절인 경칩이 2월 14일유시정(酉時正)에 들었으니 월주(月柱)는 2월의 계묘(癸卯)월이 아니라 1월인 임인(壬寅)월이 된다.

만일 1947년 음력 3월 18일에 태어났으면 4월절인 입하가 3월 16일유(酉)시 초에 들었으니 월주(月柱)는 3월 갑진(甲辰)월이 아니라4월인 을사(乙巳)월이 된다.

만일 1947년 음력 12월 25일에 태어났으면 정해(丁亥)년 계축(癸丑)월생이 된다.

만일 1947년 음력 12월 27일에 태어났으면 새해가 되는 입춘이 음력 12월 26일 묘시정(卯時正)에 들었으니 정해(丁亥)년 계축(癸丑)월생이 아니라 새해로 넘어가 1948년 무자(戊子)년 갑인(甲寅)월생이 된다.

월건(月建)을 세울 때 해는 바뀌어도 월지(月支)는 바뀌지 않는다는 것을 알고 다음을 숙지하기 바란다.

— 1월은 인(寅)월로 입춘절입시부터 경칩절입시 전까지이다.
— 2월은 묘(卯)월로 경칩절입시부터 청명절입시 전까지이다.
— 3월은 진(辰)월로 청명절입시부터 입하절입시 전까지이다.
— 4월은 사(巳)월로 입하절입시부터 망종절입시 전가지이다.
— 5월은 오(午)월로 망종절입시부터 소서절입시 전까지이다.
— 6월은 미(未)월로 소서절입시부터 입추절입시 전까지이다.
— 7월은 신(申)월로 입추절입시부터 백로절입시 전까지이다.
— 8월은 유(酉)로 백로절입시부터 한로절입시 전까지이다.
— 9월은 무(戊)월로 한로절입시부터 입동절입시 전까지이다.
— 10월은 해(亥)월로 입동절입시부터 대설절입시 전까지이다.
— 11월은 자(子)월로 소한절입시부터 입춘절입시 전까지이다.
— 12월은 축(丑)월로 소한절입시부터 입춘절입시 전까지이다.

이상과 같이 월지(月支)를 알았으니 다음은 월천간(月天干)을 알아야 한다. 이것도 일정한 방법에 의하여 정해진다. 예를 들어 갑(甲)과 기(己)가 합을 하면 천간합(天干合)이라 하고, 갑(甲)과 기(己)가 합을 하면 토(土)로 변한다. 이 변한 토(土)를 생하는 양천간(陽天干)인 병화(丙火)가 갑(甲)년과 기(己)년에는 1월인 인(寅)월의 천간(天干)이 된다. 고로 갑(甲)년과 기(己)년의 1월인 인(寅)

월의 간지(干支)는 병인(丙寅)월이 되니 다음을 유념하기 바란다.

■ 갑기합토(甲己合土) : 합되어 변한 토(土)를 생하는 양화(陽火)
  인 병화(丙火)가 천간(天干)이니, 갑(甲)년이나 기(己)의 인(寅)
  월은 병인(丙寅)월이 된다.

■ 을경합금(乙庚合金) : 합되어 변한 금(金)을 생하는 양토(陽土)
  인 무토(戊土)가 천간(天干)이니, 을(乙)년이나 경(庚)년의 인
  (寅)월은 무인(戊寅)월이 된다.

■ 병신합수(丙辛合水) : 합하여 변한 수(水)를 생하는 양금(陽金)
  인 경금(庚金)이 천간(天干)이니 병(丙)년이나 신(辛)년의 인
  (寅)월은 경인(庚寅)월이 된다.

■ 정임합수(丁壬合木) : 합하여 변한 목(木)을 생하는 양수(陽水)
  임수(壬水)가 천간(天干)이니 정(丁)년이나 임(壬)년의 인(寅)
  월은 임인(壬寅)월이 된다.

■ 무계합화(戊癸合火) : 합하여 변한 화(火)를 생하는 양목(陽木)
  갑목(甲木)이 천간(天干)이니 무(戊)년이나 계(癸)년의 인(寅)
  월은 갑인(甲寅)월이 된다.

위와 같이 1월의 월건(月建)이 결정되었다. 갑(甲)년이나 기(己)
년의 1월은 병인(丙寅)월, 2월은 정묘(丁卯)월, 3월은 무진(戊辰)월,
4월은 기사(己巳)월, 5월은 경오(庚午)월, 6월은 신미(辛未)월, 이렇
게 순행하면 1년 12달의 월건(月建)을 쉽게 세우리라고 본다. 이렇

게 산출한 매년의 년두법(年頭法)에 의한 월건(月建)은 아래와 같다. 이 년두법(年頭法)을 암기해야만 월건(月建)을 쉽게 찾아 월주(月柱)를 세울 수 있다.

— 갑기(甲己)년 병인두(丙寅頭) : 갑(甲)년이나 기(己)년의 1월은 병인(丙寅)월이다.
— 을경(乙庚)년 무인두(戊寅頭) : 을(乙)년이나 경(庚)년의 1월은 무인(戊寅)월이다.
— 병신(丙辛)년 경인두(庚寅頭) : 병(丙)년이나 신(辛)년의 1월은 경인(庚寅)월이다.
— 정임(丁壬)년 임인두(壬寅頭) : 정(丁)년이나 임(壬)년의 1월은 임인(壬寅)월이다.
— 무계(戊癸)년 갑인두(甲寅頭) : 무(戊)년이나 계(癸)년의 1월은 갑인(甲寅)월이다.

4. 일주(日柱) 세우는 방법

일주(日柱) 세우는 방법은 만세력을 보면 되는데, 태어난 날의 일진(日辰)이 일주(日柱)이다. 예를 들어 1947년 음력 10월 4일에 태어났으면 년주(年柱)는 정해(丁亥)년, 월주(月柱)는 신해(辛亥)월, 일주(日柱)는 기해(己亥)일이 된다. 또 1973년 음력 12월 1일에 태어났으면 년주(年柱)는 계축(癸丑)년, 월주(月柱)는 12월절인 소한이 12월 13일 축시정(丑時正)에 들었으니 을축(乙丑)월이 아니라

11월의 갑자(甲子)월이 되고, 일주(日柱)는 을미(乙未)일이 된다.

5. 시주(時柱) 세우는 방법

출생시의 간지(干支)는 출생일의 간지(干支)와 같이 항상 변동이 없고, 시간(時干)은 일간(日干)에 의하여 결정된다. 사주에서의 시간은 평소에 우리가 쓰는 것과는 다르다. 다음의 정시표를 참고하여 암기하기 바란다.

정시표

子時	밤 11시부터 오전 0시 59분까지
丑時	오전 1시부터 새벽 2시 59분까지
寅時	새벽 3시부터 아침 4시 59분까지
卯時	아침 5시부터 아침 6시 59분까지
辰時	오전 7시부터 오전 8시 59분까지
巳時	오전 9시부터 오전 10시 59분까지
午時	오전 11시부터 오후 12시 59분까지
未時	오후 1시부터 오후 2시 59분까지
申時	오후 3시부터 오후 4시 59분까지
酉時	오후 5시부터 오후 6시 59분까지
戌時	오후 7시부터 밤 8시 59분까지
亥時	밤 9시부터 밤 10시 59분까지

앞의 정시표에서 참고할 사항은 계절에 따라 일출과 일몰이 다르다는 것이다. 봄과 가을은 묘(卯)시에 떠 유(酉)시에 지고, 여름은 인(寅)시에 떠 술(戌)시에 지고, 겨울에는 진(辰)시에 떠 신(申)시에 진다는 것을 알고 활용해야 한다. 정시표와 같이 시지(時支)는 변동이 없고, 시간(時干)은 만세력에도 없으니 다음의 시간조견표를 참고하라.

월천간(月天干)을 아는 법과 같이 조견표 없이도 시천간(時天干)을 아는 방법이 있다. 일천간(日天干)이 간합(干合)하여 변한 오행(五行)을 극하는 양천간(陽天干)이 그날 명자시(明子時)의 천간(天干)이 된다. 예를 들어 일간(日干)이 갑(甲)이나 기(己)일이면 갑기(甲己)가 합하여 토(土)로 변한다. 그 변한 토(土)를 극하는 양천간(陽天干) 갑목(甲木)이 바로 갑(甲)일이나 기(己)일의 첫 시간 자시(子時)의 천간(天干)이니 갑자(甲子)시가 된다.

월건법(月建法)처럼 갑자(甲子)시에서 순행하면 해(亥)시까지의 시천간(時天干)을 쉽게 알 수 있다. 그리고 년두법(年頭法)처럼 시두법(時頭法)도 있으니 다음을 암기해두면 시천간(時天干)을 쉽게 찾을 수 있을 것이다.

— 갑기야반(甲己夜半) 갑자(甲子)시 : 갑기(甲己)일의 명자시(明子時)는 갑자(甲子)시이다.
— 을경야반(乙庚夜半) 병자(丙子)시 : 을경(乙庚)일의 명자시(明子時)는 병자(丙子)시이다.

— 병신야반(丙辛夜半) 무자(戊子)시 : 병신(丙辛)일의 명자시(明
  子時)는 무자(戊子)시이다.

— 정임야반(丁壬夜半) 경자(庚子)시 : 정임(丁壬)일의 명자시(明
  子時)는 경자(庚子)시이다.

— 무계야반(戊癸夜半) 임자(壬子)시 : 무계(戊癸)일의 명자시(明
  子時)는 임자(壬子)시이다.

時干支早見表

生時 \ 生日	甲己日	乙庚日	丙辛日	丁壬日	戊癸日
子	甲子	丙子	戊子	庚子	壬子
丑	乙丑	丁丑	己丑	辛丑	癸丑
寅	丙寅	戊寅	庚寅	壬寅	甲寅
卯	丁卯	己卯	辛卯	癸卯	乙卯
辰	戊辰	庚辰	壬辰	甲辰	丙辰
巳	己巳	辛巳	癸巳	乙巳	丁巳
午	庚午	壬午	甲午	丙午	戊午
未	辛未	癸未	乙未	丁未	己未
申	壬申	甲申	丙申	戊申	庚申
酉	癸酉	乙酉	丁酉	己酉	辛酉
戌	甲戌	丙戌	戊戌	庚戌	壬戌
亥	乙亥	丁亥	己亥	辛亥	癸亥

1. 야자시(夜子時)

자시(子時)는 밤 11시부터 밤 12시 사이를 말하는데, 이것을 야자시(夜子時)와 정자시(正子時)로 구분한다. 야자시(夜子時)는 밤 11시부터 자정인 밤 12시 사이를 말하고, 정자시(正子時)는 자정인 밤 12시부터 밤12시 59분까지를 말하는데, 새는 날 자시(子時)라고 하여 명자시(明子時) 또는 조자시(朝子時)라고도 한다. 이것을 도표로 나타내면 다음과 같다.

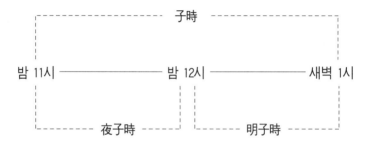

예를 들어 갑자(甲子)일 밤 11시 10분에 태어났으면 갑자(甲子)일 야자시(夜子時)생으로, 일진(日辰)은 갑자(甲子)일이고 시간은 새 시간인 을축(乙丑)일 병자(丙子)시로 한다. 그리고 갑자(甲子)일 밤 12시 50분에 태어났으면 을축(乙丑)일 병자(丙子)시가 된다. 여기서 주의할 점은 야자시(夜子時)와 정자시(正子時)를 구분하는 것이다.

■ 1965년 음력 4월 5일 밤 12시 10분생 : 명자시(明子時)생

甲 己 庚 乙

子 未 辰 巳

■ 1965년 음력 4월 5일 밤 11시 30분생 : 야자시생(夜子時生)

丙 己 庚 乙

子 未 辰 巳

2. 출생시간 아는 방법

만일 태어난 시간을 정확히 모를 때는 부모님이 돌아가신 순서로 유추할 수 있다. 그러나 최소한 언제쯤 태어났는지는 알아야 한다. 예를 들어 인(寅)시에서 묘(卯)시 사이에 태어났으나 인(寅)시인지 묘(卯)시인지 정확히 알지 못할 때는 아버지가 먼저 돌아가셨으면 양(陽)시인 인(寅)시생이고, 어머니가 먼저 돌아가셨으면 음(陰)시인 묘(卯)시생이 된다.

父先亡	母先亡
子·寅·辰·午·申·戌時	丑·卯·巳·未·酉·亥時

이와 같이 부모님이 돌아가신 순서로 출생시간을 아는 방법이 있다. 만일 이것도 확실하지 않으면 본인의 외모를 참고하는 방법이 있으니 다음을 참고하기 바란다.

— 자오묘유(子午卯酉)시생은 얼굴이 긴 편이다.

— 진술축미(辰戌丑未)시생은 얼굴이 둥글넓적한 편이다.

— 인신사해(寅申巳亥)시생은 위세와 맹렬함이 느껴진다.

— 해인진사신술(亥寅辰巳申戌)시생은 머리 가마가 오른쪽에 있다.

— 자유미오묘축(子酉未午卯丑)시생은 머리 가마가 왼쪽에 있다.

— 자오묘유(子午卯酉)시생은 머리 가마가 가운데 있다.

— 인신사해(寅申巳亥)시생은 머리 가마가 가운데서 약간 옆으로
  치우쳐 있다.

— 진술축미(辰戌丑未)시생은 쌍가마이다.

— 자오묘유(子午卯酉)월 진술축미(辰戌丑未)시생은 쌍가마이다.

— 진술축미(辰戌丑未)월 인신사해(寅申巳亥)시생은 쌍가마이다.

— 인신사해(寅申巳亥)월 자오묘유(子午卯酉)시생은 쌍가마이다.

— 자오묘유(子午卯酉)시생은 반듯하게 누워 자는 버릇이 있다.

— 진술축미(辰戌丑未)시생은 어릴 때는 엎드려서 자고, 커서는 구
  부리고 자는 버릇이 있다.

— 인신사해(寅申巳亥)시생은 옆으로 누워 자는 버릇이 있다.

6. 사주를 종합하여 구성하는 방법

앞에서 설명한 년주(年柱)·월주(月柱)·일주(日柱)·시주(時柱)
를 세우는 법에 따라 사주를 종합하여 구성해보기로 한다.

1. 년월일시가 정상인 경우

■ 1915년 10월 19일 축(丑)시생

丁 庚 丁 乙
丑 申 亥 卯

1915년 10월 19일 축(丑)시생이면 남녀를 불문하고 을묘(乙卯)생으로, 년주(年柱)는 을묘(乙卯)이다. 만세력에서 을묘(乙卯)년 10월을 찾아 절기를 살펴보니, 10월절인 입동이 10월 2일 해(亥)시 초에 들었으니 출생월은 정해(丁亥)월이다. 일주(日柱)는 10월 19일 일진(日辰)이 경신(庚申)이니 경신(庚申)이 된다. 출생시는 축(丑)시인데 을경(乙庚)일의 축(丑)시는 정축(丁丑)시이다. 따라서 이 사람의 사주는 정상적으로 을묘(乙卯)년 정해(丁亥)월 경신(庚申)일 정축(丁丑)시가 된다.

2. 정월에 태어났으나 입춘 전이라 전년 12월생이 되는 경우

■ 1963년 1월 10일 오(午)시생

丙 丁 癸 壬
午 丑 丑 寅

1963년생이니 계묘(癸卯)생이어야 하는데 입춘이 출생일을 지나 1

월 11일 해시정(亥時正)에 들었다. 따라서 전년도생이 되어 임인(壬寅)년 계축(癸丑)월이 된다. 그리고 일진(日辰)은 출생일 그대로 쓰니 정축(丁丑)일이 되고, 출생시는 오(午)시인데 정임(丁壬)일의 오(午)시는 병오(丙午)시이다. 따라서 이 사람의 사주는 임인(壬寅)년 계축(癸丑)월 정축(丁丑)일 병오(丙午)시가 된다.

3. 전년에 태어났으나 입춘이 들어 신년생이 되는 경우

■ 1982년 12월 25일 술(戌)시생

戊　丙　甲　癸
戌　寅　寅　亥

1982년생으로 당연히 임술(壬戌)생이어야 하는데, 새해가 시작되는 입춘이 생일에 앞서 22일 유시정(酉時正)에 들어 신년 1983년생으로 계해(癸亥)생이 된다. 월주(月柱)도 새해 1월인 갑인(甲寅)월이 된다. 그러나 일주(日柱)만은 출생일 그대로 쓰니 병인(丙寅)일이 되고, 시주(時柱)는 병신(丙辛)일의 술(戌)시는 무술(戊戌)시가 된다. 따라서 이 사람의 사주는 계해(癸亥)년 갑인(甲寅)월 병인(丙寅)일 무술(戊戌)시가 된다.

4. 당월에 태어났으나 새달이 되는 경우

■ 1996년 5월 26일 진(辰)시생

戊 己 乙 丙
辰 酉 未 子

병자(丙子)년 갑오(甲午)월이어야 마땅하나 6월절인 소서가 출생일보다 앞선 22일 묘(卯)시 초에 들어, 갑오(甲午)월생이 아니라 을미(乙未)월생이 된다. 단 일주(日柱)만은 출생일 그대로 기유(己酉)가 되고, 출생시는 진(辰)시라고 했으니 갑기(甲己)일의 진(辰)시는 무진(戊辰)시이다. 따라서 이 사람의 사주는 병자(丙子)년 을미(乙未)월 기유(己酉)일 무진(戊辰)시가 된다.

5. 당월에 태어났으나 전월생이 되는 경우

■ 1973년 12월 1일 명자시(明子時)생

丙 乙 甲 癸
子 未 子 丑

12월에 태어나 을축(乙丑)월생이어야 하나, 12월 절기인 소한이 출생일보다 늦은 13일 축시정(丑時正)에 들어, 11월인 갑자(甲子)월생이 된다.

이상과 같이 만세력을 이용하여 충분히 연습하고, 사주의 구성은 오른쪽부터 년월일시를 횡서한다는 것을 잊지 않기 바란다.

7. 대운(大運) 세우는 방법

사주 세우는 방법을 알았으니 이제부터는 대운 세우는 방법을 공부하기로 한다. 대운을 정하기 전에 먼저 양남(陽男)과 음녀(陰女), 음남(陰男)과 양녀(陽女)를 구분할 줄 알아야 한다. 출생년의 년천간(年天干)이 양(陽)인 갑병무경임(甲丙戊庚壬)년에 태어났으면 남명은 양남(陽男), 여명은 양녀(陽女)가 된다. 출생년의 년천간(年天干)이 음(陰)인 을정기신계(乙丁己辛癸)년에 태어났으면 남명은 음남(陰男), 여명은 음녀(陰女)가 된다.

대운은 월주(月柱)를 기준으로 하는데 다음달로 순행하느냐 지난달로 역행하느냐 두 가지 방법이 있다. 하나는 「양남음녀(陽男陰女)는 생월에서 순행하고 미래절(未來節)」이라는 말이다. 이것은 생월이 갑인(甲寅)월이면 을묘병진정사무오(乙卯丙辰丁巳戊午)로 순행한다는 뜻이다. 또 하나는 「음남양녀(陰男陽女)는 생월에서 역행하고 과거절(過去節)」이라는 말이다. 이것은 생월이 갑인(甲寅)월이면 계축임자신해경술(癸丑壬子辛亥庚戌)로 역행한다는 뜻이다. 이상과 같이 생월에서 순행하는 대운을 순운(順運)이라 하고, 역행하는 대운을 역운(逆運)이라 한다.

다음은 행운세수(行運歲數)를 알아야 한다. 「양남음녀(陽男陰女)

는 생월에서 순행하고 미래절(未來節)」이라고 했다. 양남음녀(陽男陰女)는 생일부터 순행하여 다음에 오는 절입일까지의 날짜 수를 세어 3으로 나누어 그 나눈 수가 대운수(大運數)가 된다. 또 「음남양녀(陰男陽女)는 생월에서 역행하고 과거절(過去節)」이라고 했다. 음남양녀(陰男陽女)는 생일부터 역행하여 지나온 절입일까지의 날짜 수를 세어 3으로 나누어 그 나눈 수가 대운수(大運數)가 된다. 만일 날짜 수를 3으로 나누어 1이 남으면 버리고, 2가 남으면 1로 계산하여 대운수(大運數)에 추가한다.

만일 생일부터 절입일까지가 21일이면 21÷3=7로 대운수(大運數)는 7이 되어, 7·17·27·37·47·57세마다 대운이 변한다.

만일 생일부터 절입일까지가 19일이면 19÷3=6…1이 되는데, 1이 남으면 버리라고 했으니 대운수(大運數)는 6이 된다.

만일 생일부터 절입일까지가 20일이면 20÷3=6…2가 되는데, 2가 남으면 1로 계산하여 추가하라고 했으니 6에다 1를 더하니 대운수(大運數)는 7이 된다.

3장. 육친론(六親論)

육친(六親)이란 정인(正印)과 편인(偏印), 비견(比肩)과 겁재(劫財), 식신(食神)과 상관(傷官), 정관(正官)과 편관(偏官), 정재(正財)와 편재(偏財)인데, 모두 10가지라 십신(十神)이라고도 한다. 그리고 육친에서 아(我)는 사주팔자의 일천간(日天干)으로 사주의 주인공을 말한다.

— 아생자(我生者)는 인수(印綬)이다 : 나를 낳고 기른 사람은 부모인데, 인수(印綬)로 정인(正印)과 편인(偏印)이 된다.
— 비아자(比我者)는 비겁(比劫)으로 비견(比肩)과 겁재(劫財)이다 : 나와 동등한 사람은 형제와 친구이다.
— 아생자(我生者)는 식상(食傷)이다 : 내가 낳은 것은 자손인데, 식신(食神)과 상관(傷官)이 된다.

— 극아자(剋我者)는 관귀(官鬼)로 정관(正官)과 편관(偏官)이다 : 나를 극하는 것은 관귀(官鬼)인데 정관(正官)과 편관(偏官)이 된다.

— 아극자(我剋者)는 처첩과 재산으로 정재(正財)와 편재(偏財)이다 : 내가 극하는 것은 처첩과 재산이다.

1. 육친(六親) 해설

■ 아생자(我生者)는 인수(印綬)로 나를 낳고 기른 사람을 말한다. 일천간(日天干)이 갑을(甲乙)이면 오행(五行)으로는 목(木)이 된다. 그 목(木)을 생하고 기르는 오행(五行)은 수성(水星)인데, 수성(水星)은 임계해자(壬癸亥子)로 인수(印綬)가 된다. 고로 갑을목(甲乙木)일생의 인수(印綬)는 임계해자수(壬癸亥子水)이고, 그 인수(印綬)를 다시 정인(正印)과 편인(偏印)으로 나눈다.

일간(日干) 오행(五行)을 생하고, 일간(日干)과 음양(陰陽)이 다른 오행(五行)을 정인(正印)이라 하고, 일간(日干) 오행(五行)을 생하고, 일간(日干)과 음양(陰陽)이 같은 오행(五行)을 편인(偏印)이라고 한다.

다시 말하면 양일간(陽日干)에 음인수(陰印綬), 음일간(陰日干)에 양인수(陽印綬)로 음양(陰陽)이 상대가 되어 생하는 갑일간(甲日干)에 계자수(癸子水), 을일간(乙日干)에 임해수(壬亥水)가 정인(正印)이 된다. 양일간(陽日干)에 양인수(陽印綬), 음일간(陰日干)

에 음인수(陰印綬)로 음양(陰陽)이 편중되어 생하는 갑일간(甲日干)에 임해수(壬亥水), 을일간(乙日干)에 계자수(癸子水)가 편인(偏印)이 된다. 이와 같이 병정(丙丁)일, 무기(戊己)일, 경신(庚申)일, 임계(壬癸)일의 인수(印綬)도 갑을(甲乙)일과 같은 방법으로 정편인(正偏印)을 표출한다.

또한 편인(偏印)을 도식(倒食)이라고도 하는데, 식신성(食神星)을 타도시키기 때문이다. 가령 경금(庚金)일생의 식신(食神)은 임수(壬水)요 편인(偏印)은 무토(戊土)인데, 무토(戊土) 편인(偏印)은 임수(壬水) 식신(食神)을 토극수(土剋水)로 타도한다. 따라서 사주에서 식신(食神)이 작용하는 경우 사주에 편인(偏印)이 있으면 그 편인(偏印)을 편인(偏印)이라고 하지 않고 도식(倒食)이라고 한다. 일지(日支)에 있는 편인(偏印)은 효살(梟殺)이라고 하여 친어머니와 인연이 없는 흉살이다.

■ 비아자(比我者)는 비견(比肩)과 겁재(劫財)로, 나와 동등한 자를 말한다. 갑을(甲乙)일생의 오행(五行)은 목(木)이요 목(木)과 동등한 자 역시 목(木)이다. 고로 갑을목(甲乙木)일생의 비견(比肩)과 겁재(劫財)는 갑을인묘(甲乙寅卯)의 목(木)이 되는데, 음양(陰陽)이 같은 자를 비견(比肩)이라 하고, 음양(陰陽)이 다른 자를 겁재(劫財)라고 하니 갑목(甲木)일의 비견(比肩)은 음양(陰陽)이 같은 갑인목(甲寅木)이요, 갑목(甲木)일의 겁재(劫財)는 음양(陰陽)이 다른 을묘목(乙卯木)이 된다.

다음 을목(乙木)일의 비견(比肩)은 음양(陰陽)이 같은 을묘목(乙卯木)이고, 겁재(劫財)는 음양(陰陽)이 다른 갑인목(甲寅木)이 된다. 원래는 비견(比肩)을 정록(正祿), 겁재(劫財)는 편록(偏祿)이라고 하였다.

■ 아생자(我生者)는 식신(食神)과 상관(傷官)으로 자신이 생해주는 것을 말한다. 갑을(甲乙)일생의 오행(五行)은 목(木)이요 목(木)이 생하는 자는 화성(火星)인데, 화(火)는 바로 병정사오(丙丁巳午)이다. 고로 갑을(甲乙)일생의 식신(食神)과 상관(傷官)은 병정사오(丙丁巳午)의 화성(火星)이 된다.

자신인 일간(日干)이 생하고 음양(陰陽)이 같은 것을 식신(食神)이라고 한다. 양일간(陽日干)이 생하는 양(陽), 음일간(陰日干)이 생하는 음(陰)으로 갑일간(甲日干)이 양화(陽火)인 병사화(丙巳火)를 생하고, 을일간(乙日干)이 음화(陰火)인 정오화(丁午火)를 생하는 것을 식신(食神)이라고 한다.

양일간(陽日干)이 음(陰), 음일간(陰日干)이 양(陽)을 생하는 것을 상관(傷官)이라고 한다. 갑일간(甲日干)이 정오화(丁午火)를, 을일간(乙日干)이 병사화(丙巳火)를 생하는 것과 같은 경우다. 식신(食神)과 상관(傷官)도 원래는 식신(食神)은 정식(正食), 상관(傷官)은 편식(偏食)이라고 했으니 십신(十神)은 모두 편(偏)이 5가지요 정(正)이 5가지이다.

이 외에도 상관(傷官)을 도기(盜氣) 또는 도살(盜殺)이라고도 한다. 아생자(我生者)로 나의 기(氣)가 도기(盜氣) 당하기 때문이다. 식신(食神)을 수성(壽星)이라고도 한다. 양명지원(養命之源)인 재성(財星)을 생하고, 나를 극하는 칠살(七殺)을 제하기 때문이다.

■ 극아자(剋我者)는 관살(官殺)로 나를 극하는 자를 말한다. 갑을(甲乙)일생의 오행(五行)은 목(木)이요 목(木)을 극하는 자는 금성(金星)으로 경신신유(庚辛申酉)의 금(金)이니 갑을(甲乙)생의 관살(官殺)은 경신신유(庚辛申酉)이다. 병정(丙丁)일생은 화(火)요, 화(火)를 극하는 수성(水星)은 임계해자(壬癸亥子)로 병정(丙丁)일생의 관살(官殺)이 된다.

관살(官殺)을 다시 정관(正官)과 편관(偏官)으로 구분해야 한다. 일간오행(日干五行)을 극하고, 일간오행(日干五行)과 음양(陰陽)이 다른 것을 정관(正官)이라 하며, 일간오행(日干五行)을 극하고 일간오행(日干五行)과 음양(陰陽)이 같은 것을 편관(偏官)이라고 한다. 고로 양목(陽木)에 해당하는 갑일간(甲日干)을 극하는 음금(陰金)인 신유금(辛酉金)은 갑일간(甲日干)의 정관(正官)이고, 갑일간(甲日干)을 극하는 양금(陽金)인 경신금(庚申金)은 갑일간(甲日干)에 편관(偏官)이 된다.

그리고 음목(陰木)인 을일간(乙日干)을 극하는 양금(陽金)인 경신금(庚申金)은 을일간(乙日干)의 정관(正官)이 되고, 을일간(乙日干)을 극하는 음금(陰金)인 신유금(辛酉金)은 을일간(乙日干)의 편관(偏官)이 된다.

다음으로 양화(陽火)인 병일간(丙日干)을 극하는 음수(陰水)인 계자수(癸子水)는 병일간(丙日干)의 정관(正官)이 되고, 양수(陽水)인 임해수(壬亥水)는 병일간(丙日干)의 편관(偏官)이 된다. 음화(陰火)인 정일간(丁日干)을 극하는 양수(陽水) 임해수(壬亥水)는 정일간(丁日干)의 정관(正官)이 되고, 음수(陰水)인 계자수(癸子水)는 정일간(丁日干)의 편관(偏官)이 된다.

이와 같이 무기(戊己)일·경신(庚辛)일·임계(壬癸)일의 관살(官殺)도 갑을(甲乙)일이나 병정(丙丁)일과 같은 방법으로 정편관(正偏官)을 표출시킨다. 이 외에 편관(偏官)을 칠살(七殺)이라고 한다. 편관(偏官)은 모두 자신으로부터 7위에 위치하여 자신을 극하기 때문이다.

어떤 경우에 칠살(七殺)이라고 하고 어떤 경우에 편(偏)이라고 칭하는가 하면 유제자(有制者)는 편관(偏官), 무제자(無制者)는 칠살(七殺)이라고 한다. 가령 갑(甲)일생이 칠살(七殺) 경금(庚金)이 있는데 사주에 병화(丙火)가 있어 경금(庚金) 칠살(七殺)을 극하면 유제자(有制者)라 하고, 병화(丙火)가 없으면 무제자(無制者)라고 한다.

■ 아극자(我剋者)는 처첩과 재물로 정재(正財)와 편재(偏財)이다. 음일간(陰日干)이 양(陽)을, 양일간(陽日干)이 음(陰)을 극하는 것을 정재(正財)라고 한다. 다시 말하면 일간오행(日干五行)이 극하고, 일간오행(日干五行)과 음양(陰陽)이 다른 것을 말한다. 예를 들

면 갑(甲)일생이면 갑(甲)은 양목(陽木)으로 양목(陽木)에 정(正)은 음토(陰土)이니 기축미(己丑未)는 음토(陰土)로 갑일간(甲日干)의 정재(正財)가 되고, 양토(陽土)인 무진술(戊辰戌)은 갑목일간(甲木日干)의 편재(偏財)가 된다.

이밖에도 재(財)를 괴인(壞印)이나 생살(生殺), 또는 생관(生官)이라고도 한다. 갑(甲)일생의 재(財)는 토(土)요 인수(印綬)는 수(水)이니 토재(土財)는 수(水) 인수(印綬)를 파괴시키기 때문이다. 또 갑을(甲乙)일생의 재(財)는 토(土)요 관살(官殺)은 금(金)으로 신약사주(身弱四柱)의 토재(土財)는 생금(生金) 관살(官殺)하여 조살(助殺) 생살(生殺)이라 하고, 신강(身强)인 경우에는 재(財)가 생관(生官)하여 오히려 기쁨을 보게 된다.

이상에서 정편(正編)을 쉽게 이해하려면 양(陽)이 양(陽)을 보고 음(陰)이 음(陰)을 보는 것을 편(偏)이라 하고, 양(陽)이 음(陰)을 보고 음(陰)이 양(陽)을 보는 것을 정(正)이 된다는 이치를 알면 된다.

육친을 요약하면 다음과 같으니 암기하기 바란다.

— 정인(正印) : 일간(日干)을 생하고 일간과 음양이 다른 것.
— 편인(偏印) : 일간(日干)을 생하고 일간과 음양이 같은 것.
※ 부모운·학문·도식(倒食) 등으로 본다.

― 비견(比肩) : 일간(日干)과 오행이 같고, 음양이 같은 것.

― 겁재(劫財) : 일간(日干)과 오행이 같고, 음양이 다른 것.

※ 형제·동업자·경쟁자·탈재 등으로 본다.

― 식신(食神) : 일간(日干)이 생하고, 일간과 음양이 같은 것.

― 상관(傷官) : 일간(日干)이 생하고 일간과 음양이 다른 것.

※ 자손·장모·사업·수명 등으로 본다.

― 정재(正財) : 일간(日干)이 극하는 것으로 음양이 다른 것.

― 편재(偏財) : 일간(日干)이 극하는 것으로 음양이 같은 것.

※ 아버지·재산·처첩·괴인(壞印) 등으로 본다.

― 정관(正官) : 일간(日干)을 극하고, 일간과 음양이 다른 것.

― 편관(偏官) : 일간(日干)을 극하고, 일간과 음양이 다른 것.

※ 자식·벼슬·남편·관귀(官鬼) 등으로 본다.

육친조견표

	木		火		土		金		水	
	陽	陰	陽	陰	陽	陰	陽	陰	陽	陰
	甲寅	乙卯	丙巳	丁午	戊辰戌	己丑未	庚申	辛酉	壬亥	癸子
甲	比肩	劫財	食神	傷官	偏財	正財	偏官	正官	偏印	正印
乙	劫財	比肩	傷官	食神	正財	偏財	正官	偏官	正印	偏印
丙	偏印	正印	比肩	劫財	食神	傷官	偏財	正財	偏官	正官
丁	正印	偏印	劫財	比肩	傷官	食神	正財	偏財	正官	偏官
戊	偏官	正官	偏印	正印	比肩	劫財	食神	傷官	偏財	正財
己	正官	偏官	正印	偏印	劫財	比肩	傷官	食神	正財	偏財
庚	偏財	正財	偏官	正官	偏印	正印	比肩	劫財	食神	傷官
辛	正財	偏財	正官	偏官	正印	偏印	劫財	比肩	傷官	食神
壬	食神	傷官	偏財	正財	正官	偏官	偏印	正印	比肩	劫財
癸	傷官	食神	正財	偏財	正官	偏官	正印	偏印	劫財	比肩

2. 육친화현(六親化現) : 남자

1. 어머니계

■ 정인(正印)은 생모(生母), 편인(偏印)은 편모(偏母)이다.

왜냐하면 나를 생하여 준 자는 인수(印綬)로 나를 낳아주었기 때문이다. 예를 들면 갑일주(甲日主)의 인수(印綬)는 임계해자(壬癸亥子)인데, 갑일주(甲日主)를 낳고 갑(甲)과 음양(陰陽)이 다른 계자수(癸子水)는 갑일주(甲日主)의 정인(正印)으로 생모(生母)가 되고, 음양(陰陽)이 같은 임해수(壬亥水)는 편인(偏印)으로 편모(偏母)가 되니 서모나 유모, 양모나 계모가 된다. 고로 인수(印綬)는 어머니가 된다. 정인(正印)은 정모(正母)인 생모(生母)이고, 편인(偏印)은 편모(偏母)로 양모나 서모가 된다.

■ 인수(印綬)는 외삼촌이나 이모이다.

왜냐하면 외삼촌과 이모는 어머니의 비견(比肩)과 겁재(劫財)로 어머니의 형제자매이기 때문이다. 예를 들면 갑일주(甲日主)에 생모 계자수(癸子水)의 형제 임계해자(壬癸亥子)는 어머니인 계자수(癸子水)의 비견(比肩)과 겁재(劫財)이니 비견(比肩)인 계자수(癸子水)는 이모요 겁재(劫財)인 해자수(亥子水)는 양(陽)으로 외삼촌이 된다. 자(子)는 어머니인 계자수(癸子水)의 비견(比肩)과 겁재(劫財)이니 비견(比肩)인 계자수(癸子水)는 이모요 겁재(劫財)인 임해수(壬亥水)는 양(陽)으로 외삼촌이 된다.

■ 편관(偏官)은 외조모이다.

외조모는 나의 어머니의 어머니이니 갑일주(甲日主)의 어머니는 계자수(癸子水)이고, 어머니가 되는 계자수(癸子水)의 어머니는 정인(正印)으로 경금(庚金)이 된다. 고로 갑일주(甲日主)에서 보면 경금(庚金)은 편관(偏官)으로 편관(偏官)은 외조모가 된다.

■ 상관(傷官)은 외조부이다.

갑목(甲木)의 편관(偏官) 경금(庚金)이 외조모가 되니 경금(庚金)의 정관(正官) 남편은 정화(丁火)로 갑목(甲木)에게는 상관(傷官)으로 외조부가 된다.

2. 아버지계

■ 편재(偏財)는 아버지다.

아버지는 어머니의 남편으로 예를 들면 갑일주(甲日主)의 생모는 계자수(癸子水)인데 계자수(癸子水)의 남편 즉 정관(正官)은 무진술토(戊辰戌土)가 된다. 고로 갑일주(甲日主)에서 무진술(戊辰戌)은 편재(偏財)로 아버지가 된다.

■ 상관(傷官)은 조모이다.

조모는 아버지의 어머니이니 갑일주(甲日主)의 아버지 편재(偏財) 무진술(戊辰戌)의 정인(正印)은 정오화(丁午火)가 되고, 정오화(丁午火)는 갑일주(甲日主)의 상관(傷官)으로 조모가 된다.

■ 편인(偏印)은 조부이다.

갑일주(甲日主)의 조모가 상관(傷官)인 정오화(丁午火)이니 조모 정오화(丁午火)의 남편 정관(正官)은 임해수(壬亥水)가 된다. 고로 임해수(壬亥水)는 갑일주(甲日主)의 편인(偏印)으로 조부가 된다.

■ 정편재(正偏財)는 고모나 숙백부이다.

갑일주(甲日主)의 아버지가 편재(偏財) 무진술토(戊辰戌土)이니 무기진술축미(戊己辰戌丑未)는 무진술(戊辰戌)의 비견(比肩)과 겁재(劫財)로 아버지의 형제자매가 되니 양토(陽土)인 무진술(戊辰戌)은 숙백부이고 음토(陰土)인 기축미(己丑未)는 고모가 된다.

3. 아내계

■ 정재(正財)는 아내, 편재(偏財)는 첩이나 애인이다.

처첩은 자신이 극하는 것이다. 예를 들어 갑일주(甲日主)가 극하고 음양(陰陽)이 다른 정재(正財) 기축미(己丑未)는 정처요, 음양(陰陽)이 다른 편재(偏財) 무진술(戊辰戌)은 첩이나 애인이 된다.

■ 정재(正財)와 편재(偏財)는 처남 · 처제 · 처형이다.

정편재(正偏財)는 처첩의 형제자매이니 처남과 처제, 처형이 된다.

■ 식신(食神)은 장모이다.

장모는 아내의 생모로 정재(正財)의 정인(正印)이 된다. 고로 갑일주(甲日主)의 정재(正財)는 기축미(己丑未)로 이에 생모 정인(正

印)은 병사화(丙巳火)가 되니 병사화(丙巳火)는 갑일주(甲日主)의 식신(食神)으로 장모가 된다.

■ 정인(正印)은 장인이다.

식신(食神)은 장모이니 인극식(印剋食)의 원리로 정인(正印)은 장인이 된다. 예를 들면 갑일주(甲日主)의 장모인 식신(食神)이 병사화(丙巳火)로 병사화(丙巳火)의 정관(正官)인 남편이 계자수(癸子水)가 되어 계자수(癸子水)는 갑일주(甲日主)의 정인(正印)이기 때문에 식신(食神)은 장인이 된다.

4. 자손계

■ 편관(偏官)은 아들이다.

재생관(財生官)으로 나의 아내가 낳은 양식상(陽食傷)이 아들이기 때문이다. 예를 들어 갑일주(甲日主)의 아내는 기축미(己丑未)인데, 아내 기축미(己丑未)가 낳은 양(陽) 자손, 경신금(庚申金)은 갑일주(甲日主)의 편관(偏官)으로 아들이 되고, 을일주(乙日主)의 아내 정재(正財)는 무진술(戊辰戌)인데, 무진술(戊辰戌)이 낳은 양(陽) 자손, 경신금(庚申金)은 을일주(乙日主)의 정관(正官)으로 아들이 된다. 고로 남명 양일주(陽日主)는 편관(偏官)이 아들이고, 음일주(陰日主)는 정관(正官)이 아들이다.

■ 정관(正官)은 딸이다.

딸은 나의 아내가 낳은 음(陰)자손이기 때문이다. 예를 들면 갑일주(甲日主)의 아내는 기축미(己丑未)요 기축미(己丑未)가 낳은 음(陰)자손은 신유금(辛酉金)으로 갑일주(甲日主)의 정관(正官)이기 때문에 정관(正官)은 딸이 된다. 반대로 을일주(乙日主)의 아내는 무진술(戊辰戌)이요 무진술(戊辰戌)이 낳은 음(陰)자손은 신유금(辛酉金)으로 딸인데, 을일주(乙日主)의 딸은 정관(正官)이 아니라 편관(偏官)이다. 고로 남명 양(陽)일생의 정관(正官)은 딸이요, 음(陰)일생의 딸은 편관(偏官)이 된다. 요약하면 양(陽)자손은 아들이고, 음(陰)자손은 딸이다.

■ 식신(食神)은 손자이다.

손자는 아들의 아들로 편관(偏官)의 편관(偏官)이 손자가 된다. 예를 들면 갑일주(甲日主)의 편관(偏官) 경신금(庚申金)의 편관(偏官)은 병사화(丙巳火)이니 병사화(丙巳火)는 갑일주(甲日主)의 식신(食神)이 된다. 고로 식신(食神)은 손자이다.

■ 상관(傷官)은 손녀이다.

손녀는 아들의 딸로, 편관(偏官)인 아들의 정관(正官)이 손녀가 된다. 예를 들면 갑일주(甲日主)의 아들 편관(偏官)은 경신금(庚申金)인데, 경신금(庚申金)의 정관(正官)은 정오화(丁午火)로 갑일주(甲日主)의 상관(傷官)이다. 고로 상관(傷官)은 손녀이다.

■ 겁재(劫財)는 며느리이다.

며느리는 아들의 아내로, 아들 편관(偏官)의 정재(正財)가 된다. 예를 들면 갑일주(甲日主)의 편관(偏官) 경신금(庚申金)의 정재(正財)는 을묘목(乙卯木)이다. 고로 을묘목(乙卯木)은 갑일주(甲日主)의 겁재(劫財)로 며느리가 된다.

■ 정관(正官)은 손자며느리이다.

손자며느리는 손자의 아내로 식신(食神)의 정재(正財)가 된다. 예를 들어 갑일주(甲日主)의 식신(食神)은 병사화(丙巳火)요, 병사화(丙巳火)의 정재(正財)는 신유금(辛酉金)으로, 갑일주(甲日主)에게는 정관(正官)이 된다. 고로 정관(正官)은 손자며느리가 된다.

■ 식신(食神)은 사위이다.

딸은 나의 아내가 낳은 음(陰)자손이다. 예를 들면 갑일주(甲日主)의 아내는 기축미(己丑未)요, 기축미(己丑未)가 낳은 양(陽)자손 경신금(庚申金)은 아들이고, 음(陰)자손 신유금(辛酉金)은 딸이 되는데, 신유금(辛酉金)의 정관(正官) 남편은 병사화(丙巳火)가 된다. 고로 병사화(丙巳火)는 갑일주(甲日主)의 식신(食神)으로 사위가 된다.

■ 겁재(劫財)는 딸의 시어머니이다.

딸의 시어머니는 사위의 생모로 식신(食神 : 사위)의 정인(正印)이기 때문이다. 고로 갑일주(甲日主)의 사위는 병사화(丙巳火)로 병사화(丙巳火)의 정인(正印)은 을묘목(乙卯木)이니 그 을묘목(乙卯木)은 갑일주(甲日主)에게는 겁재(劫財)가 되어 겁재(劫財)는 딸의 시어머니가 된다.

5. 형제계

■ 비견(比肩)과 겁재(劫財)는 형제자매이다.

비아자(比我者)는 형제가 된다. 갑일주(甲日主)의 비견(比肩)과 겁재(劫財)는 갑을인묘(甲乙寅卯)가 되어 형제자매가 된다. 갑일주(甲日主)는 양목(陽木)이니 갑인(甲寅)의 비견(比肩)은 동성의 형제요, 을묘목(乙卯木)은 겁재(劫財)로 이성의 형제가 되어 비견(比肩)과 겁재(劫財)는 형제자매가 된다.

■ 정편재(正偏財)는 형제수이다.

형제수는 형제의 아내로 비견(比肩)과 겁재(劫財)의 재(財)를 말한다. 갑일주(甲日主)의 형제는 갑인을묘(甲寅乙卯)요, 갑을목(甲乙木)의 처재(妻財)는 무기진술축미토(戊己辰戌丑未土)가 된다. 이는 갑일주(甲日主)의 정재(正財)와 편재(偏財)가 된다. 고로 정편재(正偏財)는 형수나 제수가 된다.

■ 정편관(正偏官)은 조카와 조카딸이다.

조카와 조카딸은 형제의 아들과 딸인데, 갑일주(甲日主)의 형제는 역시 갑을인묘(甲乙寅卯)요, 이에 아들딸은 정관(正官)과 편관(偏

官)으로 경신신유금(庚辛申酉金)이 된다. 이는 갑일주(甲日主)의
정편관(正偏官)이 되어 조카와 조카딸이 된다.

3. 육친화현(六親化現) : 여자

여명도 남명과 같으나 부부계와 자손계가 다르다. 따라서 남명과
다른 부분만 설명하기로 한다.

1. 부부계

■ 정관(正官)은 정부(正夫), 편관(偏官)은 편부(偏夫)이다.

관(官)은 극아자(剋我者)로 나를 관제한다는 뜻으로 남편을 관
(官)으로 한다. 예를 들어 갑일주(甲日主)는 갑목(甲木)을 극하는
자는 경신신유금(庚辛申酉金)으로 정관(正官)인 신유금(辛酉金)은
정부(正夫)요, 편관(偏官)인 경신금(庚申金)은 편부(偏夫)가 된다.

■ 편재(偏財)는 시어머니·시외숙·시이모이다.

시어머니는 남편의 어머니, 즉 정관(正官)의 정인(正印)이 되기
때문이다. 예를 들면 갑일주(甲日主)의 정관(正官)은 신유금(辛酉
金)이요, 신유금(辛酉金)의 정인(正印)은 무진술(戊辰戌)인데, 무진
술(戊辰戌)은 갑일주(甲日主)의 편재(偏財)로 시어머니가 되고, 시
어머니인 무토(戊土)의 비견(比肩) 겁재(劫財) 진술기축미(辰戌己
丑未)는 시외숙과 시이모가 된다.

■ 겁재(劫財)는 시아버지이다.

시아버지는 시어머니의 남편으로 편재(偏財)의 정관(正官)이 된다. 갑일주(甲日主)의 시어머니 무토(戊土)의 남편은 을목(乙木)으로 이는 갑일주(甲日主)의 겁재(劫財)이다. 그래서 겁재(劫財)는 시아버지가 되고, 시백숙부와 시고모도 된다.

■ 비견(比肩)과 겁재(劫財)는 동서이다.

동서는 남편 형제의 아내로 정관(正官)의 비견(比肩)과 겁재(劫財)의 재(財)가 된다. 갑일주(甲日主)의 남편은 신금(辛金)이요, 신금(辛金)의 형제 비견(比肩)과 겁재(劫財)는 경신금(庚申金)으로 아내는 갑을목(甲乙木)이 된다. 고로 갑을목(甲乙木)은 갑일주(甲日主)의 비견(比肩)과 겁재(劫財)로 동서간이 된다.

2. 자손계

■ 식신(食神)과 상관(傷官)은 아들과 딸이다.

음일녀(陰日女)의 상관(傷官)은 아들이요, 식신(食神)은 딸이다. 예를 들면 을일주(乙日主)가 생하는 상관(傷官) 병사화(丙巳火)는 아들이고, 을일주(乙日主)가 생하는 식신(食神) 정오화(丁午火)는 딸이다. 양일녀(陽日女)가 생하는 식신(食神)은 아들이요, 상관(傷官)은 딸이다. 예를 들면 갑일주(甲日主)가 생하는 식신(食神) 병사화(丙巳火)는 아들이고, 갑일주(甲日主)가 생하는 상관(傷官) 정오화(丁午火)는 딸이다. 이것은 여명의 양식상(陽食傷)은 아들이고,

음식상(陰食傷)은 딸이기 때문이다.

■ 정편관(正偏官)은 며느리이다.

며느리는 아들의 아내로 음일녀(陰日女)의 아들은 상관(傷官)이니 을일주(乙日主)의 상관(傷官) 병화(丙火)의 아내는 신금(辛金)으로 을일주(乙日主)의 편관(偏官)이 된다. 양일녀(陽日女)의 아들은 식신(食神)으로 갑일주(甲日主)의 식신(食神) 병화(丙火)의 아내도 신금(辛金)으로 갑일주(甲日主)의 정관(正官)이 되기 때문에 여명의 정편관(正偏官)은 며느리가 된다.

■ 정편인(正偏印)은 사위이다.

사위는 딸의 남편으로 식상(食傷) 정관(正官)을 말한다. 음일녀(陰日女) 을일주(乙日主)의 딸은 식신(食神)으로 정화(丁火)이니 정화(丁火)의 남편 정관(正官)은 임수(壬水)가 된다. 고로 임수(壬水)는 을목(乙木)의 정인(正印)으로 사위가 된다. 양일녀(陽日女) 갑일주(甲日主)의 딸은 상관(傷官)으로 정화(丁火)이니 정화(丁火)의 남편 정관(正官)은 임수(壬水)가 된다. 고로 임수(壬水)는 갑목(甲木)의 편인(偏印)으로 사위가 된다. 여명에 양일주(陽日主)는 편인(偏印)이, 음일주(陰日主)는 정인(正印)이 사위이다.

■ 정편인(正偏印)은 손자도 된다.

아들의 아들이 손자이다. 다시 말해 식상(食傷)의 편관(偏官)이 손자이다. 음일녀(陰日女) 을일주(乙日主)의 아들은 상관(傷官) 병화(丙火)요, 아들 병화(丙火)의 아들 편관(偏官)은 임수(壬水)이니 임수(壬水)는 을일주(乙日主)의 정인(正印)으로 손자가 된다. 양일녀(陽日女) 갑일주(甲日主)의 아들은 식신(食神)으로 병화(丙火)요, 아들 병화(丙火)의 편관(偏官) 아들은 임수(壬水)이니 임수(壬水)는 갑일주(甲日主)의 편인(偏印)으로 손자가 된다. 여명에서 양일주(陽日主)는 편인(偏印)이, 음일주(陰日主)는 정인(正印)이 손자가 된다.

■ 정편재(正偏財)는 외손자이다.

딸이 낳은 양(陽)자손은 외손자이고, 음(陰)자손은 외손녀이다. 예를 들어 을일주(乙日主)의 딸은 식신(食神)으로 정화(丁火)요, 정화(丁火)가 낳은 양(陽)자손 무진술토(戊辰戌土)는 딸 정화(丁火)의 아들로, 을일주(乙日主)에게는 정재(正財)로 외손자가 되고, 정화(丁火)가 낳은 음(陰)자손 기축미(己丑未)는 딸 정화(丁火)의 딸로 을일주(乙日主)에게는 편재(偏財)로 외손녀가 된다.

또 한 예로 갑일주(甲日主)의 딸 정화(丁火) 상관(傷官)이 낳은 양(陽)자손 무진술토(戊辰戌土)는 딸인 상관(傷官) 정화(丁火)의 아들로 갑일주(甲日主)에게는 편재(偏財)로 외손자가 되고, 딸 정화(丁火)가 낳은 음(陰)자손 기축미(己丑未)는 갑일주(甲日主)의 정재(正財)로 외손녀가 된다.

이와 같이 자손계는 여명이나 남명에 있어서 양(陽)일생과 음(陰)일생의 육친화현(六親化現)이 다르게 적용된다는 것을 명심하라.

육친화현법(六親化現法)을 도표로 나타내면 다음과 같다.

남자의 경우

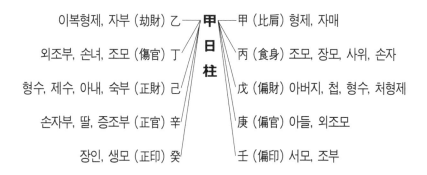

이복형제, 자부 (劫財) 乙 ── 甲日柱 ── 甲 (比肩) 형제, 자매

외조부, 손녀, 조모 (傷官) 丁 ── 丙 (食身) 조모, 장모, 사위, 손자

형수, 제수, 아내, 숙부 (正財) 己 ── 戊 (偏財) 아버지, 첩, 형수, 처형제

손자부, 딸, 증조부 (正官) 辛 ── 庚 (偏官) 아들, 외조모

장인, 생모 (正印) 癸 ── 壬 (偏印) 서모, 조부

여자의 경우

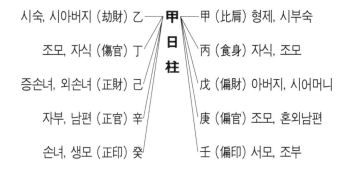

시숙, 시아버지 (劫財) 乙 ── 甲日柱 ── 甲 (比肩) 형제, 시부숙

조모, 자식 (傷官) 丁 ── 丙 (食身) 자식, 조모

증손녀, 외손녀 (正財) 己 ── 戊 (偏財) 아버지, 시어머니

자부, 남편 (正官) 辛 ── 庚 (偏官) 조모, 혼외남편

손녀, 생모 (正印) 癸 ── 壬 (偏印) 서모, 조부

이상에서처럼 남명과 여명이 근본적으로 다른 점은 남명에서는 정관(正官)과 편관(偏官)이 아들과 딸인데, 여명에서는 식신(食神)과 상관(傷官)이 아들과 딸이 된다는 것이다. 이것은 여명에 있어

서는 자신이 직접 생한 것. 즉 식신(食神)과 상관(傷官)이 되기 때문이요, 남명에 있어서는 자신이 직접 낳지 못하고 아내가 낳게 되어 있어 아내가 생하는 식신(食神)과 상관(傷官)이 자식이 된다. 이는 자신에게는 정관(正官)과 편관(偏官)이 되어 정관(正官)과 편관(偏官)은 아들과 딸이 되는 것이다.

4. 육친(六親) 활용법

1. 정인(正印)과 편인(偏印)

인수(印綬)는 정인(正印)과 편인(偏印)을 말한다. 인수(印綬)의 뜻은 인장 즉 도장을 말하고 시발점을 뜻한다.

■ 정인(正印)

나의 시작은 어머니이기 때문에 정인(正印)은 나의 생모가 되어 나를 낳아 길러주고 활동을 조장시켜주며, 후원을 아끼지 않는 길성이 된다. 따라서 생년이나 생월에 정인(正印)이 있으면 선조와 부모의 음덕이 많고, 년월은 기관장과 직속상관의 자리가 되어 그분들에게 많은 사랑과 후원을 받는 것이며, 또 어머니는 육체적으로 나를 낳았을 뿐 아니라 정신적으로도 항상 교양을 주신다.

고로 정인(正印)은 교육과 학문, 수양과 교양에도 해당되고, 어머니는 나를 꾸짖기도 하지만 칭찬함을 본성으로 하기 때문에 명성이나 명예에도 해당되고, 어머니는 나에게 동요나 춤으로 재롱을 부리도록 유도해주시니 예술에도 해당된다.

　따라서 월령(月令)에 정인(正印)이 있거나 지지(地支)에 인수국
(印綬局)이 있으면 교육자로 많이 나가고, 관성(官星)이 있어 나를
관제하면 흥겨운 춤과 노래는 안 나오나 관(官)과 인(印)이 나란히
있어 관인상생(官印相生)이 되면 고관이 직인을 구비한 격으로 명
성을 얻는다.

　만약에 사주에 관성(官星)이 없어 나를 관제함이 없고 인수(印綬)
만 많다면 춤과 노래에 열중하는 형상이 되어 기예로 흐르게 되어
흔히 예술가로 생계한다. 따라서 사주에 관성(官星)이 없고 인수
(印綬)만 많으면 예술방면이 좋다고 본다.

— 인성(印星)이 도식(倒食)되면 가난과 천대를 받는다.
— 인수역마(印綬驛馬)가 있으면 해외유학을 한다.
— 인수성(印綬星)이 재살(災殺)이면 출감(出監)하고 이름난다.
— 인수(印綬)가 많은데 관성(官星)이 없으면 학문과 재예는 있으
　　나 벼슬을 못하니 외로운 선비에 불과하다.
— 인수성(印綬星)이 재성(財星)을 만나 파극(破剋)되면 재수 삼수
　　낙방이니 진학할 생각은 하지 마라.

■ 편인(偏印)
　추리하는 방법은 정인(正印)과 같으나 편(偏) 자를 붙여 해석한
다. 편(偏)된 학문, 편(偏)된 교육, 편(偏)된 수양(修養), 편(偏)된

기예가 되니 장구성과 신장성이 없고 허리허명에 유명무실이 되기 쉽다.

인수(印綬)는 수양에도 해당하니 종교로도 통한다. 인수(印綬) 무관자(無官者)는 종교인이 많다. 또한 학문으로도 통하니 인수(印綬)가 있으면 학업성적이 우수하다. 만약 사주에 재성(財星)이 있거나 유년(流年)에서 재성(財星)이 들어오면 극인(剋印)하여 학업성적이 떨어져 진학에 어려움이 따른다.

예를 들어 갑을(甲乙)일생의 인수(印綬)는 임계해자수(壬癸亥子水)인데, 재성(財星)인 무기진술축미토(戊己辰戌丑未土)가 사주에 있거나 유년(流年)에서 만나면 재성(財星)인 토(土)는 인성(印星)인 수(水)를 극하여 학문성인 인수(印綬)가 파괴된다. 인수(印綬)는 어학에 해당하니 정인(正印)은 본국어가 되고, 편인(偏印)은 외국어로 월령(月令)에 편인(偏印)이 있거나 지지(地支)에 편인국(偏印局)이 있으면 외국어에 능통하다.

육친(六親)의 관계는 정인(正印)은 생모요, 편인(偏印)은 편모(偏母)로 서모나 양모이다. 사주에 정인(正印)과 편인(偏印)이 혼잡되면 이모지명(二母之命)이 되고, 인수(印綬)와 재(財)가 암합(暗合)되면 어머니와 아버지가 비밀리에 합하여 입가한 형상이 되어 어머니가 연애하여 왔거나 혹은 재가 소실로 입가한 형상이 된다.

편인(偏印)은 식신(食神)을 타도하여 도식(倒食)이라고도 한다. 사주에 식신(食神)이 있는데 다시 편인(偏印)이 2~3개 있거나 유년(流年)에서 편인운(偏印運)을 만나면 도식(倒食)이 된다. 도식

(倒食)은 밥그릇이 엎어지는 형상으로 부도수표 등 문서로 인하여 재산을 탕진하거나 크게 패망한다.

　육친(六親)으로 볼 때 편인(偏印)은 식신(食神)을 타도하니 여명에 편인(偏印)이 많으면 자식을 두기 어렵고, 남명은 사업에 애로가 많다.

2. 비견(比肩)과 겁재(劫財)

　비견(比肩)과 겁재(劫財)는 육친상으로는 형제와 자매이고, 사회적으로는 친구로 나의 동조자이다. 따라서 사주에 비겁(比劫)이 많으면 협동심이 없어 독주하려는 기질이 있고, 외고집이 있어 사교에 능하지 못하다.

■ 비견(比肩)

　비견(比肩)은 육친상으로는 친형제이고, 경제적으로는 재물을 같이 분배하는 것이 되어 재물싸움이 된다. 그러나 적이 되는 관살(官殺)이 나를 극할 때는 나를 도와 적을 막아주니 대단히 좋은 역할을 한다. 다시 말하면 비견(比肩)은 재(財)가 있으면 재물싸움이 되지만 신약(身弱)사주에는 힘이 된다.

　비견(比肩)은 극재(剋財)하는 성질이 있어 사주에 비겁(比劫)이 많으면 극부극처첩한다. 그리고 남명에서 아내의 자리인 일지(日支)에 비견(比肩)이 있으면 아내가 여필종부의 정신이 없어 대립하는 단점은 있으나 남편이 없을 때는 남편 못지 않게 일을 잘 처리한다.

여명에서 비견(比肩)은 남편의 아내이니, 여자 사주에 비견(比肩)과 겁재(劫財)가 많으면 남편이 아내가 많은 상이 되어 자신이 소실이 되거나 남편이 소실을 둔다.

— 여명이 비겁(比劫)이 중첩되면 이녀동부(二女同夫)이다.
— 비겁(比劫)이 중첩하면 손엄친(損嚴親)이다.
— 비겁(比劫)이 태왕(太旺)하면 결혼이 늦어진다.

■ 겁재(劫財)

겁재(劫財)는 비견(比肩)과 같으나 음양(陰陽)이 다르다. 비견(比肩)이 명(明)이면 겁재(劫財)는 암(暗)이기 때문에 형제와 자매는 틀림없으나 그 표리면에서 달라져 비견(比肩)과 겁재(劫財)가 혼잡되거나 태왕(太旺)하면 배다른 형제나 아버지가 다른 형제가 있다. 또 겁재(劫財)가 있으면 표리가 다른 친구와 같아 함께 투자하여 사업을 하거나 동업하면 부정으로 인하여 크게 실패한다.

반면에 사주에 관살(官殺)이 왕하면 겁재(劫財)를 미인계로 이용, 사주가 크게 좋아지는 예가 많다. 가령 경금일주(庚金日柱)가 왕한 병화(丙火) 칠살(七殺)의 극을 받는데 신금(辛金) 겁재(劫財)가 있으면 병화(丙火) 살과 병신(丙辛)으로 합하여 합살위귀(合殺爲貴)가 되어 경금일주(庚金日柱)는 위험에서 벗어난다. 이런 경우를 합

살위귀(合殺爲貴)·살인상정(殺刃相停)·매씨합살(妹氏合殺)이라
고 하는데 흉함이 길로 변한다.

— 사주에 비겁(比劫)이 많으면 여러 번 결혼한다.
— 사주에 비겁(比劫)이 많으면 쟁재(爭財)하니 손재손처한다.

3. 식신(食神)과 상관(傷官)

 일간(日干)이 생하는 자로 일간(日干)과 음양(陰陽)이 같은 것을
식신(食神)이라 하고, 일간(日干)과 음양(陰陽)이 다른 것을 상관
(傷官)이라고 한다.

■ 식신(食神)
 식신(食神)은 밥식(食) 귀신신(神) 자로 밥과 옷을 말한다. 그리
고 식신(食神)은 재(財)를 생하여 양명(養命)하는 것으로 양명지본
(養命之本)이 되는 원천이다. 그래서 「식신(食神)이 유기(有氣)하
면 승재관(勝財官)이라」고 하였고, 식신(食神)을 수성(壽星)이라고
도 한다. 그 이유는 칠살(七殺) 편관(偏官)이 나를 극하여 수명을
단축시키는데 식신(食神)이 있으면 칠살(七殺)을 제하여 연장시켜
주기 때문이다.
 가령 갑일주(甲日主)의 칠살(七殺)은 경금(庚金)인데, 식신(食神)
은 병화(丙火)로 이는 경금(庚金)의 칠살(七殺)로 경금(庚金)을 제

하여 갑일주(甲日主)를 위기에서 구해주기 때문에 수성(壽星)이라고 한다.

식신(食神)이 월령(月令)에 튼튼하게 자리잡고 있으면 시주(時柱)에 살이 있어도 일주(日柱)를 범하지 못하여 좋아진다. 이런 경우를 「식신거선(食神居先)에 살거후(殺居後)면 의식이 족하여 부귀후(富貴厚)」라고 한다.

육친(六親)으로 보면 식신(食神)은 손자와 장모가 된다. 따라서 식신(食神)이 왕하면 손자가 크게 발전하고, 식신(食神)과 재(財)가 일주(日柱)와 합되면 장모와 아내가 나와 합하기 때문에 장모를 봉양하고, 식신(食神)은 생재(生財)하기 때문에 남명은 여자관계가 복잡하고 심하면 색난을 당한다.

여명에서 음일생여(陰日生女)는 식신(食神)이 딸이고, 양일생여(陽日生女)는 식신(食神)이 아들이 된다. 일주(日柱)도 왕하고 식신(食神)도 왕하면 아기를 순산하지만 신약(身弱)하고 식신(食神)이 왕하면 '모쇠자왕(母衰子旺)'이 되어 낙태되지 않으면 아기를 크게 낳으니 조심해야 한다.

그리고 식신(食神)이나 상관(傷官)이 형살(刑殺)을 만나면 자손이 상하는 이치로 인공유산하고, 병정(丙丁)일생이 신약(身弱)한데 무기진술축미(戊己辰戌丑未)의 식신(食神)과 상관(傷官)이 왕하고 다시 형살(刑殺)을 만나면 자신은 약한데 자손이 왕하여 자궁외 임신을 한다.

또 식신(食神)은 자녀요 관(官)은 남편으로 일주(日柱)는 자신이 되는 것인즉 관(官)과 식신(食神)이나 상관(傷官)이 일주(日柱)와 합되면 남편과 자식이 동시에 내 몸에 합하는 상이 되어 혼전에 임신한다.

■ 상관(傷官)

상관(傷官)은 글자 그대로 관성(官星)을 상하게 하는 것을 말한다. 예를 들면 갑(甲)일생의 관(官)은 신금(辛金)인데, 상관(傷官)은 정화(丁火)로 이 정화(丁火)는 신금(辛金)을 극충(剋沖)하여 상관(傷官)은 관성(官星)의 칠살(七殺)이 된다. 그런데 관(官)은 관공서와 같은 것으로 상관(傷官)은 그 관(官)을 극충(剋沖)하는 형상으로 관(官)의 규범에 불복하는 상이 된다. 고로 사주에 상관(傷官)이 있으면 남을 무시하는 경향이 있다.

그러나 관(官)을 극하고는 안심할 수 없는 것과 같이 상관운(傷官運)이 오면 불안과 공포 속에 관청의 재앙을 많이 받는다. 연(然)인데 상관(傷官)은 관(官)을 상하게 하는 것으로 남명에 관(官)은 자녀가 되는데, 사주에 관(官)이 있고 상관(傷官)이 왕하면 자녀가 액운을 격고 자녀의 근심이 따른다.

여명에서 관성(官星)은 남편인데 사주에 약한 관성(官星)이 있고 상관성(傷官星)이 왕하면 남편을 잃게 되나 사주에 관성(官星)이 없으면 면할 수 있다.

식신(食神)과 상관(傷官)은 모두 내가 생하여 기(氣)를 누설(漏泄)시킴으로 일주(日柱)가 강할 때는 더없이 좋아 의사를 충분히 표현하여 설교하는 종교가나 교육가, 예술가나 논술가에서 많이 보고, 또 남을 생하는 원리로 사회사업 등으로 사리사욕을 떠나 남을 위한 봉사정신이 투철한 사람이 많은가 하면 반대로 일주(日柱)가 약하고, 식신(食神)과 상관(傷官)이 왕성하면 자기의 기(氣)를 너무 빼앗김을 염려하여 인색하며 허세를 잘 부린다.

— 식신(食神)이 월령(月令)에서 유기(有氣)하면 시간(時干)에 칠살(七殺)이 있어도 일간(日干)을 극하지 못하니 편안하며 의식이 넉넉하다.
— 상관(傷官)이 년월일시에 있으면 자녀가 있어도 후사를 두기 어렵다.
— 상관(傷官)이 득령(得令)하고 재(財)가 있으면 아내덕으로 치부한다.
— 상관(傷官)은 관성(官星)의 칠살(七殺)이 되기 때문에 남명에서 상관(傷官)이 태왕(太旺)하면 자녀에게 액운이 있고, 여명에서 상관(傷官)이 태왕(太旺)하면 자녀를 잃는다. 그러나 사주에 관성(官星)이 없으면 면할 수 있다.

4. 정재(正財)와 편재(偏財)

■ 정재(正財)

정재(正財)는 음(陰)과 양(陽)이 중정지제(中正之制)로 이루어지는데, 내가 정당하게 관제하여 취득하는 것이다. 예를 들어 목(木)은 토(土)를 극하는데 음양(陰陽)이 정극(正剋)되어 갑목(甲木)이 기토(己土)를, 을목(乙木)이 무토(戊土)를 극한다. 목(木)에서 토(土)는 정재(正財)로 재물이 되어 '아극자(我剋者)는 재(財)'라는 명칭이 붙었다.

또 인사상으로 볼 때, 자신이 남을 관제하며 속박하고 구사하는 상이다. 그렇게 당하는 상대는 아내가 되어 아내는 정재(正財)가 된다. 이상 양견음(陽見陰) 음견양(陰見陽)으로 중정지제(中正之制)가 되어 정재(正財)라고 한다. 정재(正財)는 정당한 재물로 유산이나 봉급 등 고정자산에 속하고, 정처(正妻)로 본처에 해당한다.

이와 같이 좋은 재물과 현처라 할지라도 사주 배정이 잘 되어 있으면 재물복도 있고 아내덕이 좋아 행복하게 잘 살지만 만약에 재(財)가 많거나 재왕(財旺)하고 신주(身主)가 약하면 재다신약(財多身弱)이 되어 가난을 면하지 못하며, 아내에게 꼭 쥐여 맥을 못쓰고 재생살(財生殺)의 원리로 아내로 인한 화를 피할 길이 없다.

재(財)가 년월에 있으면 부유한 가정에서 태어나 유산도 많이 상속받는다. 그러나 그 재(財)가 충파되면 재물을 유지하지 못하고, 아내와도 해로하기 어렵다. 또 재성(財星)이 충파되거나 재다신약(財多身弱)은 부부생활에도 문제가 많다.

■ 편재(偏財)

편재(偏財)도 남을 관제하여 취득한다는 면으로는 정재(正財)와 같다. 다른 것은 정재(正財)는 양(陽)과 음(陰), 음(陰)과 양(陽)으로 중정지제(中正之制)가 되는데, 편재(偏財)는 양(陽)과 양(陽), 음(陰)과 음(陰)으로 음(陰)과 양(陽)이 정(正)으로 맞지 않고, 편(偏)으로 제되어 정재(正財)를 정당한 재물로 본다면 편재(偏財)는 투기나 밀수·도박·고리대금 등으로 보고, 정재(正財)가 정처(正妻)라면 편재(偏財)는 편처(偏妻)로 소실이나 애인 등으로 본다.

따라서 정재(正財)는 정당한 수단과 방법으로 재물을 취하기 때문에 진합태산격(塵合泰山格)으로 오랜 세월 속에 치부하여 대를 이어 물려주는 재산이 된다. 그러나 편재(偏財)는 편법으로 치부한 것이기 때문에 일확천금으로 단시일 내에 치부하니 속성속패가 되기 쉽다. 따라서 당대의 갑부로 신흥재벌 소리를 듣는 사람들은 편재격(偏財格)에서 많이 볼 수 있다.

이상으로 정재(正財)와 편재(偏財)의 활용 예를 들어보면 첫째 나의 아내가 되는 정재(正財)는 나를 내조하여 가도를 계승 발전시키는 임무가 있기 때문에, 전 위치에 있었던 시어머니라 할지라도 관제 통솔하지 않으면 안되기 때문에 나의 생모도 나의 아내에게는 정도가 아닌 편재(偏財)로 관제를 받아야 한다.

여명에서 편재(偏財)는 시어머니이며, 며느리의 관제를 받아야 하니 한 가정에 옛 주권자였던 시어머니와 새로운 주권자인 며느리가 한편에서는 미워하고 또 한편으로는 관제하려고 하여 고부간에 갈등도 바로 오행(五行)의 상대성원리에서 나온 자연의 원리이다. 따라서 인수(印綬)와 재(財)가 같이 있어 중화(中和)를 얻지 못하고 재인(財印)이 투전지상(鬪戰之象)이 되면 고부간에 불화가 그치지 않는다.

정재(正財)가 왕하고 편재(偏財)가 약하면 정편재(正偏財)가 혼잡되어 첩을 얻어도 아내가 왕하면 첩을 용납하지 않고, 편재(偏財)가 득위(得位)하고 정재(正財)가 미약하면 첩이 자리를 차지하는 형상이니 주객이 전도되어 첩이 가권을 잡는다. 연해자평(淵海子評) 처첩론(妻妾論)에 '편재(偏財)가 득위하니 첩승방처(妾勝放妻)하고, 정재(正財)가 자왕(自旺)하니 처불용첩(妻不容妾)이라'는 말이 있다.

편재(偏財)는 아버지이니 정재(正財)는 아버지의 형제자매로 숙부나 고모, 의부나 양부에 해당한다. 사주에 정편재(正偏財)가 혼합되면 배다른 고모나 숙부가 있거나 의부나 양부가 있다. 아니면 어려서 숙부나 고모댁에서 자랐거나 의부 밑에서 자란다.

— 재다신약(財多身弱)은 해로하기 어렵다.
— 정재(正財)가 득위하면 아내가 첩을 용납하지 않는다.
— 편재(偏財)가 득위하면 첩승방처(妾勝放妻)로 첩이 가권을 잡는다.
— 시(時)에 편재(偏財)가 있으면 악처를 만나 고생한다.

5. 정관(正官)과 편관(偏官)

■ 정관(正官)

 정관(正官)은 바른 관제와 정당한 규제를 말한다. 따라서 관청은 국민의 안녕과 질서를 위하여 규범을 정하고 규제하니 사주에 관(官)이 있으면 규율된 생활로 품위가 단정하고 수려한 인격을 갖춘다.

 남명의 정편관(正偏官)은 아들과 딸이 되는데, 양(陽)일생의 남명은 편관(偏官)이 아들이고, 정관(正官)은 딸이다. 그리고 음(陰)일생의 정관(正官)은 아들이고 편관(偏官)은 딸이다. 여명에서 관(官)은 남편으로 나를 직접 관제하기 때문에 정관(正官)은 정부(正夫)로 보고, 편관(偏官)은 편부(偏夫)로 본다.

 고로 남명에서 정편관(正偏官)이 혼잡되면 정자녀와 편자녀가 혼합된 상으로 본처와 소실에서 각각 자녀를 얻는다. 관살(官殺)이 혼잡되면 후사에 분쟁이 따른다. 여명에서 관성(官星)은 남편인데 사주에 정편관(正偏官)이 혼잡되고 제약(制弱)되면 2~3번 결혼하기 쉽고, 더욱 가중되면 창녀가 되기 쉽다.

■ 편관(偏官)

 편관(偏官)은 먼저 설명한 정관(正官)과 같이 관(官)이 된다. 정관(正官)은 갑(甲)일 대 신(辛), 신(辛)일 대 병(丙), 을(乙)일 대 경(庚), 경(庚)일 대 정(丁) 식으로 음(陰)과 양(陽), 양(陽)과 음(陰)이 중정(中正)으로 배합된 관(官)이다. 반대로 편관(偏官)은 갑(甲)일 대 경(庚), 을(乙)일 대 신(辛) 식으로 양(陽)과 양(陽), 음(陰)과 음(陰)이 편의로 배합되었다는 차이가 있다.

따라서 정관(正官)은 정당하게 나를 규제하는 것이고, 편관(偏官)은 편법과 증오로 나를 억제하는 것이다. 관직으로 보면 정관(正官)은 품행이 단정하며 수려한 행정관이고, 편관(偏官)은 권력과 투쟁 완강으로 군인·경검직에 해당한다고 본다.

여명에서 정관(正官)은 정부(正夫)로 처녀와 총각이 정당한 혼례를 갖추어 이루어진 부부이고, 편관(偏官)은 편부(偏夫)로 오다가다 만난 부부, 또는 부정혼으로 재혼·위협혼·동정혼 등으로 본다. 만약 사주에 정관(正官)이 없고 편관(偏官)만 있으면 정관(正官)과 같이 본다.

정관(正官)과 편관(偏官)을 논할 때 정관(正官)은 무조건 길성이고, 편관(偏官)은 무조건 흉성처럼 보이나 절대로 그렇지 않다. 편관(偏官) 칠살(七殺)도 제하면 길성으로 변하는데 다음과 같다.

첫째, 식신(食神)으로 직접 제살(制殺)하는 법이다.

둘째, 살인상정(殺刃相停)으로 귀격이 된다. 예를 들면 갑(甲)일생의 편관(偏官) 경금(庚金)이 왕하였을 경우, 갑(甲)의 매씨 을(乙)로 을경(乙庚)으로 합살(合殺)시켜 길로 만드는 법을 살인상정(殺刃相停) 또는 권인상정(權刃相停)이라 하여 귀격이 된다.

셋째, 살이 인성(印星)을 생하고, 인성(印星)이 나를 생하게 하는 협상법, 또는 살성구인(殺星狗印)이라 하여 반중화(反中和)로 길성이 된다.

예를 들어 해(亥)월 병인(丙寅)일생이면 그 해(亥) 중 임수(壬水)가 병화(丙火)의 칠살(七殺)인데, 그 해수(亥水)는 일지(日支) 인목(寅木)과 인해(寅亥)로 합하여 칠살(七殺) 해수(亥水)는 생 인목(寅木)하는데, 인목(寅木)은 다시 일주(日柱) 병화(丙火)를 생하는 것임으로 칠살(七殺)인 해수(亥水)는 일간(日干) 병화(丙火)를 생해주는 원동력이 되어 더욱 좋아진다.

사길성(四吉星)인 정관(正官)도 나빠지는 경우가 있다. 첫째는 정관(正官)이 살과 혼합되어 나를 극상(剋傷)하는 것이요, 둘째는 신약사주(身弱四柱)에 정관(正官)이라고 해도 많으면 그 정관(正官)은 변하여 귀살(鬼殺)이 된다.

이상과 같이 정관(正官)은 길성, 편관(偏官)은 흉성 식으로 길흉을 판정하면 안 되고 사주배정에 의하여 판정해야 한다.

4장. 제합제살론(諸合諸殺論)

1. 천간(天干)의 합(合)과 충(沖)

1. 천간합(天干合)

甲己合	乙庚合	丙辛合	丁壬合	戊癸合
土	金	水	木	火

— 갑기합토(甲己合土)는 중정지합(中正之合)이다.

— 을경합금(乙庚合金)은 인의지합(仁義之合)이다.

— 병신합수(丙辛合水)는 위엄지합(威嚴之合)이다.

— 정임합목(丁壬合木)은 인수지합(仁壽之合)이다.

— 무계합화(戊癸合火)는 무정지합(無情之合)이다.

천간합(天干合)은 천간(天干) 순으로 6번째로 합된다고 하여 육합

(六合)이라고도 한다. 이는 갑(甲)에서 기(己)까지가 6번째이고, 을(乙)에서 경(庚)까지도 6번째이며, 병(丙)에서 신(辛)까지, 정(丁)에서 임(壬)까지, 무(戊)에서 계(癸)까지 모두 6번째와 합된다.

수리학적으로는 천간(天干) 갑을병정(甲乙丙丁)의 순으로 1과 6, 2와 7, 3과 8, 4와 9, 5와 10, 즉 생수(生數)와 성수(成數)의 합이라고 할 수 있다. 원리는 음(陰)과 양(陽)의 배합인데 양(陽)인 갑목(甲木)은 남자이고, 음(陰)인 기토(己土)는 여자로 유정하게 합하니 남녀화합으로 부부일체가 되는 것과 같다고 할 수 있다. 항상 양(陽)은 음(陰)을 뿌리로 하고, 음(陰)은 양(陽)을 의지하여 만물을 생성한다. 천간합(天干合)도 이 생성의 원리를 따른다.

이와 같이 갑목(甲木)과 기토(己土)의 관계는 목극토(木剋土)로 극의 작용을 하지만 생성법칙은 극이 있은 후에 기물이 되는 것으로 양(陽)만으로 기물을 만들지 못하고, 음(陰)만으로도 기물을 생하지 못한다.

— 사주에 갑기합(甲己合)이 있으면 남과 타협을 잘하고, 여러 사람에게 존경받으며, 자기의 직책을 잘 지키고 맡은바 책임을 완수한다. 남자는 아내와 여자는 남편과 유정하게 잘 살아간다.
— 사주에 을경합(乙庚合)이 있으면 용감하고 남에게 유혹을 당하지 않으며, 선악을 분별하고 부부는 다정다감하며 서로 존경하면서 선행을 베풀며 살아간다.
— 사주에 병신합(丙辛合)이 있으면 위엄성이 있고, 비굴하면서 잔

인한 편으로 이기적인 성품에 주색을 탐한다.

— 사주에 정임합(丁壬合)이 있으면 성격이 민감하며 깨끗하고 자신을 높이 평가한다. 남자는 아내와 불화하고, 여자도 부정하여 탈선의 기질이 많다. 남녀 모두 음사를 즐긴다.

— 사주에 무계합(戊癸合)이 있으면 냉정하며 박정하기 쉬우나 아름다운 것을 좋아한다. 결혼은 장애물로 지장을 초래하기 쉽다.

2. 천간충(天干沖)

강충(强沖) : 갑경충(甲庚沖)·을신충(乙辛沖)·병임충(丙壬沖)·
　　　　　　정계충(丁癸沖)

약충(弱沖) : 甲戊沖(갑무충)·乙己沖(을기충)·丙庚沖(병경충)·
　　　　　　丁辛沖(정신충)·戊壬沖(무임충)·己癸沖(기계충)

상충(相沖)이란 서로 충돌하는 것이니 파괴·파산·이별·분리·사상·비애·질병·수술 등 여러 가지 흉화가 발생하는데, 7번째를 충한다고 하여 칠충(七沖)이라고도 한다. 근충(近沖)은 충력이 강하고, 원충(遠沖)은 충이 아니라 상극(相剋)으로 본다.

2. 지지(地支)의 합(合)과 충(沖)

1. 지지합(地支合)

子丑合	寅亥合	卯戌合	辰酉合	巳申合	午未合
土	木	火	金	水	不變

사주를 간명할 때는 합하여 변한 오행(五行)도 강약을 구분해야 한다. 근합(近合)은 합력이 강하고, 원합(遠合)은 합력이 떨어진다. 충되면 합이 깨져 합이 되지 않는다. 사주에 합이 많으면 남녀 모두 사교술은 있으나 음란하며 이성문제로 재산을 탕진한다.

2. 삼합(三合)

寅午戌合	申子辰合	巳酉丑合	亥卯未合
火局	水局	金局	木局

삼합(三合)의 구성원리는 다음과 같다. 신자진(申子辰) 수국(水局)이면 신(申) 중 임수(壬水), 자(子) 중 계수(癸水), 진(辰) 중 계수(癸水)로 같은 수(水)가 회합(會合)하여 국을 이루니 신자진(申子辰)은 수국(水局)이 된다.

해묘미(亥卯未) 목국(木局)도 해(亥) 중 갑목(甲木), 묘(卯) 중 을목(乙木), 미(未) 중 을목(乙木)으로 동기(同氣)인 목(木)끼리 회합(會合)하여 국을 이루니 해묘미(亥卯未)는 목국(木局)이 된다.

인오술(寅午戌) 화국(火局)도 인(寅) 중 병화(丙火), 오(午) 중 정화(丁火), 술(戌) 중 정화(丁火)로 동기(同氣)인 화(火)들의 회합(會合)으로 국을 이루니 인오술(寅午戌) 화국(火局)이 된다.

사유축(巳酉丑) 금국(金局)도 사(巳) 중 경금(庚金), 유(酉) 중 신금(辛金), 축(丑) 중에 신금(辛金)으로 같은 금기(金氣)가 회합(會合)하여 국을 이루니 사유축(巳酉丑)은 금국(金局)이 된다.

합국(合局) 두 글자만으로도 합이 되는데 반합(反合)이라고 한다. 그 예로 신자진(申子辰)의 신자(申子)·자진(子辰)·신진(申辰), 해묘미(亥卯未)의 해묘(亥卯)·묘미(卯未)·해미(亥未), 인오술(寅午戌)의 인오(寅午)·오술(午戌)·인술(寅戌), 사유축(巳酉丑)의 사유(巳酉)·유축(酉丑)·사축(巳丑) 등이 된다. 사주에 삼합(三合)이 있으면 폭넓은 인생으로 사교술에 능하다.

3. 방합(方合)

寅卯辰合	巳午未合	申酉戌合	亥子丑合
東方木局	南方火局	西方金局	北方水局

방합(方合)도 삼합(三合)과 같이 작용하며 계절합이라고도 한다. 구성원리는 인묘진(寅卯辰) 1·2·3월은 봄으로 인(寅) 중 갑목(甲木), 묘(卯) 중 을목(乙木), 진(辰) 중 을목(乙木)으로 목기(木氣)로 구성되어 목국(木局)이 된다. 사오미(巳午未) 화국(火局), 신유술(申酉戌) 금국(金局), 해자축(亥子丑) 수국(水局)도 같은 원리로

구성되어 있다.

방합(方合)은 세 글자 중 한 글자가 월지(月支)에 있어야만 이루어진다. 사주에 방합(方合)이 있으면 외고집으로 독선적이며 사교에 능하지 못하다.

4. 동합(同合)과 우합(隅合)

子子	丑丑	寅寅	卯卯	辰辰	巳巳	午午	未未	申申	酉酉	戌戌	亥亥

丑寅(艮)	辰巳(巽)	未申(坤)	戌亥(乾)

동합(同合)은 자자(子子)·축축(丑丑)·인인(寅寅)·묘묘(卯卯)·진진(辰辰) 식으로 같은 글자끼리 만난 것을 말하고, 우합(隅合)은 동서남북의 정방위가 아니라 간방(間方)인 서북간의 술해(戌亥), 동북간의 축인(丑寅), 동남간의 진사(辰巳), 서남간의 미신(未申) 등의 합을 말한다.

5. 암합(暗合)

子巳	子辰	子戌	寅丑	寅午	寅未	卯申	巳丑	午亥

암합(暗合)은 자사(子巳)·축인(丑寅)·묘신(卯申)·진사(辰巳)·미신(未申)·술해(戌亥)·오해(午亥) 등 지장간(支藏干)끼리 합을 말한다. 예로 자사(子巳)는 자(子) 중 계수(癸水)와 사(巳) 중 무토

(戊土)가 무계(戊癸)로 합하고, 축인(丑寅)도 축(丑) 중 계수(癸水)와 인(寅) 중 무토(戊土)가 무계(戊癸)로 합하며, 축(丑) 중 신금(辛金)은 인(寅) 중 병화(丙火)와 병신(丙辛)으로 합하고, 축(丑) 중 기토(己土)는 인(寅) 중 갑목(甲木)과 갑기(甲己)로 합하는 등 지장간(支藏干)끼리의 합을 말한다.

6. 지지상충(地支相沖)

子午沖	丑未沖	寅申沖	卯酉沖	辰戌沖	巳亥沖

지지충(地支沖)은 순행으로 7번째, 역행으로도 7번째로 양(陽)과 양(陽), 음(陰)과 음(陰)의 충으로 무정의 극이라고도 하며, 칠충(七沖)은 방위적으로는 대항이기도 하다. 천간충(天干沖)보다 지지상충(地支相沖)은 뿌리가 상하면서 상충(相沖)되니 그 화가 더욱 심하게 작용한다.

인신사해(寅申巳亥)는 사생지(四生地)라 하여 상충(相沖)을 싫어하고, 자오묘유(子午卯酉)는 사왕지(四旺地)라 하여 상충(相沖)을 가장 흉하게 보며, 진술축미(辰戌丑未)는 사고지(四庫地)라 하여 상충(相沖)을 좋아한다.

■ 사주에 상충살(相沖殺)이 있으면
— 생년이 생월을 충하면 고향을 일찍 떠난다.
— 생월이 생년을 충하면 직업의 풍파가 많다.

— 생일지(生日支)가 충되면 중혼하며, 불연이면 부부싸움이 떠날 날이 없다.

— 생시가 충되면 자식의 가출이나 부하의 배신이 따른다.

■ 유년(流年)에서 충을 만나면

— 태세가 생년을 충하면 사회적인 장애로 직업의 변화나 배신자가 생긴다.

— 태세가 생월을 충하면 부모형제와 이별하거나 이사나 원행사가 생긴다.

— 태세가 생일지(生日支)를 충하면 자식이 가출하거나 부하직원에게 배신당한다.

■ 궁합(宮合)에서 충되면

— 생년과 생년이 충되면 사회적 장애로 만사가 불성이다.

— 생월과 생월이 충되면 부모형제 불화한다.

— 생일과 생일이 충되면 무정지합으로 타남타녀를 본다.

— 생일과 생일의 충은 자손의 불발로 본다.

■ 유년(流年)에서 충되면

— 일주(日柱)와 천충지충(天沖支沖)되는 해는 매사가 동결상태로 신상에 변동이 오고, 노상봉변을 당한다.

— 일주(日柱)와 천동지충(天同支沖)되는 해는 배우자와 동상이몽이 되니 배우자가 변심한다.

— 일주(日柱)와 천합지합(天合支合)되는 해는 눈뜨고 도둑맞는 격이니 일확천금의 유혹을 물리쳐야 한다. 그러나 미혼자는 천합지합(天合支合)운에 결혼한다.

— 일주(日柱) 천간(天干)과 충되거나 간합(干合)되는 해는 손재운으로 사업확장이나 방심과 유혹을 경계해야 한다.

3. 형(刑)

1. 삼형(三刑)

寅巳申三刑	丑戌未三刑

인사신(寅巳申)과 축술미(丑戌未)가 삼형(三刑)인데, 인사신(寅巳申) 삼형(三刑)은 지세지형(持勢之刑)으로 두 글자만으로도 형(刑)이 된다. 인사형(寅巳刑), 인신형합(寅申刑合), 인신형충(寅申刑沖)으로 인사신(寅巳申)이 사주에 있으면 자기의 세력을 믿고 거세게 나가다가 좌절하기 쉽다. 십이운성(十二運星)의 장생(長生)·건록(健祿)·제왕(帝王) 등에 해당하면 명진사해하나, 쇠(衰)·병(病)·사(死)·묘(墓)에 해당하면 교활하며 비굴하여 재앙이 따른다. 특히 여명은 고독을 면하기 어렵다.

축술미(丑戌未) 삼형(三刑)은 무은지형(無恩之刑)으로 두 글자만으로도 형(刑)이 된다. 축술형(丑戌刑)·술미형(戌未刑)·축미형충(丑未刑沖)으로 사주에 축술미(丑戌未)가 있으면 성격이 냉혹하여 고독을 자초하며, 은인을 외면하고, 여명은 산액이 있고, 고집이 세니 부부금슬이 좋지 않다. 자비심을 가지고 활인공덕하면 큰 재난을 막을 수 있지만 경거망동하면 평생 불행하다.

삼형살(三刑殺)은 무은·무례·몰지각 등 자기 위주의 이기주의와 타압지상이다. 사주에 인사신(寅巳申) 축술미(丑戌未)가 있으면 고집과 독선으로 호언장담으로 실패, 감호소에 가는 일이 잦고, 성격도 포악 배신 등 사람 이용에 명수일 수도 있다. 그러나 형벌권이나 의술을 가지면 길하다. 형살(刑殺)은 상처·수술·도려낸다 등을 암시한다.

2. 상형(相刑)

丑戌刑	戌未刑	丑未刑

자묘상형(子卯相刑)은 무례지형(無禮之刑)으로 성격이 횡폭하고 화애의 정이 조금도 없다. 예의가 없어 다른 사람에게 불쾌감을 주고, 해당 육친과도 불화한다. 부부간에도 불화가 따르니 이혼하는 경우가 많고 남녀 모두 성병을 조심해야 한다.

3. 자형(自刑)

辰辰自刑	午午自刑	酉酉自刑	亥亥自刑

진오유해(辰午酉亥)는 서로의 세력을 믿고 형(刑)하기 때문에 일

자형(自刑)이라고도 한다. 또 인신사해(寅申巳亥) 중 해(亥), 진술축미(辰戌丑未) 중 진(辰), 자오묘유(子午卯酉) 중 오유(午酉)가 각각 삼형(三刑)에서 제외되었고, 단 자형(自刑)에서 작용한다.

자형살(自刑殺)은 독립심이 부족하고 의타심이 강한 편으로 인내력이 없으니 시작은 크나 끝이 희미하여 매사 용두사미격이 되니 인내심을 길러야 한다.

진진자형(辰辰自刑)은 요통으로 고생할 수 있고, 오오자형(午午自刑)은 항상 불과 주색을 조심해야 한다. 유유자형(酉酉自刑)은 유방암이나 상해를 조심하고, 해해자형(亥亥自刑)은 물을 조심하며 인내력을 길러야 한다.

■ 유년(流年)에서 형살(刑殺)을 만나면

— 지세지형(持勢之刑)을 만나면 공직자는 주색으로 몸을 망치고, 일반인은 육친의 해나 부인의 손태(損胎)가 있다.

— 무례지형(無禮之刑)을 만나면 관직에 있는 사람은 송사로 상관에게 피해를 주고 일반인은 상하불화로 재앙과 손태(損胎) 등 자손에게 재액이 따른다.

— 자형(自刑)을 만나면 공직자는 퇴직되고, 일반인은 관재구설과 질병이 따르거나 이사 변동수가 일어난다.

4. 육파(六破)

子酉相破	申巳相破	丑辰相破
午卯相破	寅亥相破	未戌相破

파살(破殺)은 삼합(三合) 대 삼합(三合)으로 해묘미(亥卯未) 목국(木局)은 인오술(寅午戌) 화국(火局)과 사유축(巳酉丑) 금국(金局)은 신자진(申子辰) 수국(水局)과 대칭으로 구성된다. 파(破)는 문자 그대로 파괴된다는 뜻이니 만사가 뜻대로 되지 않고 사업은 속성속패한다. 파괴·분리·이별·파손·절단·이동 등 흉사만 거듭된다는 흉살이다. 흉신을 파하면 길하고 길신을 파하면 흉하다.

— 월지(月支)와 일지(日支)가 파되면 부모형제가 불화한다.
— 일지(日支)와 시지(時支)가 파되면 부부와 자손의 풍파가 있다.

■ 자유파(子酉破) : 사주에 자유파(子酉破)가 있으면 인덕이 없고, 부부간에 풍파가 중중하며, 남명은 의처증이 있고, 여명은 의부증이 있다.

■ 축진파(丑辰破) : 사주에 축진파(丑辰破)가 있으면 동성의 파로 형제간에 불화하고, 감금·수술·교통사고 등이 따른다.

■ 인해파(寅亥破) : 인해(寅亥)는 합인 동시에 파가 되니 처음에는 정답게 거래가 시작되나, 중도에 배신하고 시비로 인하여 재산을 탕진하며, 부부궁도 불길하니 풍파가 중중하다.

- 오묘파(午卯破) : 사주에 오묘파(午卯破)가 있으면 만사불성이고, 이성문제로 구설이 따르며, 색정이나 유흥문제로 재산을 탕진한다.

- 미술파(未戌破) : 사주에 미술파(未戌破)가 있으면 동성의 파로 동기간에 불화와 갈등 그리고 만사가 여의하지 못하고, 부부궁도 불리하고, 감금이나 수술 교통사고 등이 발생할 수 있는 흉성이다.

- 사신파(巳申破) : 사신(巳申)은 합인 동시에 파가 되니 시작은 좋으나 뒤끝이 원만하지 못하여 은혜를 원수로 갚으며, 역마(驛馬) 지살(地殺)이 파가 되니 낙상수나 교통사고가 따른다.

5. 육해(六害)

子未害	寅巳害	卯辰害
丑午害	亥申害	酉戌害

육해살(六害殺)은 자(子)는 축(丑)과 육합(六合)이 되는데, 미(未)를 보면 축미(丑未)로 상충(相沖)되어 자축합(子丑合)이 깨진다. 이와 같이 방해하는 것을 육해(六害)라고 하며, 육해살(六害殺)이란 오래 동안 앓는 흉살이다.

— 월지(月支)와 일지(日支)에서 육해살(六害殺)을 만나면 부모형제간에 불화한다.

― 일지(日支)와 시지(時支)에 육해살(六害殺)이 있으면 부부궁과 자손궁이 불길하다.

■ 자미해(子未害) : 남명에 있으면 아내가 흉사하거나 재산을 탕진하나 공망(空亡)되면 평탄하다. 남녀 모두 자미해(子未害)가 있으면 부모형제간에 불화하고 인덕이 없으며 부부궁도 원만하지 못하다. 질병은 척추 이상으로 요통이나 신장, 피부질환이 있고, 자미해(子未害)는 암충(暗沖)과 암합(暗合)으로 되어 있다.

■ 축오해(丑午害) : 축오해(丑午害)는 관귀상해(官鬼相害)라고도 한다. 인덕과 부부의 정이 없고, 부모형제간에도 화목하지 못하며 파란이 많다. 남명은 의처증, 여명은 의부증이 있다. 질병은 정신병·중풍·건망증·대장계통 질환을 조심해야 한다.

■ 인사해(寅巳害) : 사주에 인사해(寅巳害)가 있으면 부모형제간에 인연이 없고 인덕도 없다. 부부궁과 자손궁이 불길하며, 음독도 해보는 파란만장한 팔자로 수술이나 감금을 당한다는 흉살이며, 질병으로는 두통이나 현기증, 신경통이나 위장병을 조심해야 한다.

■ 묘진해(卯辰害) : 사주에 묘진해(卯辰害)가 있으면 만사불통으로 풍파를 겪고, 부모형제는 불화하고, 부부궁도 원만하지 못하여 상호 멸시와 배신 모략 등의 흉사만 생긴다. 질병은 위장병과 척추계통의 질환을 조심해야 한다.

■ 신해해(申亥害) : 사주에 신해해(申亥害)가 있으면 만사가 여의

치 못하고, 인간의 풍파가 중중하며, 수액이나 낙상수, 혹은 교통사고 등이 따른다. 질병으로는 냉병·자궁병·위장병·변비 등을 조심해야 한다.

■ 유술해(酉戌害) : 사주에 유술해(酉戌害)가 있으면 부부간에 변심하고 육친간에도 화목하지 못하고, 자손으로 인한 근심이 많고, 질병으로는 성병·치질·해수·천식 등의 질병이 온다.

6. 원진(怨嗔)

子未	丑午	寅酉	卯申	辰亥	巳戌

원진살(怨嗔殺)이란 부모형제간에 화목하지 못하고, 부부사이는 까닭없이 서로 미워하며 이별하고, 수술이나 감금·고독 등 억울한 일을 당한다는 흉살이다.

— 원진살(怨嗔殺)이 월일지(月日支)에 있으면 부모형제와 화목하지 못하고 일찍 고향을 떠난다.

— 원진살(怨嗔殺)이 일시지(日時支)에 있으면 아내와 자손의 근심이 많고, 특히 부부사이가 원만하지 못하며 인덕이 없다.

— 원진살(怨嗔殺)이 여명에 있으면 음성이 크며 탁하고 천한 사람과 사통하여 불효자를 낳는다.

— 원진살(怨嗔殺)이 년월지(年月支)에 있으면 조부간에 불화하였고, 어려서 애정을 모르고 성장한다.

— 상관성(傷官星)이 원진살(怨嗔殺)이 되면 겉과 속이 다르고, 독
  설로 남의 흉을 잘 보며, 악질인 경우가 많다.
— 원진(怨嗔)이 되는 궁합(宮合)은 결론없는 투쟁으로 인생을 소
  비할 뿐이다.

7. 공망(空亡)

甲子	乙丑	丙寅	丁卯	戊辰	己巳	庚午	辛未	壬申	癸酉	戌亥
甲戌	乙亥	丙子	丁丑	戊寅	己卯	庚辰	辛巳	壬午	癸未	申酉
甲申	乙酉	丙戌	丁亥	戊子	己丑	庚寅	辛卯	壬辰	癸巳	午未
甲午	乙未	丙申	丁酉	戊戌	己亥	庚子	辛丑	壬寅	癸卯	辰巳
甲辰	乙巳	丙午	丁未	戊申	己酉	庚戌	辛亥	壬子	癸丑	寅卯
甲寅	乙卯	丙辰	丁巳	戊午	己未	庚申	辛酉	壬戌	癸亥	子丑

공망(空亡)은 천중살(天中殺)이라고도 하는데, 십간(十干)과 십이
지(十二支)가 서로 짝을 이루고 천간(天干)이 없는 것을 말한다.
조견표와 같이 갑자(甲子)에서 시작하여 계유(癸酉)까지 짝을 이
루고, 천간(天干)이 없는 두 자리 술해(戌亥)가 공망(空亡)이다.

공망(空亡)은 진공(眞空)과 반공(半空)이 있는데 년주(年柱)와 일
주(日柱)를 기준으로 찾는다. 양지(陽支) 공망(空亡)을 공(空)이라
하고, 음지(陰支) 공망(空亡)을 망(亡)이라고 한다. 양일주(陽日主)
의 양지(陽支) 공망(空亡)은 진공(眞空)이고, 음지(陰支) 공망(空
亡)은 반공(半空)이 된다. 음일주(陰日主)에 음지(陰支) 공망(空

亡)은 진공(眞空)이고, 양지(陽支) 공망(空亡)은 반공(半空)이라고
한다.

— 공망(空亡)은 형충파해(刑沖破害)나 합이 되면 풀어진다.

— 공망(空亡)이 세운(歲運)에서 또 공망(空亡)되면 풀어진다.

— 공망(空亡)은 빌공(空) 자에 망할망(亡) 자이니 만사가 허사로
　돌아간다.

— 길성이 공망(空亡)이면 길성이 사라지고, 흉성이 공망(空亡)이
　면 흉성이 사라져 더욱 좋아진다.

— 년월일시가 공망(空亡)이면 조상덕이 부족하여 불우하게 성장
　한다.

— 부모궁이 공망(空亡)이면 부모형제가 무력하고 중년 후 풍파를
　겪는다.

— 시지(時支)가 공망(空亡)이면 자식이 무력하고 죽을 때 관이 없
　는 형상으로 말년이 불우하다.

— 용신(用神)이나 희신(喜神)이 공망(空亡)되면 가장 두렵고, 형
　충파해(刑沖破害)가 공망(空亡)되면 흉이 길로 변한다.

— 소송은 상대방의 공망일(空亡日)을 택하면 이길 수 있다.

— 해당 육친이 공망(空亡)되면 해당 육친과는 인연이 박하다.

— 공망(空亡)은 방위와 일진(日辰)이 중요하다. 일주(日柱)를 기
　준으로 하나 일진(日辰) 기준의 공망(空亡) 방위는 무슨 일을
　해도 허사가 되어 망한다.

5장. 신살론(神殺論)

1. 십이신살(十二神殺)

십이신살(十二神殺)은 마전신살(馬箭神殺)이라고도 하며, 겁살(劫殺)·재살(災殺)·천살(天殺)·지살(地殺)·년살(年殺)·월살(月殺)·망신살(亡神殺)·장성살(將星殺)·반안살(攀鞍殺)·역마살(驛馬殺)·육해살(六害殺)·화개살(華蓋殺)을 말한다.

1. 겁살(劫殺)

겁탈당한다는 흉살로, 어떤 재난에도 항거할 수 없고, 모든 노력이 헛수고가 되기 쉬우니 차라리 움직이지 않는 것이 상책이다.

2. 재살(災殺)

수옥살(囚獄殺)이라고도 하며, 송사·납치·감금·포로 등 신상에

십이신살표

十二神殺 ＼ 年日支	申子辰	巳酉丑	寅午戌	亥卯未
劫殺	巳	寅	亥	申
災殺, 囚獄殺	午	卯	子	酉
天殺	未	辰	丑	戌
地殺	申	巳	寅	亥
年殺, 桃花殺	酉	午	卯	子
月殺, 枯草殺	戌	未	辰	丑
亡身殺	亥	申	巳	寅
將星	子	酉	午	卯
攀鞍	丑	戌	未	辰
驛馬殺	寅	亥	申	巳
六害殺	卯	子	酉	午
華蓋殺	辰	丑	戌	未

구속됨이 있어 재난을 많이 겪는 흉살이다.

3. 천살(天殺)

천살(天殺)은 불의의 천재를 당한다는 흉살이다.

4. 지살(地殺)

지살(地殺)은 역마살(驛馬殺)이라고도 한다. 지변(地變)이나 타도 타국으로 떠난다는 살이다.

5. 년살(年殺)

년살(年殺)은 도화살(桃花殺)·함지살(咸池殺)·패신(敗神)·목욕살(沐浴殺)이라고도 한다. 자오묘유(子午卯酉)를 모두 년살(年殺) 또는 도화살(桃花殺)이라고 한다. 도화살(桃花殺)은 음욕과 색정이 강하고, 용모도 아름다우며, 허영과 사치를 좋아하고, 가정보다 외정을 즐긴다는 살이다.

— 년지(年支)에 자오묘유(子午卯酉) 중 한 글자 이상이 있으면 조부모가 풍류를 좋아한다.
— 월지(月支)에 자오묘유(子午卯酉) 중 한 글자 이상이 있으면 부모나 형제가 정숙하지 못하다.
— 일지(日支)에 자오묘유(子午卯酉) 중 한 글자 이상이 있으면 배우자나 자신이 정숙하지 못하다.

— 시지(時支)에 자오묘유(子午卯酉) 중 한 글자 이상이 있으면 자식이 정숙하지 못하다.

— 정재(正財)가 도화살(桃花殺)에 해당하면 아내가 정숙하지 못하다.

— 편재(偏財)가 도화살(桃花殺)에 해당하면 첩이나 아버지가 정숙하지 못하다.

※ 곤랑도화(滾浪桃花)는 일천간(日天干)이 합되고 일지(日支)가 형(刑)된 것을 말한다. 예를 들어 갑자(甲子)일 기묘(己卯)시생이거나, 신묘(辛卯)월 병자(丙子)일생이거나, 계묘(癸卯)월 무자(戊子)일생을 말한다. 곤랑도화(滾浪桃花)는 음욕과 주색으로 가산을 탕진하고 성병으로 고생한다.

6. 월살(月殺)

월살(月殺)은 고초살(枯焦殺)이라고도 하는데, 만사가 고갈된다는 흉살이다. 택일법에서도 이 날은 피한다. 이 날 씨앗을 뿌리면 싹이 나지 않고, 닭이 계란을 품어도 병아리가 깨지 않는다고 한다.

7. 망신살(亡神殺)

파군살(破軍殺) 또는 관부살(官符殺)이라고도 하는데, 모든 계획이 수포로 돌아가 마침내 패가망신한다는 흉살이다. 사주에 망신살(亡神殺)이 있으면 봉변을 당해도 부끄러움을 모른다. 망신살(亡神

殺)의 근본은 자기도 모르게 무엇을 잃는 것이니 실물이나 손재 등을 조심해야 한다. 특히 여자는 정조를 빼앗기는 것을 망신살(亡神殺)이라고 하니 남자를 조심해야 한다.

8. 장성살(將星殺)

장성살(將星殺)이 사주에 있으면 문무를 겸비할 수 있는 재능이 있고, 벼슬과 권세가 있다. 일반적으로 사주에 장성살(將星殺)이 있으면 관청을 출입하고, 장성살(將星殺)이 편관(偏官) 또는 양인(羊刃)과 같이 있으면 살생지권을 쥐고, 재성(財星)과 동주(同柱)하면 국가재정을 장악한다는 길성이다.

9. 반안살(攀鞍殺)

반안(攀鞍)이란 말의 안장을 뜻하며 출세를 의미한다. 장성살(將星殺)이 반안살(攀鞍殺)이나 역마살(驛馬殺)이 같이 있으면 장군이 말을 타고 행차하는 형상으로 크게 출세한다는 길성이다.

10. 역마살(驛馬殺)

역마살(驛馬殺)이란 말을 타고 멀리 떠나는 것을 의미하니 타향살이·이민·해외출입을 말하고, 넓게 해석하면 우주여행도 포함된다. 인신사해오미(寅申巳亥午未) 모두를 역마(驛馬)와 지살(地殺)로 보니 사주에 인신사해오미(寅申巳亥午未)가 있으면 해외를 드나들거나 외화를 벌어들인다.

11. 육해살(六害殺)

 육해살(六害殺)은 오래 앓고, 육친덕이 없다는 흉살이다. 따라서 사주에 육해살(六害殺)이 있으면 해당 육친과 인연이 없다.

12. 화개살(華蓋殺)

 삼합(三合)의 끝 자를 화개살(華蓋殺)이라고 하는데, 진술축미(辰戌丑未)를 총칭 화개살(華蓋殺)이라고도 한다. 사묘(四墓) 또는 사고(四庫)라고도 한다.

— 사주에 화개살(華蓋殺)이 있으면 예술적인 소질이 뛰어나나, 지나치면 수도인에 지나지 않는다.
— 사주에 화개살(華蓋殺)이 있으면 학자·예술가·역술인·종교인 등이 적합하다.
— 화개살(華蓋殺)이 공망(空亡)에 해당하면 승려 팔자이다.
— 일지(日支)에 화개살(華蓋殺)이 있으면 수도인의 팔자이다.
— 식상(食傷)이 화개살(華蓋殺)에 해당하면 조모가 불교신자요, 인성(印星)이 화개살(華蓋殺)이면 어머니가 신자이다.
— 화개살(華蓋殺)이 양인(羊刃)과 동주(同柱)하면 기예가 뛰어나나 성공률은 낮다.

 십이신살(十二神殺)을 쉽게 이해하는 방법은 삼합(三合)의 첫 글자는 지살(地殺), 가운데 글자는 장성살(將星殺), 끝 글자는 화개살

(華蓋殺) 식으로 외우면 된다.

　지살(地殺)을 충한 글자는 역마살(驛馬殺), 장성(將星)을 충한 글자는 재살(災殺), 화개(華蓋)를 충한 글자는 월살(月殺)로 고초살(枯焦殺)이 된다. 지살(地殺) 다음 글자는 년살(年殺), 장성(將星) 다음 글자는 반안살(攀鞍殺), 화개살(華蓋殺) 다음 글자는 겁살(劫殺)이 된다.

　삼합(三合)의 첫 글자인 지살(地殺), 바로 앞 글자는 천살(天殺), 중간 글자인 장성살(將星殺)의 앞 글자는 망신살(亡神殺), 끝 글자 화개살(華蓋殺)의 앞 글자는 육해살(六害殺)이라고만 기억해두면 간편하다.

2. 길신(吉神)

1. 옥당천을귀인(玉堂天乙貴人)

日干	甲	乙	丙	丁	戊	己	庚	辛	壬	癸
天乙貴人	丑未	子申	亥酉	亥酉	丑未	子申	丑未	寅午	巳卯	巳卯

　훈장을 달고 옥계단을 거닌다는 길성으로 천을귀인(玉堂天乙貴人)이라고도 한다. 귀인이 있는 방위나 시간을 잡을 때 많이 활용한다.

　─ 사주에 천을귀인(天乙貴人)이 있으면 총명하고 지혜로워 흥함

이 길로 변한다.

— 천을귀인(玉堂天乙貴人)이 형충파해(刑沖破害)되거나 공망(空亡)되면 평생 고생이 많다.

— 천간(天干)의 천을귀인(玉堂天乙貴人)이 합되면 신용을 얻고 평생 형벌을 받지 않는다.

— 천을귀인(玉堂天乙貴人)이 괴강(魁罡)과 같이 있으면 성격이 활발하고 사무에 밝아 존경을 받는다.

— 천을귀인(天乙貴人)이 육합(六合)이나 삼합(三合), 장생(長生)과 같이 있으면 문학에 뛰어나다.

— 일지(日支)에 천을귀인(天乙貴人)이 있으면 일귀격(日貴格)이라고 하여 인덕이 있고 어디를 가나 귀여움을 받는다. 그러나 형충파해(刑沖破害)되면 총명해도 평생 고생이 많다.

2. 십간록(十干祿)

天干	甲	乙	丙	丁	戊	己	庚	辛	壬	癸
建綠	寅	卯	巳	午	巳	午	申	酉	癸	子

십이운성(十二運星)으로는 건록(建祿)이라고 하는데, 천간(天干)과 지지(地支)가 같고 음양오행(陰陽五行)이 같은 것을 말한다. 천간(天干)의 뿌리가 되어 건록(建祿) 또는 정록(正祿)이라고 한다. 건록(建祿)이 되면 천간(天干)에서 힘이 가장 강한 것이다.

건록(建祿)이 월지(月支)에 있으면 건록격(建祿格)이라 하고, 일지(日支)에 있으면 일록격(日祿格) 또는 전록격(專祿格)이라 하고, 시지(時支)에 있으면 귀록격(歸祿格)이라고 한다. 또 건록(建祿)은 관(官)이 임한다고 하여 임관(臨官)이라고도 하는데, 벼슬을 얻는 다는 뜻이니 부귀와 수복강령을 누린다.

— 사주에 건록(建祿)이 있으면 복록과 의식이 풍부하고 관운(官運)도 좋다. 그러나 공망(空亡)이나 형충파해(刑沖破害)되면 길 작용이 모두 사라진다.

— 건록(建祿)이 형충(刑沖)되면 관직이나 의사, 특수직에 종사하는 경우가 많다. 왜냐하면 무엇을 내가 죽이든지 끌어 잡아넣던 지 하는 직종을 가져야 하기 때문이다. 특히 양일간(陽日干)이 건록(建祿)이 인신사해(寅申巳亥)인데 형충(刑沖)되면 변호 사·정치인·사법관·경찰관·의사·이발사·재단사 등의 특수 직에 종사한다.

— 건록(建祿)이 세운(歲運)이나 대운에서 형충파해(刑沖破害)되면 직장변동·이사·이변·질병·손재수 등이 따른다.

— 년지(年支)에 건록(建祿)이 있는데 형충파해(刑沖破害)나 공망(空亡)되면 조상이 몰락한 상으로, 조상이 무덕하고 유년기에 고생이 많다.

— 월지(月支) 건록(建祿)이 형충파해(刑沖破害)나 공망(空亡)되면 부모형제의 덕이 없고 독신격으로 이별수가 많다.

— 일지(日支) 건록(建祿)이 형충파해(刑沖破害)나 공망(空亡)되면

일지(日支)는 일간(日干)의 뿌리가 되고 배우자궁이 되니 배우자와 이별수가 있고 외로운 신세가 된다.

— 시지(時支) 건록(建祿)이 형충파해(刑沖破害)나 공망(空亡)되면 후손이 없어 말년이 불행하다.

— 건록(建祿)은 형충파해(刑沖破害)와 공망(空亡)을 가장 꺼린다.

3. 천덕귀인(天德貴人)

月支	寅	卯	辰	巳	午	未	申	酉	戌	亥	子	丑
天德	丁	申	壬	辛	亥	甲	癸	寅	丙	乙	巳	庚

천덕귀인(天德貴人)은 하늘의 은총을 받아 모든 악살과 어려움에서 구제받는 길성이다. 천덕귀인(天德貴人)이 관성(官星)에 임하면 관운(官運)이 있고, 인성(印星)에 임하면 심성이 착하며 조부의 혜택을 받고, 식신(食神)에 임하면 의식생활에 혜택을 받는다.

4. 월덕귀인(月德貴人)

月支	寅	卯	辰	巳	午	未	申	酉	戌	亥	子	丑
月德	丙	甲	壬	庚	丙	甲	壬	庚	丙	甲	壬	庚

월덕귀인(月德貴人)은 흉살이 있어도 저절로 소멸된다는 길성이다. 물질의 혜택과 인덕이 있어 평생 부귀공명하고, 형액을 받지 않는다. 월덕귀인(月德貴人)이 관성(官星)·인성(印星)·재성(財星)

식신(食神)에 임하면 천덕귀인(天德貴人)의 작용과 같다고 본다.

5. 천주귀인(天廚貴人)

日干	甲	乙	丙	丁	戊	己	庚	辛	壬	癸
天廚貴人	巳	午	巳	午	申	酉	亥	子	寅	卯

천주귀인(天廚貴人)은 월지(月支)에 있어야 해당되는데, 식복이 풍부하고 건강하게 수명장수한다는 길성이다. 천주귀인(天廚貴人)이 있는데 정인(正印)과 정관(正官)이 있으면 명예와 복력을 구비한 인품이다.

6. 문창귀인(文昌貴人)

日干	甲	乙	丙	丁	戊	己	庚	辛	壬	癸
文昌	巳	午	申	酉	申	酉	亥	子	寅	卯

문창귀인(文昌貴人)은 총명다재하여 공부를 잘 한다는 길성으로 학문으로 직위를 가질 수 있다. 또한 흉성도 저절로 소멸되고 천을귀인(天乙貴人)나 천월덕귀인(天月德貴人)과 비슷하다. 문창귀인(文昌貴人)이 비겁(比劫)과 동주(同柱)하면 형제가 학문을 잘 하고, 직업은 교사직이 많다.

7. 천관귀인(天官貴人)

日干	甲	乙	丙	丁	戊	己	庚	辛	壬	癸
天官貴人	未	辰	巳	酉	戌	卯	亥	申	寅	午

천관귀인(天官貴人)은 정관(正官)으로 천관귀인(天官貴人)과 동주(同柱)한 육친은 관직에서 발전한다. 그러나 사주에 형충파해(刑沖破害)나 원진(怨嗔)과 양인(羊刃) 등이 있으면 오히려 천관귀인(天官貴人)이 노하여 불행해지기도 한다. 귀인성(貴人星)은 좋을 때는 더욱 좋아지고, 나쁠 때는 더욱 나빠진다는 것을 알아야 한다. 귀인성(貴人星)이 조화를 잘 이루면 백살이 제거된다고 보면 된다.

8. 복성귀인(福星貴人)

日干	甲	乙	丙	丁	戊	己	庚	辛	壬	癸
福星貴人	寅	丑亥	子戌	酉	申	未	午	巳	辰	卯

복성귀인(福星貴人)은 위험에 빠졌을 때 귀인의 도움을 받아 벗어난다는 길성으로 사주에 있으면 선조의 음덕이 있다.

9. 천복귀인(天福貴人)

日干	甲	乙	丙	丁	戊	己	庚	辛	壬	癸
天福貴人	酉	申	子	亥	卯	寅	午	巳	丑未	辰戌

천복귀인(天福貴人)은 평생 평안하고 만인에게 존경을 받는 길성이다.

10. 협록(夾祿)

日干	甲	乙	丙	丁	戊	己	庚	辛	壬	癸
夾祿	丑卯	寅辰	辰午	巳未	辰午	巳未	未酉	辛戌	戌子	고亥

협록(夾祿)은 일간(日干)과 시간(時干)이 같고, 그 지지(地支) 사이에 암(暗)으로 건록(建祿)이 있는 것을 말한다. 사주에 협록(夾祿)이 있으면 겉으로 보기와는 달리 내면이 풍후하며 덕망이 있다. 친척이나 친구 또는 타인의 도움을 많이 받고, 항상 재산이 넉넉하여 행복하게 살아간다.

11. 암록(暗祿)

日干	甲	乙	丙	丁	戊	己	庚	辛	壬	癸
暗祿	亥	戌	申	未	申	未	巳	辰	寅	丑

암록(暗祿)은 어려움에 처했을 때 뜻밖의 도움을 받는다는 길성이다. 사주에 암록(暗祿)이 있으면 총명하며 재능이 있고, 남이 모르는 음덕이 있다. 그러나 형충파해(刑沖破害)나 공망(空亡)되면 그 효능이 사라진다.

12. 금여록(金輿祿)

日干	甲	乙	丙	丁	戊	己	庚	辛	壬	癸
金輿星	辰	巳	未	申	未	申	戌	亥	丑	寅

금여록(金輿祿)은 행복을 받을 암시가 있다는 길성으로 배우자와 금슬이 좋아 행복하고, 남녀 모두 상대에게 힘을 얻을 수 있다. 온후독실・유순・절의・음덕・좋은 인연 등이 따른다. 얼굴은 항상 화애롭고, 몸가짐도 절도가 있으며, 세상 사람들에게 귀감이 된다. 특히 남자는 발명의 재간이 있고 처가의 도움도 받는다. 여자는 대체로 미모이며 결혼운도 좋다. 금여록(金輿祿)이 일시(日時)에 있으면 좋은 배우자를 만나 자손도 번창하고 말년이 편안하다. 그러나 형충파해(刑沖破害)나 공망(空亡)되면 그 효능이 사라진다. 황족 사주에 금여가 많다.

13. 관귀학관(官貴學館)

日干	甲	乙	丙	丁	戊	己	庚	辛	壬	癸
官貴學官	巳	巳	申	申	亥	亥	寅	寅	申	申

관귀학관(官貴學館)은 관직에 진출하면 승진이 매우 빨라 벼슬이 산과 같이 높아진다는 길성이다.

14. 학당귀인(學堂貴人)

日干	甲	乙	丙	丁	戊	己	庚	辛	壬	癸
學堂貴人	亥	午	寅	酉	寅	酉	巳	子	申	卯

학당귀인(學堂貴人)은 일간(日干)의 장생지(長生地)를 얻은 것으로 월지(月支)나 시지(時支)에 있으면 총명하여 학문에 뛰어난다.

15. 천사(天赦)

月 支	寅卯辰月	巳午未月	申酉戌月	亥子丑月
天赦	戊寅日	甲午日	戊申日	甲子日

천사성(天赦星)은 큰 질병이나 재난을 당해도 곧 소멸된다는 길성이다.

3. 흉살(凶殺)

1. 급각살(急脚殺)

月 支	寅卯辰月	巳午未月	申酉戌月	亥子丑月
急脚殺	亥子	卯未	寅戌	丑辰

급각살(急脚殺)은 소아마비·낙상·골절·신경통·치통 등으로 고생한다는 살이다. 생월 대 생일이나 생시에 있으면 더 강하다.

2. 단교관살(斷橋關殺)

月支	寅	卯	辰	巳	午	未	申	酉	戌	亥	子	丑
斷橋	寅	卯	申	丑	戌	酉	辰	巳	午	未	亥	子

단교관살(斷橋關殺)은 낙상이나 교통사고 등으로 팔다리를 상한
다는 살이다. 단교관살(斷橋關殺)이 있는데 형살(刑殺)이 가중되면
소아마비에 걸리거나 수족에 이상이 생긴다. 생시나 생일에 있으면
그 작용력이 더 강하다.

3. 귀문관살(鬼門關殺)

日支	寅	卯	辰	巳	午	未	申	酉	戌	亥	子	丑
鬼門	未	申	亥	戌	丑	寅	卯	子	巳	辰	酉	午

귀문관살(鬼門關殺)은 신경쇠약이나 정신이상에 걸린다는 흉살로
남자는 의처증, 여자는 의부증이 따른다. 일지(日支)나 시지(時支)
에 있으면 변태적인 성격이 발작하기 쉽다. 남자가 일지(日支)나
재성(財星)이 귀문관살(鬼門關殺)에 해당하면 아내에게 정신이상
이나 신경쇠약이 따르고, 여자가 일지(日支)나 관성(官星)이 귀문
관살(鬼門關殺)에 해당하면 남편에게 신경쇠약이나 정신이상이 따
른다.

4. 탕화살(湯火殺)

湯火殺	甲午	甲寅	乙丑	丙寅	丙午	丁丑	戊寅日
	戊午	庚午	庚寅	辛丑	壬午	壬寅	癸丑日

탕화살(湯火殺)은 어려서 화상을 입거나, 화재·파편·탄환 등에
부상을 당하거나, 음독한다는 흉살이다. 얼굴이 얽었거나, 보이는
곳에 검은점이나 사마귀가 있거나 홍역이나 열병을 앓았던 사람은
작용력이 약하다.

5. 낙정관살(落井關殺)

日干	甲	乙	丙	丁	戊	己	庚	辛	壬	癸
落井關殺	巳	子	申	戌	卯	巳	子	申	戌	卯

낙정관살(落井關殺)은 우물이나 맨홀, 강물 등에 빠지게 된다는
흉살이다.

6. 백호대살(白虎大殺)

甲辰	乙未	丙戌	丁丑	戊辰	壬戌	癸丑

백호대살(白虎大殺)은 피를 본다는 흉살로 7가지이다. 년월일시를
막론하고 육친법에 따라 적용한다. 편재(偏財) 백호(白虎)는 아버
지나 처첩의 흉사로 보고, 관성(官星) 백호(白虎)는 남자에게는 자

녀의 흉사, 여자에게는 남편의 흉사로 본다.

— 갑진(甲辰)과 을미(乙未)는 편재(偏財) 백호(白虎)로 부부 생사
  이별, 신병과 당뇨, 아버지의 객사, 백숙부나 고모의 혈광사로
  본다.
— 병술(丙戌)과 정축(丁丑)은 식상(食傷) 백호(白虎)로 여자는 자
  손의 흉사로 보고, 남자는 조모나 장모의 흉사로 본다.
— 무진(戊辰) 백호(白虎)는 부부가 생사이별하고, 아버지가 주벽
  이 심하여 각종 질병에 시달린다. 또한 비견(比肩) 백호(白虎)
  로 아내에게 산액이 따르고, 형제자매가 피를 흘리며 사망하는
  경우가 많다.
— 임술(壬戌)과 계축(癸丑)은 관살(官殺) 백호(白虎)로 남자는 자
  식의 흉사로 보고, 여자는 부부 생사이별로 본다.

7. 괴강살(魁罡殺)

庚辰日	庚戌日	壬辰日	壬戌日	戊戌日

괴강살(魁罡殺)은 모든 사람을 제압한다는 살이다. 대귀·대부·
엄격·총명·횡포·살생·극빈·재앙 등이 극단으로 작용한다. 그
러나 사주에 괴강살(魁?殺)이 있는데 격이 좋으면 대귀대부하며
지혜가 있고 총명하며 매사에 결단력이 있다.

— 괴강살(魁罡殺)이 형충파해(刑沖破害)되면 가난에 시달리거나 오랜 질병으로 고생한다.

— 사주에 괴강살(魁罡殺)이 있으면 대중을 제압하며 지휘하는 힘이 있고, 성격이 강하고 포악하여 살생을 잘한다.

— 사주에 괴강살(魁罡殺)이 있으면 군인이나 경찰·판검사·정보 기관 등에 종사하는 것이 길하고, 격국(格局)이 하격이면 육가공업이 길하다.

— 남명에 괴강살(魁罡殺)이 있으면 이론적인 토론을 좋아하고, 성격이 지나치게 결백하다. 그러나 괴강살(魁罡殺)이 여러 개 있으면 오히려 부귀공명을 누린다.

— 여명에 괴강살(魁罡殺)이 있으면 남편이 납치나 횡사하여 과부가 되고, 가정에 무책임하여 작첩하거나 가출하며, 남편의 재산이 많았다가도 쉽게 탕진된다. 만일 관성(官星)이 잘 배정되면 면할 수도 있으나 5% 미만이다.

8. 음착양차살(陰錯陽差殺)

陰錯殺	丁未	丁丑	辛卯	辛酉	癸巳	癸亥
陽差殺	丙子	丙午	戊寅	戊申	壬辰	壬戌

양차살(陽差殺)은 양(陽), 음착살(陰錯殺)은 음(陰)에 속한다. 남녀 모두 일주(日柱)에 있으면 외삼촌이 없거나 고독하고, 시주(時柱)에 있으면 처남이 고독하다. 여명에 있으면 남편 형제가 영락하

나 남편은 바람을 많이 피운다.

9. 고란살(孤鸞殺)

甲寅日	乙巳日	丁巳日	戊申日	辛亥日

고란살(孤鸞殺)은 신음살(呻吟殺)이라고도 한다. 여명에게는 독수 공방한다는 흉살로 남편의 근심과 걱정이 떠나지 않는다.

10. 고과살(孤寡殺)

生年	寅卯辰	巳午未	申酉戌	亥子丑
寡宿	丑	辰	未	戌
喪妻	巳	申	亥	寅

고과살(孤寡殺)은 배우자를 잃는다는 흉살로, 만약 배우자를 잃지 않으면 생이별한다. 방합(方合)의 앞글자는 과숙살(寡宿殺)로 여명에 해당하고, 뒷글자는 상처살(喪妻殺)로 남명에게 해당한다.

11. 상문살(喪門殺)과 조객살(弔客殺)

年支	子	丑	寅	卯	辰	巳	午	未	辛	酉	戌	亥
喪門	寅	卯	辰	巳	午	未	申	酉	戌	亥	子	丑

年支	子	丑	寅	卯	辰	巳	午	未	申	酉	戌	亥
弔客	戌	亥	子	丑	寅	卯	辰	巳	午	未	申	酉

상문살(喪門殺)은 상복을 입는다는 흉살이고, 조객살(弔客殺)은 문상을 가면 우환이 생긴다는 흉살이다. 년지(年支)나 일지(日支)의 전3위는 상문살(喪門殺), 후3위는 조객살(弔客殺)이 된다.

12. 삼살방(三殺方)

申子辰년	亥卯未년	寅午戌년	巳酉丑년
巳午未南局	申酉戌西局	亥子丑北局	寅卯辰東局

삼살방(三殺方)은 집수리나 흙을 다루는 일, 이사 등에 불길한 살이다.

13. 대장군방(大將軍方)

寅卯辰合	巳午未合	申酉戌合	亥子丑合
子局	卯局	午局	酉局

대장군방(大將軍方)은 흙을 다루는 일이나 이사 등에 불길한 살이다.

14. 태백살(太白殺)

손이 있는 날이라고 하여 흙을 다루거나 이사, 가취 등을 삼가한다. 다만 9일과 10일은 제살(諸殺)이 재천(在天)했다고 하여 8방위 모두 좋다. 그러나 옥상이나 지붕수리는 피하는 것이 좋다.

날짜	살방위	날짜	살방위
1, 11, 21	正東	6, 16, 26	西北間
2, 12, 22	東南間	7, 17, 27	正北
3, 13, 23	正南	8, 18, 28	東北間
4, 14, 24	西南間	9, 19, 29	中方, 在天으로 八方吉이나 지붕 수리는 불길
5, 15, 25	正西	10, 20, 30	

15. 양인살(羊刃殺)

日干	甲	丙	戊	庚	壬	관 계
羊刃	卯	午	午	酉	子	劫財, 帝旺支
飛刃	酉	子	子	卯	午	羊刃을 沖한자

　양인(羊刃)은 녹전일위(祿前一位)를 말한다. 양간(陽干)은 십이운성(十二運星)에서 제왕(帝旺)에 해당하고, 음간(陰干)은 관대(冠帶)에 해당한다. 양간(陽干)만 양인(陽刃)에 해당하고, 음간(陰干)은 음인(陰刃)이나 양인(陽刃)으로 보지 않는다.

— 양인살(羊刃殺)이 월지(月支)에 있으면 양인격(羊刃格)이라 하고, 일지(日支)에 있으면 일인격(日刃格)이라고 하는데, 병오(丙午)·무오(戊午)·임자(壬子)일을 말한다.
— 양인살(羊刃殺)이 중첩되면 재물과 아버지가 상한다. 남자는 아내와 자식을 극하고, 여자는 남편을 극한다.

— 양인살(羊刃殺)은 신약(身弱四柱)에는 힘이 되나, 신강(身强)사주에는 흉하다.

— 양인(羊刃)은 형충파해(刑沖破害)를 두려워하는데, 충되면 세상을 뜨거나 크게 망한다.

— 살인(殺刃)이 상정(相停)하면 부귀공명한다.

— 양인(羊刃)이 년지(年支)에 있으면 자수성가한다.

— 양인(羊刃)이 월지(月支)에 있으면 성격이 편중되어 도량이 넓지 못하다.

— 양인(羊刃)이 일지(日支)에 있으면 베풀고도 배신을 당한다.

— 양인(羊刃)이 시지(時支)에 있으면 부부궁과 자손궁이 모두 불길하다.

— 여명에 양인(羊刃)이 2개 있으면 권병(權柄)이 있고, 3개 있으면 수치를 모를 정도로 음란하다.

6장. 십이운성론(十二運星論)

십이운성(十二運星)은 절(絶)·태(胎)·양(養)·생(生)·욕(浴)·대(帶)·관(冠)·왕(旺)·쇠(衰)·병(病)·사(死)·묘(墓)가 있다. 양(養)·생(生)·욕(浴)·대(帶)·관(冠)·왕(旺)은 유기(有氣)라 하여 길로 보고, 쇠(衰)·병(病)·사(死)·묘(墓)·절(絶)·태(胎)는 무기(無氣)라 하여 흉으로 본다. 포(胞)를 절(絶), 대(帶)를 관대(冠帶), 관(冠)을 임관(臨官), 장(藏)을 고(庫) 또는 묘(墓)라고도 한다.

십이운성(十二運星)은 사왕지(四旺地)·사평지(四平地)·사쇠지(四衰地) 3가지로 나눈다. 사왕지(四旺地)는 제왕(帝旺)·건록(建祿)·관대(冠帶)·목욕(沐浴)으로 기운이 왕성하고, 사평지(四平地)는 양(養)·생·쇠(衰)·병(病)으로 설기(洩氣)되어 보통이며, 사쇠지(四衰地)는 절(絶)·태(胎)·사(死)·묘(墓)로 쇠하다.

십이운성표

日干 十二 運星	甲日	乙日	丙戊日	丁己日	庚日	辛日	壬日	癸日
絶, 胞	申	酉	亥	子	寅	卯	巳	午
胎	酉	申	子	亥	卯	寅	午	巳
養	戌	未	丑	戌	辰	丑	未	辰
長生	亥	午	寅	酉	巳	子	申	卯
沐浴	子	巳	卯	申	午	亥	酉	寅
冠帶	丑	辰	辰	未	未	戌	戌	丑
建祿 臨官	寅	卯	巳	午	申	酉	亥	子
帝旺	卯	寅	午	巳	酉	申	子	亥
衰	辰	丑	未	辰	戌	未	丑	戌
病	巳	子	申	卯	亥	午	寅	酉
死	午	亥	酉	寅	子	巳	卯	申
墓, 葬	未	戌	戌	丑	丑	辰	辰	未

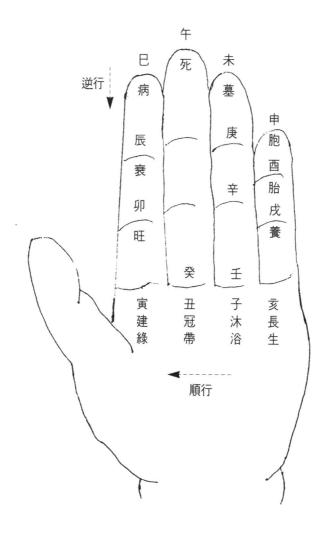

위 그림은 십이운성(十二運星)을 암기하는 방법이니 육십갑자에
서처럼 활용하기 바란다.

1. 기포법(起胞法)

기포법(起胞法)에는 수토(水土) 동궁(同宮)인 명리정종식(命理定宗式)과 화토(火土) 동궁(同宮)인 연해자평식(淵海子評式)이 있다. 모두 양생음사(陽生陰死) 음생양사(陰生陽死)로 양간(陽干)은 순행하고 음간(陰干)은 역행한다는 원리를 염두하면서 많이 연구하기 바란다.

1. 명리정종식(命理定宗式) : 수토(水土) 동궁(同宮)

수토(水土) 동궁(同宮)은 수토(水土)인 임무(壬戊)가 같이 사(巳)에서 포(胞)로 순행하고, 계기수토(癸己水土)가 오(午)에서 포(胞)로 역행한다는 뜻이다.

① 양간(陽干)인 갑병무경임(甲丙戊庚壬)은 순행한다.

— 갑목(甲木)은 신(申)에서 포(胞)하여 순행, 해(亥)에서 장생(長生), 오(午)에서 사(死)한다.
— 병화(丙火)는 해(亥)에서 포(胞)하여 순행, 인(寅)에서 장생(長生), 유(酉)에서 사(死)한다.
— 임무수토(壬戊水土)는 사(巳)에서 포(胞)하여 순행, 신(申)에서 장생(長生), 묘(卯)에서 사(死)한다.
— 경금(庚金)은 인(寅)에서 포(胞)하고 순행, 사(巳)에서 장생(長

生), 자(子)에서 사(死)한다.

② 음간(陰干)인 을정기신계(乙丁己辛癸)는 역행한다.

— 을목(乙木)은 유(酉)에서 포(胞)하여 역행, 오(午)에서 장생(長
生), 해(亥)에서 사(死)한다.

— 정화(丁火)는 자(子)에서 포(胞)하여 역행, 유(酉)에서 장생(長
生), 인(寅)에서 사(死)한다.

— 계기수토(癸己水土)는 오(午)에서 포(胞)하여 역행, 묘(卯)에서
장생(長生), 신(申)에서 사(死)한다.

— 신금(辛金)은 묘(卯)에서 포(胞)하여 역행, 자(子)에서 장생(長
生), 사(巳)에서 사(死)한다.

2. 연해자평식(淵海子評式) : 화토(火土) 동궁(同宮)

① 양간(陽干)인 갑병무경임(甲丙戊庚壬)은 순행한다.

— 갑목(甲木)은 신(申)에서 포(胞)하여 순행, 해(亥)에서 장생(長
生), 오(午)에서 사(死)한다.

— 병무화토(丙戊火土)는 해(亥)에서 포(胞)하여 순행, 인(寅)에서
장생(長生), 유(酉)에서 사(死)한다.

— 경금(庚金)은 인(寅)에서 포(胞)하여 순행, 사(巳)에서 장생(長
生), 자(子)에서 사(死)한다.

— 임수(壬水)는 사(巳)에서 포(胞)하여 순행, 신(申)에서 장생(長
生), 묘(卯)에서 사(死)한다.

② 음간(陰干)인 을정기신계(乙丁己辛癸)는 역행한다.

— 을목(乙木)은 유(酉)에서 포(胞)하여 역행, 오(午)에서 장생(長生), 해(亥)에서 사(死)한다.

— 정기화토(丁己火土)는 자(子)에서 포(胞)하여 역행, 유(酉)에서 장생(長生), 인(寅)에서 사(死)한다.

— 신금(辛金)은 묘(卯)에서 포(胞)하여 역행, 자(子)에서 장생(長生), 사(巳)에서 사(死)한다.

— 계수(癸水)는 오(午)에서 포(胞)하여 역행, 묘(卯)에서 장생(長生), 신(申)에서 사(死)한다.

2 십이운성(十二運星) 해설

1. 절(絕 : 胞)

절(絕)은 포(胞)라고도 하는데, 인생이 무덤에 들어 삶이 끝나는 것을 말한다. 따라서 절운(絕運)은 사물이 끝났으니 절처봉생(絕處逢生)으로 만물은 무(無)에서 유(有)를 창조하는 형상으로 막연한 상태에서 다시 시작되는 곳이다. 인사에 비유하면 한 세대가 끝나고 다음 세대가 이어지는 형상이다. 새로운 출발로 장생(長生)을 기대하는 운이다.

성격은 지극히 내성적이며 외부의 충동에 쉽게 흔들린다. 정에 약한 편이라 거절하지 못하여 손해보는 일이 많다. 특히 여자는 남자들의 거짓사랑에 정조를 잃거나 사기결혼을 당하는 경우가 많다.

— 년주(年柱)에 절(絶)이 있으면 조상덕이 약하여 유년기에 고생
   이 많고, 대개 타향살이를 한다.
— 월주(月柱)에 절(絶)이 있으면 부모형제와 인연이 적어 성장할
   때 고생을 많다.
— 일주(日柱)에 절(絶)이 있으면 부모형제와 별거하며 항상 신상
   이 불안하고, 호색으로 부부불화가 잦다. 특히 갑신신묘(甲申辛
   卯)생 여자는 부부궁이 불리하다.
— 시주(時柱)에 절(絶)이 있으면 자식이 처음에는 영리하나 나중
   에는 학업까지 중단하니 자식의 근심과 걱정이 떠날 날이 없다.

2. 태(胎)

어머니의 태반 속에 포태되는 과정으로 아직 뚜렷한 형체가 나타
나지 않은 상태를 말한다. 따라서 태운(胎運)은 어떤 생각이 떠올
랐거나 구상하는 형태로 본다.
성격은 어머니의 복중에서 양육과 보호를 받으며 희망과 발전을
꿈꾸는 형태이니 의지하며 동정받는 것을 좋아한다. 이성문제가 복
잡할 수 있고, 아이디어는 뛰어나나 외교나 실천력은 부족하다.

— 년주(年柱)에 태(胎)가 있으면 조상은 원만했으나 자신은 유년

기에 고생을 많이 하고 말년운도 흥하다.

— 월주(月柱)에 태(胎)가 있으면 형제가 많지 않고, 부모대에 이사를 자주한 것으로 본다.

— 일주(日柱)에 태(胎)가 있으면 부부관계와 직업의 풍파로 보고, 여기다 삼태(三胎)가 있으면 마음이 적막한 것으로 본다.

— 시주(時柱)에 태(胎)가 있으면 자식이 가업을 잇지 못한다. 여자는 남편과 시부모의 풍파가 그치지 않는다.

3. 양(養)

모태에서 점점 성장하는 형상으로 누구에게도 간섭받지 않고, 안정과 보호 속에 성장하는 과정이다. 따라서 운도 매사 체계적으로 매진하는 상태이다.

착실하고 낙천적이며 봉사정신은 있으나 앞에 나서기를 싫어한다. 장자인 경우가 많고 설령 차남이라도 장남 역할을 한다.

— 년주(年柱)에 양(養)이 있으면 장남인 경우가 많고, 그렇지 않으면 일찍 분가한다.

— 월주(月柱)에 양(養)이 있으면 어릴 때부터 타향살이를 하고, 주색으로 패가망신한다.

— 일주(日柱)에 양(養)이 있으면 유년기에 다른 집에서 성장한다. 색을 좋아하여 남자는 축첩하고, 여자는 재취로 들어간다.

— 시주(時柱)에 양(養)이 있으면 노년에 자식의 효양을 받는다. 여자는 대체로 길하나 경진(庚辰)일생은 시가의 재산이 저절로 탕진되거나 남편이 무책임하거나 납치된다.

4. 장생(長生)

세상에 처음으로 태어나는 시기이다. 식물에 비유하면 새싹이 땅을 뚫고 올라오는 형상이니 어려움은 있으나 결과는 좋다. 따라서 장생운(長生運)은 계획에 따라 발전하는 상태로 본다.

성격은 온건영민하고 지혜와 창의력이 풍부하여 성공이 매우 빠르다. 복록이 많아 사회적으로 모범이 되어 최고로 성장하는 과정이라 할 수 있다.

— 년주(年柱)에 장생(長生)이 있으면 조상덕이 있어 의식이 원만하며 만년이 길하다.
— 월주(月柱)에 장생(長生)이 있으면 부모형제덕이 있고, 중년부터 발전한다.
— 일주(日柱)에 장생(長生)이 있으면 부부운이 원만하여 집안이 화목하며 장수한다.
— 시주(時柱)에 장생(長生)이 있으면 자녀가 출세하고 효자이다.

5. 목욕(沐浴)

태어나 목욕을 하는 과정으로 도화살(桃花殺)·함지살(咸池殺)·패살(敗殺)이라고도 한다. 목욕은 물에 넣었다 내었다 하니 괴로운 상태로 고락이 따르게 마련이니 어려움과 고통이 따른다. 따라서 목욕운(沐浴運)은 사회에 적응하는 과정으로 성패가 빈번하다.

화려함과 허영심에 도취되어 주색잡기에 빠지고, 수입보다 지출이 많아 실패와 좌절이 따른다.

— 년주(年柱)에 목욕살(沐浴殺)이 있으면 조부모대에 풍파가 많았고, 초혼에 실패한다.
— 월주(月柱)에 목욕살(沐浴殺)이 있으면 부부의 인연이 바뀔 수 있으니 항상 이성관계를 조심해야 한다.
— 일주(日柱)에 목욕살(沐浴殺)이 있으면 부모와 인연이 없어 생리사별할 수 있고, 일찍 타향살이를 시작한다.
— 시주(時柱)에 목욕살(沐浴殺)이 있으면 자손과 인연이 없어 말년이 고독하다.

6. 관대(冠帶)

성장하여 사모관대로 치장하고 결혼하는 형상이다. 따라서 관대운(冠帶運)은 외미내실(外美內實)로 만인의 존경을 받고, 자기 의사대로 일을 추진하는 상태이다.

자존심이 강하며 비판적이라 옳지 못함을 바로 잡고, 타인과 더불어 적대시하는 상태다.

— 년주(年柱)에 관대(冠帶)가 있으면 중년에 부부이별수가 있으나, 노년기에 들면서 부부는 행복의 길을 걷게 된다.
— 월주(月柱)에 관대(冠帶)가 있으면 사회적으로는 출세하나 가정적으로는 불화가 계속된다.
— 일주(日柱)에 관대(冠帶)가 있으면 자녀들이 총명하며 영리하고, 노년이 행복하다.
— 시주(時柱)에 관대(冠帶)가 있으면 자식이 명성을 얻고, 노년에는 부부가 행복하다.

7. 건록(建祿)

관대(冠帶)를 갖추고 관위(官位)에 임하는 것이니, 남의 지배와 간섭을 거부하며 자신만만하게 살아가는 형상이다. 건록(建祿)은 매사가 상승하여 재록(財祿)이 왕성하니 일찍 독립하여 지성인으로 계획과 실천에 능하다.

정의를 중하게 여겨 부정을 싫어하고, 마음에 들면 입에 든 것도 내주지만 잘못 보이면 쳐다보지도 않는 경향이 있다. 자존심이 강하여 교제에 소홀할 수 있고, 명예와 체면을 중요하게 생각한다.

— 년주(年柱)에 건록(建祿)이 있으면 순탄한 가정에서 행복하게 자랐고, 노년에도 자식덕으로 행복하다.

— 월주(月柱)에 건록(建祿)이 있으면 부모운이 평탄하고 중년부터 발전한다.

— 일주(日柱)에 건록(建祿)이 있으면 가풍은 이어지나 가산이 넉넉하면 아내가 단명하고, 재산이 없으면 아내가 장수한다.

— 시주(時柱)에 건록(建祿)이 있으면 자녀들이 입신출세하고 부부도 말년운이 길하다.

7. 제왕(帝旺)

산전수전과 세상물정을 통달한 인생의 전성기이다. 남에게 굽히지 않는 정신으로 몸과 마음을 바르게 한 최고의 군왕이라고 할 수 있다. 따라서 제왕운(帝旺運)은 세력이 극도에 달하여 만족하는 형상이라고 할 수 있다.

남의 간섭이나 지배를 싫어하고, 투기와 요행을 바라며, 큰 것만 노리는 엉큼한 이중인격자이다. 완강한 고집과 욕심으로 괴로움을 자초하여 크게 패망하는 경우가 많다.

— 년주(年柱)에 제왕(帝旺)이 있으면 조상이 부자나 벼슬아치였고, 자신도 매사에 자신감이 넘친다.

— 월주(月柱)에 제왕(帝旺)이 있으면 수완과 역량이 넘치고, 매사

에 앞장서는 것을 좋아한다.

— 일주(日柱)에 제왕(帝旺)이 있으면 성품이 강하고, 타향살이를
  하는 경우가 많다.
— 시주(時柱)에 제왕(帝旺)이 있으면 자녀가 가문을 빛낸다.

8. 쇠(衰)

기력이 노쇠하여 활동이 감퇴되는 시기이다. 따라서 쇠운(衰運)은
재산이 줄고, 의욕과 용기가 저하되며, 실천과 능력이라는 무거운
짐을 감당하지 못하는 형상이다.

기운이 쇠약하니 거창한 것은 싫어하고 온순 담백하며 조용한 분
위기를 좋아한다.

— 년주(年柱)에 쇠(衰)가 있으면 조상덕이 약하고 말년운이 순탄
  하지 않다.
— 월주(月柱)에 쇠(衰)가 있으면 마음이 쇠약하니 다른 사람으로
  인한 피해를 조심해야 한다.
— 일주(日柱)에 쇠(衰)가 있으면 부모운이 박하여 타향살이를 한
  다. 특히 갑진(甲辰)이나 을축(乙丑)일생이면 남자는 아버지운
  과 배우자운이 불길하고, 여자는 아버지운과 시어머니운이 불길
  하다.
— 시주(時柱)에 쇠(衰)가 있으면 자식운이 쇠하여 말년이 외롭다.

10. 병(病)

쇠하면 늙고 병드는 것과 같이 만사가 쇠하며 죽을 때를 기다리는 과정이다. 따라서 병운(病運)은 자력의 융통이 여의치 못하고, 매사 막힘이 많다.

온후독실한 성품으로 고요함을 즐긴다. 부모와 일찍 별거하는 운이고, 항상 공상으로 과로하기 쉽다. 배우자 인연이 박하니 관용을 베풀며 포용해야 한다.

— 년주(年柱)에 병(病)이 있으면 부모가 병약하고, 본인도 초년에는 질병으로 고생을 많이 한다.
— 월주(月柱)에 병(病)이 있으면 성품은 온후독실하나 운이 약하여 중년부터 질병에 시달린다.
— 일주(日柱)에 병(病)이 있으면 유년기에 질병으로 고생하고, 부부운도 좋지 않다.
— 시주(時柱)에 병(病)이 있으면 자손덕이 박하거나 자녀가 질병으로 고생한다.

11. 사(死)

늙고 병들어 죽음에 이르는 시기로, 모든 것을 정리하고 쉬어야 하는 과정이다. 따라서 사운(死運)은 자력이 동결되고 집산이 불능하며 사물을 활용할 수 없다시피 종식되는 것이니 인생도 죽으면 무덤으로 가는 것으로 운도 이와 같은 형상이라 하겠다.

침착하나 수줍음이 많은 편이고, 매사에 몰두하는 편이나 남의 말은 잘 듣지 않는다. 쓸데없는 걱정이 많은 타입으로 결단력은 약하나 분별력이 있어 모든 일을 미리 알아서 한다. 휴식·무능·질병·기가 끊어진 형상이니 사업가로는 적격이 아니다.

— 년주(年柱)에 사(死)가 있으면 부모와 인연이 박하여 일찍 타향살이를 한다.
— 월주(月柱)에 사(死)가 있으면 형제나 친구덕이 없고, 두뇌는 명석한 편이나 활동력이 부족하다.
— 일주(日柱)에 사(死)가 있으면 어려서는 질병에 시달리고, 중년 이후에는 부부운이 좋지 않다. 특히 여명이 을해(乙亥)일이나 경자(庚子)일생이면 흉함이 많다.
— 시주(時柱)에 사(死)가 있으면 자녀운이 불리하여 자식으로 인한 괴로움이 따른다.

12. 묘(墓 : 藏)

묘(墓)는 장(藏)이라고도 하는데, 죽어서 무덤으로 들어가 다음 출생을 기다리는 형상이다. 따라서 묘운(墓運)은 모든 사물을 창고에 저장함과 같아 정적이면서도 안정된 상태라고 할 수 있다.

부모형제덕이 없어 일찍부터 타향으로 전전하고, 사회적으로 하천하게 생활하는 사람이 많다. 그러나 가난한 집에서 태어났으면 중년부터 발복하고, 부유한 집에서 태어났으면 중년부터 쇠약의 길로 들어선다. 부부 이별수도 있으니 가정의 화목에 각별히 신경써야 한다. 묘(墓)는 은둔·겨울잠·연구·예술 등을 암시하기도 한다.

— 년주(年柱)에 묘(墓)가 있으면 옛터를 지키며 선조봉사에 정성을 다한다.
— 월주(月柱)에 묘(墓)가 있으면 부모형제와 인연이 없다.
— 일주(日柱)에 묘(墓)가 있으면 부모덕이 박하니 일찍 고향을 떠나 자수성가한다.
— 시주(時柱)에 묘(墓)가 있으면 어려서 질병으로 고생하고, 자녀운이 박하여 말년도 외롭다.

7장. 암장(暗藏)·왕상휴수사론(旺相休囚死論)

1. 암장오행(暗藏五行)

암장오행(暗藏五行)은 십이지(十二支) 중에 숨어 있는 천간(天干)
으로, 빨리 터득해야만 명리학의 비밀조화를 통달할 수 있다.

— 자(子)에는 임계(壬癸), 축(丑)에는 계신기(癸辛己)가 암장(暗
  藏)되어 있다.
— 인(寅)에는 무병갑(戊丙甲), 묘(卯)에는 갑을(甲乙)이 암장(暗
  藏)되어 있다.
— 진(辰)에는 을계무(乙癸戊), 사(巳)에는 무경병(戊庚丙)이 암장
  (暗藏)되어 있다.
— 오(午)에는 병기정(丙己丁), 미(未)에는 정을기(丁乙己)가 암장

(暗藏)되어 있다.

— 신(申)에는 무임경(戊壬庚), 유(酉)에는 경신(庚辛)이 암장(暗
藏)되어 있다.

— 술(戌)에는 신정무(辛丁戊), 해(亥)에는 무갑임(戊甲壬)이 암장
(暗藏)되어 있다.

장간(藏干)의 작용은 육친법에 의하여 적용되는데, 주의할 점은
사해(巳亥)와 자오(子午)의 관계이다. 사해(巳亥)의 체(體)는 음
(陰)이지만 작용은 사(巳) 중 무경병(戊庚丙), 해(亥) 중 무갑임(戊
甲壬)으로 양(陽)으로 사용하고, 자(子)와 오(午)는 체(體)는 양
(陽)이지만 작용은 자(子) 중 계수(癸水)와 오(午) 중 정기(丁己)
로 음(陰)으로 사용하여 음양(陰陽)을 달리한다.

다시 말하면 사(巳)와 해(亥)의 체(體)는 음(陰)이지만 작용은 장
간(藏干)의 양(陽)을 적용하고, 자(子)와 오(午)의 체(體)는 양(陽)
이지만 작용은 장간(藏干)에 음(陰)을 적용하여 체(體)와 용(用)의
음양(陰陽)을 달리한다.

1. 지장간(支藏干)

지장간(支藏干)을 '천지인(天地人) 삼재설(三才說)'에 의거하여
설명하면 천(天)은 하늘을 뜻하고, 지(地)는 땅을 뜻하며, 하늘과
땅 사이의 인간을 인원(人元)이라고 한다. 여기(餘氣)는 천(天), 중

月律藏干表

地支	初 氣	中 氣	正 氣
子	壬 10일 1시간		癸 20일 2시간
丑	癸 9일 3시간	辛 3일 1시간	己 18일 6시간
寅	戊 7일 3시간	丙 7일 2시간	甲 16일 6시간
卯	甲 10일 3시간		乙 20일 6시간
辰	乙 9일 3시간	癸 3일 1시간	戊 18일 6시간
巳	戊 7일 2시간	庚 7일 3시간	丙 16일 5시간
午	丙 10일 3시간	己 10일 1시간	丁 11일 2시간
未	丁 9일 3시간	乙 3일 1시간	己 18일 6시간
申	戊 7일 2시간	壬 7일 2시간	庚 16일 5시간
酉	庚 10일 3시간		辛 20일 6시간
戌	辛 9일 3시간	丁 3일 1시간	戊 18일 6시간
亥	戊 7일 1시간	甲 7일 1시간	壬 16일 5시간

기(中氣)는 인(人), 정기(正氣)는 땅(地)으로 구성된다는 뜻이다.

지지(地支) 중 여기(餘氣)·중기(中氣)·정기(正氣)에 표시된 숫자는 한 달을 정확하게 29일이나 30일을 기준으로 할 때, 인(寅)월을 기준으로 보면 입절일은 입춘이기 때문에 입춘 절입시부터 7일간은 무토(戊土)의 기가 관장 사령하고, 다음 7일간은 병화(丙火)의 기가 관장 사령하며, 그 이후 다음달 절입일까지 16일간은 갑목(甲木)의 기가 관장 사령한다.

앞의 월별 오행장간표(五行藏干表)는 월율분야도(月律分野圖) 또는 오행조화도(五行造化圖)라고도 부른다. 초기(初氣)·중기(中氣)·여기(餘氣)에서 12월절 축토(丑土)와 6월절 미토(未土)의 정기(正氣)는 기토(己土)이나, 무토(戊土)로 체용(體用)하여 음양(陰陽)을 달리한다.

그리고 초기(初氣)와 중기(中氣), 정기(正氣)를 알아야 한다. 초기(初氣)는 12절기가 들어온 후에도 전월의 기운이 남아 있어 입절한 달의 기운이 처음으로 시작하는 단계를 말하는 것으로 초기(初氣) 또는 여기(餘氣)라고도 한다. 중기(中氣)는 초기(初氣)와 정기(正氣)의 중간 기운을 말하고, 정기(正氣)는 그 달의 주 기운을 말하는데 정기(正氣) 또는 본기(本氣)라고도 한다.

예를 들면 정월인 인(寅)월은 입춘이 들어왔어도 금방 들어와 전년도 12월절인 축토(丑土)의 기운이 남아 있기 때문에 무토(戊土)를 초기(初氣), 또는 여기(餘氣)라 한다. 인(寅) 중에는 무병갑(戊丙甲)이 암장(暗藏)되어 있는데, 인(寅)은 목기(木氣)이기 때문에 목(木)이 주인공이다. 그 목(木)을 정기(正氣) 또는 본기(本氣)라 하고, 그 중간에 있는 기운 병화(丙火)를 중기(中氣)라고 한다.

1년 12달 중 인신사해(寅申巳亥)월과 진술축미오(辰戌丑未午)월은 초기(初氣)·중기(中氣)·정기(正氣) 3분되나, 자묘유(子卯酉)월은 다음 월지장간표(月支藏干表)와 같이 초기(初氣)와 정기(正氣)로 2분된다.

년월일시에 암장(暗藏)된 지장간(支藏干)은 어느 지지(地支)를 막론하고 명확하게 규명해야 한다. 일간(日干)은 물론 투간(透干)된 천간(天干)과 대조하여 유근(有根)과 무근(無根), 형충(刑沖)과 암합(暗合), 그리고 암충(暗沖) 등을 살펴 유정과 무정을 상세히 분석해야만 운명을 올바르게 감정할 수 있다. 지장간(支藏干)을 모르면 사주추명학을 연구할 수 없을 뿐 아니라, 올바른 간명도 할 수 없으니 숙지하기 바란다.

자(子) 중 임수(壬水)는 초기(初氣)로 10일 3분, 본기(本氣) 계수(癸水)는 20일 2분등한다. 초기(初氣)·중기(中氣)·본기(本氣) 중에 10일 3분, 20일 2분 등은 격국(格局)을 정하기 위하여 설정한 것이지 운명감정에는 큰 영향을 주지 않는다. 따라서 초기(初氣)나 중기(中氣) 본기(本氣) 중의 숫자는 신경쓰지 말고 지지(地支)에 암장(暗藏)된 모든 천간(天干)을 세밀하게 연구 분석해야 한다.

2. 왕상휴수사(旺相休囚死)

왕상휴수사(旺相休囚死)는 오행(五行)의 강약을 살펴 일주(日柱)의 강과 약을 측정하는 방법이다. 다음 표와 같이 일주(日柱) 천간(天干) 대 생월을 비교해본다.

旺 節	木	火	金	水	土	적요	
季 節	春	夏	秋	冬	四季		
甲乙木	旺	休	死	相	囚	旺	比劫月生
丙丁火	相	旺	囚	死	休	相	印綬月生
戊己土	死	相	休	囚	旺	休	食傷月生
庚辛金	囚	死	旺	休	相	囚	財星月生
壬癸水	休	囚	相	旺	死	死	官星月生

■ **왕(旺)은 일천간(日天干)이 월지(月支)와 같은 것이다.**

즉 비견(比肩)과 겁재(劫財)월생을 왕(旺)이라고 한다. 예를 들면 갑을목(甲乙木) 일주(日柱)가 목왕절(木旺節)인 인묘(寅卯)월에 태어나면 왕(旺)이라고 한다.

■ **상(相)은 월지(月支)가 일천간(日天干)을 생하는 것이다.**

즉 정인(正印)과 편인(偏印)월생을 말한다. 예를 들어 병정화(丙丁火) 일주(日柱)가 목왕절(木旺節)인 인묘(寅卯)월에 태어났으면 상(相)이라고 한다.

■ 휴(休)는 일천간(日天干)이 월지(月支)를 생하는 것이다.

즉 식신(食神)과 상관(傷官)월생을 휴(休)라고 한다. 예를 들면 임계수(壬癸水) 일주(日柱)가 목왕절(木旺節)인 인묘(寅卯)월에 태어났으면 휴(休)라고 한다.

■ 수(囚)는 일천간(日天干)이 월지(月支)를 극하는 것이다.

즉 정재(正財)나 편재(偏財)월생을 수(囚)라고 한다. 예를 들면 경신금(庚辛金) 일주(日柱)가 목왕절(木旺節)인 인묘(寅卯)월에 태어났으면 수(囚)라고 한다.

■ 사(死)는 일천간(日天干)이 월지(月支)의 극을 받는 것이다.

즉 정관(正官)과 편관(偏官)월생을 사(死)라고 한다. 예를 들면 무기토(戊己土) 일주(日柱)가 목왕절(木旺節)인 인묘(寅卯)월생이면 사(死)라고 한다.

왕상휴수사(旺相休囚死) 중에서 왕상(旺相)을 득령(得令)이라 하며, 신왕(身旺)·신강(身强)·일주고강(日主高强)이라고도 한다. 휴수사(休囚死)는 실령(失令)이나 설기(泄氣)라 하여 일주쇠약(日主衰弱) 또는 신약(身弱)이라고 한다. 그러나 왕상휴수사법(旺相休囚死法)만으로 신강(身强)과 신약(身弱)을 구분하는 것은 아니다. 다만 범주를 정하는데 필수이다.

8장. 강약왕쇠론(强弱旺衰論)

1. 생월에 의한 일주(日柱)의 강약 측정법

운명을 감정하려면 우선 사주의 강약(强弱)과 왕쇠(旺衰)를 알아야 하고, 한난조습(寒煖燥濕)과 병약(病藥)을 알아야 한다. 그래서 첫 단계로 오행(五行)의 기력을 왕쇠(旺衰)로 나타내는 십이운성(十二運星)과 왕상휴수사(旺相休囚死)로 오행(五行)의 왕약(旺弱)을 정하는 법을 익혔다. 일간(日干)을 기준으로 다음과 같이 십이운성(十二運星)과 왕상휴수사(旺相休囚死)를 응용하여 상세히 설명하니 일주(日柱)의 강약을 구분하는데 착오없기 바란다.

1. 갑을(甲乙) 일주(日柱)

① 갑을(甲乙) 일주(日柱)가 인묘(寅卯)월에 태어나면

인묘(寅卯)월은 목왕절(木旺節)로 득령(得令)하여 신강(身强)이

된다. 십이운성(十二運星)으로는 건록(建祿)과 제왕(帝旺)으로 유기(有氣)하고, 왕상휴수사법(旺相休囚死法)으로는 왕(旺)이 되며, 육친(六親)으로는 비견(比肩)과 겁재(劫財)로 일간(日干) 목(木)을 돕는다. 그리고 인묘진해미(寅卯辰亥未)에는 갑을목(甲乙木)이 암장(暗藏)되어 갑을목(甲乙木)은 인묘(寅卯)에 통근(通根)된다. 고로 인묘(寅卯)월생 갑을(甲乙) 일주(日柱)는 최강(最强)이 된다.

② 갑을(甲乙) 일주(日柱)가 사오(巳午)월에 태어나면

사오(巳午)월은 화왕절(火旺節)로 실령(失令)하여 신약(身弱)이 된다. 십이운성(十二運星)으로는 병사(病死)에 해당하여 무기(無氣)하고, 육친(六親)으로는 식신(食神)과 상관(傷官)이 되어 일간(日干) 목(木)을 설기시켜 사오(巳午)에는 목(木)이 뿌리를 내릴 수 없다. 고로 사오(巳午)월생 갑을(甲乙) 일주(日柱)는 신쇠(身衰)가 된다.

③ 갑을(甲乙) 일주(日柱)가 진술축미(辰戌丑未)월에 태어나면

실령(失令)하여 신약(身弱)이 된다. 십이운성(十二運星)으로는 진(辰)에서 쇠(衰), 술(戌)에서는 양(養), 축(丑)에서는 관대(冠帶), 미(未)에서는 묘(墓)가 된다. 왕상휴수사법(旺相休囚死法)으로는 수(囚)가 되고, 육친(六親)으로는 정재(正財)와 편재(偏財)가 되어 일주(日柱) 목(木)을 설기시키니 신쇠(身衰)에 해당한다. 그러나 진토(辰土)와 미토(未土)에 을목(乙木)이 있어 통근(通根)되고, 축술(丑戌)에는 뿌리가 없어 착근(着根)할 수 없다. 고로 진술축미

(辰戌丑未)월생은 신쇠(身衰)로 본다.

④ 갑을(甲乙) 일주(日柱)가 신유(辛酉)월에 태어나면

금왕절(金旺節)로 실령(失令)하여 신약(身弱)이 된다. 십이운성(十二運星)으로는 절태(絶胎)이고, 왕상휴수사법(旺相休囚死法)으로는 사(死)가 되어 무기(無氣)하며, 육친(六親)으로는 관귀(官鬼)가 되어 일주(日柱) 목(木)을 설기시켜 신유(申酉)에는 목(木)의 뿌리인 갑을목(甲乙木)이 없으니 무기(無氣)하다. 고로 신유(申酉)월 갑을(甲乙)일생은 신쇠(身衰)로 본다.

⑤ 갑을(甲乙) 일주(日柱)가 해자(亥子)월에 태어나면

수왕절(水旺節)로 득령(得令)하니 신왕(身旺)으로 본다. 십이운성(十二運星)으로는 장생(長生)과 목욕(沐浴)이고, 왕상휴수사법(旺相休囚死法)으로는 상(相)이며, 육친(六親)으로는 정인(正印)과 편인(偏印)이 되어 일간(日干) 갑을목(甲乙木)을 생하니 유기(有氣)가 된다. 그리고 해(亥) 중에는 갑목(甲木)이 암장(暗藏)되어 일주(日柱) 갑을목(甲乙木)은 통근(通根)하였고, 자수(子水)에는 통근(通根)은 하지 못했으나 생조(生助)를 받아 신강(身强)으로 본다.

2. 병정(丙丁) 일주(日柱)

① 병정(丙丁) 일주(日柱)가 인묘(寅卯)월에 태어나면

인묘(寅卯)월은 목왕절(木旺節)로 득령(得令)했으니 신강(身强)으

로 본다. 십이운성(十二運星)으로는 장생(長生)과 목욕(沐浴)이고, 왕상휴수사법(旺相休囚死法)으로는 상(相)이며, 육친(六親)으로는 정인(正印)과 편인(偏印)으로 일주(日柱) 병정화(丙丁火)를 생하니 유기(有氣)가 된다. 그리고 인오술사미(寅午戌巳未)에는 병정화(丙丁火)가 암장(暗藏)되어 병정화(丙丁火)의 뿌리가 된다. 고로 병정(丙丁) 일주(日柱)의 병화(丙火)는 인(寅) 중 갑목(甲木)에 통근(通根)되어 묘(卯)에는 통근(通根)하지 못했으나, 생조(生助)를 받으니 신강(身强)이 된다.

② 병정(丙丁) 일주(日柱)가 사오(巳午)월에 태어나면

화왕절(火旺節)로 득령(得令) 득지(得地)하여 신왕(身旺)이 된다. 십이운성(十二運星)으로는 건록(建祿)과 제왕(帝旺)으로 유기(有氣)하고, 왕상휴수사법(旺相休囚死法)으로는 왕(旺)이며, 육친(六親)으로는 비견(比肩)과 겁재(劫財)로 일주(日柱) 병정화(丙丁火)를 도와준다. 고로 사오(巳午)월생 병정(丙丁) 일주(日柱)는 신왕(身旺)이 된다.

③ 병정(丙丁) 일주(日柱)가 진술축미(辰戌丑未)월에 태어나면

토왕절(土旺節)로 실령(失令)하여 신약(身弱)이 된다. 십이운성(十二運星)으로는 진(辰)에 관대(冠帶), 술(戌)에 묘(墓), 축(丑)에는 양(養), 미(未)에는 쇠(衰)가 된다. 왕상휴수사법(旺相休囚死法)으로는 휴(休)이고, 육친(六親)으로는 식신(食神)과 상관(傷官)이 되어 일주(日柱) 병정화(丙丁火)를 설기시키니 신쇠(身衰)에 해당한다. 그러나 술미토(戌未土)에는 동기(同氣)인 정화(丁火)가 암장(暗藏)되어 미세하나마 통근(通根)하였고, 축진토(丑辰土)에는 동기(同氣)가 없어 착근(着根)할 수 없다. 고로 병정(丙丁) 일주(日柱)가 진술축미(辰戌丑未)월에 태어나면 신쇠(身衰)로 본다.

④ 병정(丙丁) 일주(日柱)가 신유(申酉)월에 태어나면

금왕절(金旺節)로 실령(失令) 실지(失地)하여 신약(身弱)이 된다. 십이운성(十二運星)으로는 병사(病死)이고, 왕상휴수사법(旺相休囚死法)으로는 수(囚)이며, 육친(六親)으로는 정재(正財)와 편재(偏財)이니 일주(日柱) 병정화(丙丁火)를 설기시켜 신쇠(身衰)가 된다. 고로 신유(申酉)월 병정(丙丁)일생은 신약(身弱)으로 본다.

⑤ 병정(丙丁) 일주(日柱)가 해자(亥子)월에 태어나면

수왕절(水旺節)로 실령(失令) 실지(失地)하여 신약(身弱)이 된다. 십이운성(十二運星)으로는 절태(絶胎)이고, 왕상휴수사법(旺相休囚死法)으로는 사(死)이며, 육친(六親)으로는 관귀(官鬼)가 되어 일주(日柱) 병정화(丙丁火)를 극상(剋傷)한다. 따라서 해자(亥子)월 병정(丙丁)일생은 신약(身弱)이 된다.

3. 무기(戊己) 일주(日柱)

① 무기(戊己) 일주(日柱)가 인묘(寅卯)월에 태어나면

목왕절(木旺節)로 실령(失令)하니 신약(身弱)이 된다. 십이운성

(十二運星)으로는 인(寅)에서는 장생(長生), 묘(卯)에는 목욕(沐浴)이 된다. 왕상휴수사법(旺相休囚死法)으로는 사(死)이며, 육친(六親)으로는 관귀(官鬼)가 되어 일주(日柱) 무기토(戊己土)를 극상(剋傷)한다. 고로 인묘(寅卯)월생 무기(戊己) 일주(日柱)는 신약(身弱)이 된다.

② 무기(戊己) 일주(日柱)가 사오(巳午)월에 태어나면

사오(巳午)월은 화왕절(火旺節)로 득령(得令) 득지(得地)가 되어 신강(身强)이 된다. 십이운성(十二運星)으로는 건록(建祿)과 제왕(帝旺)이고, 왕상휴수사법(旺相休囚死法)으로는 상(相)이며, 육친(六親)으로는 정인(正印)과 편인(偏印)이 되어 일주(日柱) 무기토(戊己土)를 도와준다. 따라서 사오(巳午)월 무기(戊己)일생은 신강(身强)이 된다.

③ 무기(戊己) 일주(日柱)가 진술축미(辰戌丑未)월에 태어나면

토왕절(土旺節)로 득령(得令) 득지(得地)하여 신강(身强)이 된다. 십이운성(十二運星)으로는 진(辰)에서는 관대(冠帶), 술(戌)에는 묘(墓), 축(丑)에는 양(養), 미(未)에는 쇠(衰)가 된다. 왕상휴수사법(旺相休囚死法)으로논 왕(旺)이고, 육친(六親)으로는 비견(比肩)과 겁재(劫財)가 되어 일주(日柱) 무기토(戊己土)를 도와주니 무기토(戊己土)는 진술축미인사오(辰戌丑未寅巳午)에 통근(通根)하여 득지(得地)가 된다. 고로 무기(戊己)일생이 진술축미(辰戌丑未)월에 태어나면 신강(身强)이 된다.

④ 무기(戊己) 일주(日柱)가 신유(申酉)월에 태어나면

금왕절(金旺節)로 실령(失令) 실지(失地)가 되어 신약(身弱)이 된다. 십이운성(十二運星)으로는 병사(病死)이고, 왕상휴수사법(旺相休囚死法)으로는 휴(休)이며, 육친(六親)으로는 식신(食神)과 상관(傷官)이 되어 일주(日柱) 무기토(戊己土)를 설기하니 무기토(戊己土)는 신유(申酉)에 착근(着根)을 할 수 없어 신약(身弱)이 된다.

⑤ 무기(戊己) 일주(日柱)가 해자(亥子)월에 태어나면

수왕절(水旺節)로 실령(失令) 실지(失地)하여 신약(身弱)이 된다. 십이운성(十二運星)으로는 절태(絶胎)이고, 왕상휴수사법(旺相休囚死法)으로는 수(囚)이며, 육친법(六親法)으로는 정재(正財)와 편재(偏財)가 되어 일주(日柱) 무기토(戊己土)를 설기하니 신쇠(身衰)에 해당한다. 고로 해자(亥子)월 무기(戊己)일생은 신약(身弱)이 된다.

4. 경신(庚辛) 일주(日柱)

① 경신(庚辛) 일주(日柱)가 인묘(寅卯)월에 태어나면

목왕절(木旺節)로 실령(失令) 실지(失地)하여 신약(身弱)이 된다. 십이운성(十二運星)으로는 절태(絶胎)이고, 왕상휴수사법(旺相休囚死法)으로는 수(囚)이며, 육친(六親)으로는 정재(正財)와 편재(偏財)가 되어 일주(日柱) 경신금(庚辛金)을 설기하니 신쇠(身衰)에 해당한다. 고로 인묘(寅卯)월 경신(庚辛)일생은 신약(身弱)이 된다.

② 경신(庚辛) 일주(日柱)가 사오(巳午)월에 태어나면

화왕절(火旺節)로 실령(失令) 극신(剋身)하니 신약(身弱)이 된다. 십이운성(十二運星)으로는 장생(長生)과 목욕(沐浴)이고, 왕상휴수사법(旺相休囚死法)으로는 사(死)이며, 육친(六親)으로는 관귀(官鬼)가 되어 일주(日柱) 경신금(庚辛金)을 극상(剋傷)하니 신쇠(身衰)가 된다.

③ 경신(庚辛) 일주(日柱)가 진술축미(辰戌丑未)월에 태어나면

토왕절(土旺節)로 득령(得令)하니 신강(身强)이다. 십이운성(十二運星)으로는 진(辰)에서는 양(養), 술(戌)에서는 쇠(衰), 축(丑)에서는 묘(墓)가 된다. 왕상휴수사법(旺相休囚死法)으로는 상(相)이고, 육친(六親)으로는 정인(正印)과 편인(偏印)으로 일주(日柱) 경신금(庚辛金)을 생한다. 따라서 진술축미(辰戌丑未)월생이 경신(庚辛) 일주(日柱)이면 신강(身强)이 된다.

④ 경신(庚辛) 일주(日柱)가 신유(申酉)월에 태어나면

금왕절(金旺節)로 득령(得令) 득지(得地)하여 신강(身强)이 된다. 십이운성(十二運星)으로는 건록(建祿)과 제왕(帝旺)으로 유기(有氣)하고, 왕상휴수사법(旺相休囚死法)으로는 왕(旺)이고, 육친(六親)으로는 비견(比肩)과 겁재(劫財)가 되어 일간(日干) 경신금(庚辛金)을 도와준다. 신유술사축(申酉戌巳丑)에 경신금(庚辛金)이 암장(暗藏)되어 경신금(庚辛金)은 신유(申酉)에 통근(通根)된다. 고로 신유(申酉)월생 경신(庚辛) 일주(日柱)는 최강(最强)이 된다.

⑤ 경신(庚辛) 일주(日柱)가 해자(亥子)월에 태어나면

수왕절(水旺節)로 실령(失令) 실지(失地)하여 신약(身弱)이 된다. 십이운성(十二運星)으로는 병사(病死)이고, 왕상휴수사법(旺相休囚死法)으로는 휴(休)이며, 육친(六親)으로는 식신(食神)과 상관(傷官)으로 일간(日干) 경신금(庚辛金)을 설기시켜 해자(亥子)에 경신금(庚辛金)이 착근(着根)할 수 없다. 고로 해자(亥子)월생 경신(庚辛) 일주(日柱)는 신약(身弱)이 된다.

5. 임계(壬癸) 일주(日柱)

① 임계(壬癸) 일주(日柱)가 인묘(寅卯)월에 태어나면

목왕절(木旺節)로 실령(失令) 실지(失地)하여 신약(身弱)이 된다. 십이운성(十二運星)으로는 병사(病死)이고, 왕상휴수사법(旺相休囚死法)으로는 휴(休)이며, 육친(六親)으로는 식신(食神)과 상관(傷官)이 되어 일간(日干) 계수(癸水)를 설기시킨다. 고로 인묘(寅卯)월생 임계(壬癸) 일주(日柱)는 신약(身弱)이 된다.

② 임계(壬癸) 일주(日柱)가 사오(巳午)월에 태어나면

화왕절(火旺節)로 실령(失令) 실지(失地)하여 신약(身弱)이다. 십이운성(十二運星)으로는 절태(絶胎)이고, 왕상휴수사(旺相休囚死)로는 수(囚)이며, 육친(六親)으로는 정재(正財)와 편재(偏財)가 되어 일주(日柱) 임계수(壬癸水)를 설기하니 신쇠(身衰)가 된다. 고로 사오(巳午)월생 임계(壬癸) 일주(日柱)는 신약(身弱)이 된다.

③ 임계(壬癸) 일주(日柱)가 진술축미(辰戌丑未)월에 태어나면

토왕절(土旺節)로 실령(失令) 극신(剋身)하여 신약(身弱)이 된다.
십이운성(十二運星)으로는 진(辰)이 묘(墓), 술(戌)이 관대(冠帶),
축(丑)이 쇠(衰), 미(未)는 양(養)이 된다. 왕상휴수사법(旺相休囚
死法)으로는 사(死)이고, 육친(六親)으로는 관귀(官鬼)가 되어 극
신(剋身)한다. 고로 진술축미(辰戌丑未)월생 임계(壬癸) 일주(日
柱)는 신약(身弱)이 된다.

④ 임계(壬癸) 일주(日柱)가 신유(申酉)월에 태어나면

금왕절(金旺節)로 득령(得令) 득지(得地)하니 신강(身强)이 된다.
십이운성(十二運星)으로는 장생(長生)과 목욕(沐浴)이고, 왕상휴수
사법(旺相休囚死法)으로는 상(相)이며, 육친(六親)으로는 정인(正
印)과 편인(偏印)이 되어 임계(壬癸) 일주(日柱)를 생하니 신강(身
强)이 된다. 고로 임계(壬癸) 일주(日柱)가 신유(申酉)월에 태어나
면 신강(身强)이 된다.

⑤임계(壬癸) 일주(日柱)가 해자(亥子)월에 태어나면

수왕절(水旺節)로 득령(得令) 득지(得地)하여 신강(身强)이 된다.
십이운성(十二運星)으로는 건록(建祿)과 제왕(帝旺)이고, 왕상휴수
사법(旺相休囚死法)으로는 왕(旺)이며, 육친(六親)으로는 비견(比
肩)과 겁재(劫財)로 일주(日柱) 임계수(壬癸水)를 도와주니 임계수
(壬癸水)는 해자(亥子)에 통근(通根)된다. 고로 해자(亥子)월생 임
계(壬癸)일생은 신강(身强)이 된다.

이상으로 생월에 의한 일주(日柱)의 강약을 논하였다. 그러나 이 것이 신강(身强)과 신약(身弱)을 결정하는데 결정적인 역할을 하는 것은 아니다. 다음의 일간(日干)의 강약 측정법을 종합하여 판단하기 바란다.

2 일간(日干)의 강약 측정법

일간(日干)의 강약을 판단하려면 먼저 일간(日干)을 돕는 생조자와 일간(日干)의 힘을 빼는 설기자를 구분해야 한다. 정인(正印)과 편인(偏印), 비견(比肩)과 겁재(劫財)는 일간(日干)을 돕는 것으로 생조신(生助神) 또는 방조신이라고 한다. 식신(食神)과 상관(傷官), 정재(正財)와 편재(偏財), 정관(正官)과 편관(偏官)은 일간(日干)의 힘을 빼앗는 것으로 설기 또는 설상신이라고 한다.

'천삼비(天三比)는 불여일지(不如一支)'라는 말이 있다. 천간(天干)보다 지지(地支)의 세력이 더 크다는 말이다. 천간(天干)에 비견(比肩)이 3개 있는 것과 지지(地支)에 비견(比肩)이 1개 있는 것은 힘이 같다. 그리고 월지(月支)의 힘은 년지(年支)와 일지(日支), 그리고 시지(時支)보다 2배의 힘이 있다는 뜻이다. 따라서 일간(日干)을 중심으로 일간(日干)을 돕는 생조신(生助神)과 일간(日干)에 힘을 빼는 설기신의 많고 적음을 구분할 줄 알아야 한다.

예를 들면 사주팔자 중 일간(日干)을 제외한 나머지 7자 중에서 월지(月支)의 오행(五行)을 2개로 보니 다시 8자가 된다. 이 8자 중에서 생조자와 설기자를 분별하여 생조자가 많으면 신강(身强)사주가 되고, 설기자가 많으면 신약(身弱)사주가 된다.

壬 丁 庚 丙
寅 亥 寅 寅

이 사주는 일간(日干)을 돕는 인수(印綬) 인목(寅木)이 3개, 비겁(比劫)이 1개로 생조신(生助神)이 4개인데, 월지(月支) 인목(寅木) 1개를 더하고, 정임목(丁壬木)과 인해목(寅亥木)으로 목(木)을 3개 더하니 방조신(幫助神)은 7개가 되고, 설기신(泄氣神)은 재관(財官)으로 3개가 되어 생조신(生助神)이 설기신(泄氣神)보다 4개가 더 많아 신강(身强)사주가 된다.

丙 丁 辛 丁
午 亥 亥 未

정미(丁未)생이 사주팔자 중 일간(日干) 정화(丁火)를 제외한 나머지 7자를 살펴보면 일간(日干)을 돕는 생조신(生助神)인 화(火)가 3개, 일간(日干)의 힘을 빼는 설기신(泄氣神)인 금(金)이 1개, 토(土)가 1개, 수(水)가 2개이나 월지(月支)를 2개로 보니 수(水)가 3개로 설기신(泄氣神)이 모두 5개로 생조신(生助神)보다 설기신(泄氣神)이 많으니 신약사주(身弱四柱)가 된다.

1. 신강(身强)의 조건

사주팔자 중에서 일간(日干)을 돕는 비겁(比劫)이나 인성(印星)이 5개일 때 비겁(比劫)보다 인성(印星)이 많은 것을 신강(身强)이라고 한다.

壬　丁　己　丙
寅　卯　亥　午

병오(丙午)생이 사주팔자 중에서 일간(日干) 정화(丁火)를 제외한 나머지 7자 중 일간(日干)을 돕는 인수(印綬) 목(木)이 인묘(寅卯)와 인해목(寅亥木) 정임목(丁壬木)으로 4개이고, 비겁(比劫)이 2개로 모두 6개가 되고, 일간(日干) 정화(丁火)의 힘을 빼는 설기신(泄氣神) 식신(食神) 기토(己土)가 1개, 정관(正官)이 3개로 모두 4개가 되어 설기신(泄氣神)보다 생조신(生助神)이 많다 따라서 신강(身强)이 된다.

2. 신약(身弱)의 조건

사주에 일간(日干)을 돕는 비겁(比劫)이나 인성(印星)이 3개이고, 일간(日干)의 힘을 빼는 재관식(財官食)이 5개가 되어 생조신(生助神)보다 설기신(泄氣神)이 많은 것을 신약(身弱)이라고 한다.

庚 壬 甲 辛

戌 辰 午 酉

신유(辛酉)생이 사주팔자 중에서 일간(日干)을 돕는 생조신(生助神)은 3이고, 일간(日干)의 힘을 빼는 설기신(泄氣神)이 5개로 생조신(生助神)보다 설기신(泄氣神)이 많으니 신약(身弱)이 된다.

3. 신왕(身旺)의 조건

사주팔자에서 일간(日干)을 돕는 생조신(生助神)이 6개이고, 일간(日干)의 힘을 빼는 설기신(泄氣神)이 2개인 경우로 일간(日干)을 돕는 인비(印比) 중에서 비겁(比劫)이 많은 것을 신왕(身旺)이라고 한다.

甲 甲 庚 丙

子 子 寅 寅

병인(丙寅)생이 일간(日干) 갑목(甲木)을 돕는 인비(印比)가 6개, 일간(日干)의 힘을 빼는 설기신(泄氣神)은 2개로 인비(印比) 중에서 비견(比肩)이 많은 것을 신왕(身旺)사주이다.

4. 신쇠(身衰)의 조건

일간(日干)을 돕는 인비(印比)는 2개 뿐이고, 일간(日干)을 설상(泄傷)하는 재관식(財官食)이 6개이면 신쇠(身衰)로 본다.

壬 甲 乙 庚
申 午 酉 申

경신(庚申)생이 일간(日干)을 돕는 생조신(生助神)이 2개, 일간(日干)의 힘을 빼는 설기신(泄氣神)이 7개로 생조신(生助神)보다 설기신(泄氣神)이 많아 신쇠(身衰)사주가 되었다.

5. 태강(太强) · 태왕(太旺)의 조건

생조신(生助神)이 7~8개이고, 극설신(剋泄神)이 없거나 있어도 1개 정도 있으면 태강(太强)이나 태왕(太旺)으로 본다. 생조신(生助神) 중에서 인성(印星)이 많으면 태강(太强)이라 하고, 비겁(比劫)이 많으면 태왕(太旺)이라고 한다.

■ 태강(太强)　　　　■ 태왕(太旺)

己 壬 壬 甲　　乙 甲 己 乙
酉 子 申 申　　亥 寅 卯 亥

6. 태쇠(太衰) · 태약(太弱)의 조건

일간(日干)을 돕는 생조신(生助神)이 1개 있거나 1개도 없는 경우를 말한다. 이런 사주는 팔자 중에서 가장 강한 오행(五行)을 따라가는 것이 현명하다. 태쇠(太衰)나 태약(太弱) 사주는 행운(行運)에서 생조운(生助運)을 만나는 것보다 사주에서 가장 강한 오행운(五行運)을 만날 때 발복한다.

己 甲 乙 庚
巳 午 酉 申

경신(庚申)생이 생조신(生助神)이 1개 있으나, 경금(庚金)이 합거(合去)하여 극설신(剋泄神)만 난무하니 태쇠(太衰)나 태약(太弱)이 되었다.

7. 중화(中和)의 조건

사주에 일간(日干)을 돕는 생조신(生助神)이 4개, 일간(日干)의 힘을 빼는 설기신(泄氣神)이 4개로 4 : 4의 균형을 이룬 것을 말한다. 여기서 주의할 점은 목화토금수(木火土金水)가 모두 있어도 한두 가지로 몰려 있으면 중화(中和)된 사주로 보지 않는다.

壬 丁 己 丙

寅 卯 亥 午

이 사주는 생조신(生助神)이 4개, 극설신(剋洩神)이 4개로 중화(中和)된 사주로 본다. 실령(失令)으로 방조신(幇助神)보다 극설신(剋洩神)이 약간 강하니 일간(日干)을 돕는 목화운(木火運)에 크게 발전한다.

3. 일주(日柱)의 강약 조건

득령(得令) · 득세(得勢) · 득지(得地)가 있으면 가장 강한 명이요, 실령(失令) · 실세(實勢) · 실지(失地)가 있으면 가장 약한 명이다.

득령(得令)은 월령(月令)에 일간(日干)과 동기(同氣)인 비견(比肩)과 겁재(劫財)가 있으면서 십이운성(十二運星)으로는 건록(建祿)과 제왕(帝旺)이 되고, 왕상휴수사법(旺相休囚死法)으로 왕(旺)이 되어 일간(日干)과 근간(根幹)이 되는 것을 말한다.

득세(得勢)는 사주에 일간(日干)을 생부(生扶)하는 인성(印星)이나 비겁(比劫)이 많은 것을 말한다.

득지(得地)는 사주에 암장간(暗藏干)의 동기(同氣)인 비견(比肩)과 겁재(劫財)가 있어 일간(日干)의 뿌리가 되는 것을 말한다.

따라서 득령(得令) 득지(得地) 득세(得勢)를 얻으면 최강지명(最强之命)이 된다. 반대로 실령(失令)은 월령(月令)에 재성(財星) ·

관성(官星)·식상(食傷)이 있어 십이운성(十二運星)으로는 병사(病死)가 되고, 왕상휴수사법(旺相休囚死法)으로 휴수사(休囚死)가 되어 실기(失氣)되는 것을 말한다.

실세(失勢)는 사주에 일간(日干)을 생조(生助)하는 인성(印星)이나 비겁(比劫)은 없고, 모두 극설신(剋泄神)인 재성(財星)·관성(官星)·식상(食傷)만 있는 것을 말한다.

실지(失地)는 암장간(暗藏干)에 동기(同氣)인 비견(比肩)과 겁재(劫財)는 없고, 극설신(剋泄神)인 재성(財星)·관성(官星)·식상(食傷)만 있는 것을 말한다. 따라서 실령(失令) 실세(失勢) 실지(失地)가 있으면 최약지명(最弱之命)이 된다.

이것은 사주가 일방적으로 득령(得令)·득세(得勢)·득지(得地)나, 실령(失令)·실세(失勢)·실지(失地)로 편중된 경우를 말하는 것이다. 그러나 사주의 짜임에 따라 득령(得令)·득세(得勢)를 하고도 신약(身弱)이 되는 경우가 있고, 실령(失令)·실세(失勢)를 하고도 신강(身强)이 되는 경우가 있다. 세밀히 분석하여 강약을 구분해야야 한다.

9장. 격국론(格局論)

　격국(格局)과 용신(用神)은 명리학의 핵심이론이다. 격국(格局)이 사주의 틀이라면 용신(用神)은 길흉판단의 척도라고 할 수 있다. 격국(格局)에는 72가지가 있지만 여기서는 크게 정격(正格)과 잡격(雜格)으로 나누어 특별한 경우만 살펴보기로 한다.

　정격(正格)은 다시 내격(內格)과 외격(外格)으로 나눈다. 내부에서 이루어지는 내격(內格)은 일간(日干) 대 월지(月支) 암장간(暗藏干) 중 본기 투간(透干)한 것을 선정하는 것이다. 그러나 자묘유(子卯酉)만은 천간(天干)에 투간(透干)하지 않아도 격을 취할 수 있고, 진술축미(辰戌丑未)는 투간(透干)한 것이 있으면 그것을 선정하고, 없으면 잡기재관격(雜氣財官格)으로 본다. 그리고 외부에서 이루어지는 외격(外格)은 사주 전체의 세력에 따라 격이 성립된다.

1. 내격(內格)

내격(內格)에는 정인격(正印格)·편인격(偏印格)·식신격(食神格)·상관격(傷官格)·정재격(正財格)·편재격(偏財格)·정관격(正官格)·편관격(偏官格)이 있다.

『연해자평(淵海子評)』「시결(詩訣)」에서는 정인격(正印格)과 편인격(偏印格)을 합하여 인수격(印綬格)이라 하여 칠격(七格)으로 취했고, 『명리정종정해(命理正宗正解)』에서는 내팔격(內八格)으로 취했다.

1. 정인격(正印格)

癸	壬	辛	庚	己	戊	丁	丙	乙	甲	日干
巳申	酉★戌丑	申寅辰戌巳	午未丑	寅	午未戌	寅亥	卯★辰未	申亥	辰子★丑	生月支
庚	辛	戊	己	丙	丁	甲	乙	壬	癸	透干

★표는 투간(透干)하지 않아도 격을 취할 수 있다.

정인격(正印格)은 위 표와 같이 일간(日干) 대 월지(月支) 암장간(暗藏干)에 정인(正印)이 있고, 그 정인(正印)이 천간(天干)에 투출(透出)하면 성립된다.

정인격(正印格)의 성품은 점잖으며 자존심이 강한 편이나 의타심이 있다. 문학과 예능계통에 소질이 있다. 재물에는 집착하지 않고 사심이 없는 편이다. 여명은 시가에는 불평불만이 많으나 친정과는 화목하니 남편과 항상 불화가 많은 편이다.

　정인격(正印格)의 직업은 교직·학원·문화기획·저술·미술 등이 적합하다.

　　甲　甲　丙　己
　　戌　子　子　亥

　이 사주는 월지(月支) 자(子)에 계수(癸水)가 투간(透干)하지 않아도 정인(正印)이 득령(得令)하여 인수국(印綬局)을 이루었으니 정인격(正印格)이다. 자묘유(子卯酉)는 투출(透出)하지 않아도 격을 취한다.

2. 편인격(偏印格)

癸	壬	辛	庚	己	戊	丁	丙	乙	甲	日干
酉 ★ 戌 丑	巳 申	午 未 丑	巳 寅 戌 辰	未 戌	寅 巳	卯 ★ 辰 未	寅 亥	辰 子 ★ 丑	申 亥	生 月 支
辛	庚	己	戊	丁	丙	乙	甲	癸	壬	透干

★표는 투간(透干)하지 않아도 격을 취할 수 있다.

편인격(偏印格)은 일간(日干) 대 월지(月支) 암장간(暗藏干)에 편인(偏印)이 있고, 그 편인(偏印)이 천간(天干)에 투간(透干)하면 성립된다.

편인격(偏印格)의 성품은 자존심이 강하고 눈치와 임기응변에 능하나 실천력이 부족하여 매사 용두사미격이다. 수성(壽星)이 식신(食神)을 극상(剋傷)하니 수명과 복이 부족하다. 여명은 자식복이 없고, 시가와 의견충돌이 많은 편이다.

편인격(偏印格)의 직업은 의약업·유흥업·역술·교육·여관업·요리업·이발·인기사업 등이 적합하다.

```
甲 丙 丙 己
午 寅 寅 亥
```

이 사주는 월지(月支) 인(寅) 중 갑목(甲木) 정기(正氣)가 시간(時干)에 투간(透干)하여 편인격(偏印格)이 되었다.

3. 식신격(食神格)

식신격(食神格)은 일간(日干) 대 월지(月支) 암장간(暗藏干)에 식신(食神)이 있고, 그 식신(食神)이 천간(天干)에 투간(透干)하면 성립된다.

식신격(食神格)의 성품은 도량이 넓고 봉사정신이 투철하며 선견

癸	壬	辛	庚	己	戊	丁	丙	乙	甲	日干
卯★ 辰 未	寅 亥	辰 子★	亥	酉★ 戌 丑	申 巳	丑 未	巳寅 戌辰	午 未 戌	巳	生月支
乙	甲	癸	壬	辛	庚	己	戊	丁	丙	透干

★표는 투간(透干)하지 않아도 격을 취할 수 있다.

지명도 탁월하다. 의식주가 넉넉하고 호인이라는 평을 들으나 사주의 편인(偏印)이 도식(倒食)이 되면 빈천하다. 특히 여명은 음식솜씨가 있고 자식복도 있으나, 남편덕이 부족하다.

식신격(食神格)의 직업은 교육·문화·서비스업·식품가공업·은행·주식·도매상·농업이 적합하고 동업도 길하다.

庚 丙 戊 壬
寅 寅 申 子

이 사주는 월지(月支) 신(申) 중 무토(戊土) 식신(食神) 초기(初氣)가 월간(月干)에 투간(透干)하여 식신격(食神格)이 되었다.

4. 상관격(傷官格)

상관격(傷官格)은 일간(日干) 대 월지(月支) 암장간(暗藏干)에 상관(傷官)이 있고, 그 상관(傷官)이 천간(天干)에 투간(透干)하면

癸	壬	辛	庚	己	戊	丁	丙	乙	甲	日干
寅亥	卯★辰未	申亥	辰子★丑	巳申	酉★戌丑	申寅辰巳戌	午未丑	寅巳	午未戌	生月支
甲	乙	壬	癸	庚	辛	戊	己	丙	丁	透干

★표는 투간(透干)하지 않아도 격을 취할 수 있다.

성립된다.

　상관격(傷官格)의 성품은 외모가 순진하며 도량이 넓은 것 같으나 속이 좁고 남을 비방하는 것을 좋아한다. 예의에 벗어난 행동을 잘하고, 남에게 지배받는 것을 싫어하니 직업의 변동이 심하다. 여명이 상관격(傷官格)이면 아들을 얻은 후 남편과 헤어지는 경우가 많다. 그렇지 않으면 남편이 무위도식하는 사람이다. 아무리 능력 있고 똑똑한 남자라도 상관격(傷官格)의 여자와 살면 만사불성으로 낙오자가 된다.

　상관격(傷官格)의 직업은 교육계·예능·기술직·변호사·변리사·수리업·골동품·고물상 등이 적격이고 동업도 길하다.

　己　丙　己　戊

　亥　戌　未　午

　이 사주는 미(未) 중 기토(己土) 상관(傷官) 본기가 월간(月干)에 투간(透干)하여 상관격(傷官格)이 되었다.

5. 정재격(正財格)

癸	壬	辛	庚	己	戊	丁	丙	乙	甲	日干
寅 巳	午 未 戌	寅 亥	卯 ★ 辰 未	申 亥	辰 子 ★ 丑	巳 申 戌	酉 ★ 戌 丑	申 寅 辰 戌 巳	午 未 丑	生月支
丙	丁	甲	乙	壬	癸	庚	辛	戊	己	透干

★표는 투간(透干)하지 않아도 격을 취할 수 있다.

정재격(正財格)은 일간(日干) 대 월지(月支) 암장간(暗藏干)에 정재(正財)가 있고, 그 정재(正財)가 천간(天干)에 투간(透干)하면 성립된다.

정재격(正財格)의 성품은 근면성실하며 재산관리도 잘하여 사업상 수입도 많다. 그러나 절약정신이 너무 강하여 수전노라는 소리를 듣는 수가 있다. 여명이 정관격(正官格)이면 남편덕이 있고 저축심이 강한 살림꾼이다.

정재격(正財格)의 직업은 재정직·물품관리·창고관리·도매업·운수업 등 상업이 적격이며 성공률도 높다.

庚 庚 己 乙
辰 申 卯 未

이 사주는 월지(月支) 묘(卯) 중 을목(乙木) 본기가 년천간(年天

干)에 투간(透干)하여 정재격(正財格)이 되었다.

6. 편재격(偏財格)

癸	壬	辛	庚	己	戊	丁	丙	乙	甲	日干
午 未	寅 巳	卯★ 辰 未	寅 亥	辰 子★ 丑	申 亥	酉★ 戌 丑	申 巳	午 未 丑	申 辰 戌 巳	生月支
丁	丙	乙	甲	癸	壬	辛	庚	己	戊	透干

★표는 투간(透干)하지 않아도 격을 취할 수 있다.

편재격(偏財格)은 일간(日干) 대 월지(月支) 암장간(暗藏干)에 편재(偏財)가 있고, 그 편재(偏財)가 사주 천간(天干)에 투간(透干)하면 성립된다.

편재격(偏財格)의 성품은 영웅호걸에 팔방미인형으로 다정다감하다. 신강(身强)하면 재산복이 많고 여자에게 인기도 많다. 그러나 신약(身弱)이면 주색과 낭비로 패가망신한다. 여명은 여장부로 돈을 벌기도 잘하고 쓰기도 잘한다. 큰 사업을 즐기며 빚을 져도 남편 뒷바라지를 잘한다.

편재격(偏財格)의 직업은 청부업·생산업·의약업·금융업·무역업·토건건축업이 적합하고, 성공률도 높다.

丁　癸　丙　庚
巳　亥　戌　申

이 사주는 월지(月支) 술(戌) 중에 정화(丁火) 중기(中氣)가 시간(時干)에 투간(透干)하여 편재격(偏財格)이 되었다.

7. 정관격(正官格)

癸	壬	辛	庚	己	戊	丁	丙	乙	甲	日干
申寅辰巳戌	午未丑	寅巳	午未戌	寅亥	卯★辰未	申亥	辰子★丑	巳申	酉★戌丑	生月支
戊	己	丙	丁	甲	乙	壬	癸	庚	辛	透干

★표는 투간(透干)하지 않아도 격을 취할 수 있다.

정관격(正官格)은 일간(日干) 대 월지(月支) 암장간(暗藏干)에 정관(正官)이 있고, 그 정관(正官)이 사주 천간(天干)에 투간(透干)하면 성립된다.

정관격(正官格)성품은 순박하며 인덕이 있으나 너무 소극적이고 고지식하다. 국가 최고기관에서 문장으로 입신양명하고, 처자의 덕도 좋다. 여명은 남편운이 좋고 얌전하며 정직하다. 올바른 교육을 받고 좋은 가문으로 출가한다. 상업은 성공률이 적다. 왜냐하면 정관(正官)은 관직이지 상업이 아니기 때문이다.

정관격(正官格)의 직업은 공무원·회사원·법조계·입찰업·목재상·주단포목·양품점·잡화점·도매업 등이 길하다.

乙 戊 丙 癸
卯 辰 辰 亥

이 사주는 월지(月支) 진(辰) 중에 을목(乙木) 초기(初氣)가 시간(時干)에 투간(透干)하여 정관격(正官格)이 되었다.

8. 편관격(偏官格)

癸	壬	辛	庚	己	戊	丁	丙	乙	甲	日干
午 未 丑	申寅 辰 巳戌	午 未 戌	寅 巳	卯★ 辰 未	寅 亥	辰 子★ 丑	申 亥	酉★ 戌 丑	巳 申	生 月 支
己	戊	丁	丙	乙	甲	癸	壬	辛	庚	透干

★표는 투간(透干)하지 않아도 격을 취할 수 있다.

편관격(偏官格)은 일간(日干) 대 월지(月支) 암장간(暗藏干)에 편관(偏官)이 있고, 그 편관(偏官)이 사주 천간(天干)에 투간(透干)하면 성립된다.

편관격(偏官格)의 성품은 인품이 수려하며 부명 타입이나 인덕이 없어 고향을 일찍 떠난다. 일가친척이나 죽마고우에게도 외면당하고, 노년에는 불구가 되거나 각종 질병으로 고생한다. 적은 재물이 나마 손실이 많고, 수입보다 지출이 많으며, 재화가 떠나지 않는다. 여자는 재가팔자로 일부종사를 하지 못하고 소실이나 정부를 두기도 한다. 만일 신강(身强)하면 권력가의 아내가 되거나 의사·간호사·여군·유흥업·비구니 등으로 나간다.

편관격(偏官格)의 직업은 청부업·군인·경찰·변호사·건축업·조선업 등이 좋으나, 평생을 관직이나 군인으로 재직하는 것이 안전하다. 그렇지 않으면 매사 도중하차가 되어 실패한다. 그러나 신강(身强)하면 무관·법조인·정치인으로 출세할 수도 있다.

壬　丙　丁　庚
辰　申　亥　寅

이 사주는 월지(月支) 해(亥) 중 임수(壬水) 본기가 시간(時干)에 투간(透干)하여 편관격(偏官格)이 되었다.

9. 건록격(建祿格)

	日干	甲	乙	丙	丁	戊	己	庚	辛	壬	癸
建祿	月支	寅	卯	巳	午	巳	午	申	酉	癸	子
專祿	日支	寅	卯	巳	午	巳	午	申	酉	癸	子
貴祿	時支	寅	卯	巳	午	巳	午	申	酉	癸	子

건록격(建祿格)은 일간(日干)이 월지(月支)와 정록(正祿)이 되어야 성립된다. 건록(建祿)이 일지(日支)에 있으면 전록격(專祿格), 시지(時支)에 있으면 귀록격(歸祿格) 또는 귀시격(歸時格)이라고 한다.

건록격(建祿格)의 성품은 정직 근면 성실하고 봉사정신이 투철하나, 고집이 강하여 누구도 꺾을 수 없고 추진력이 대담하다. 부모형제덕과 인덕이 없으니 자수성가할 명이고, 재산복은 없으나 의식걱정은 없다. 부부궁이 불리하여 이혼이나 재가하는 경우가 많고, 자손은 귀한 편으로 말년에 고독할 수 있다. 특히 여명은 건록(建祿)이 비견성(比肩星)으로 남편을 생조(生助)하는 재성(財星)을 극파(剋破)하니, 남편이 의지할 곳이 없어 일찍 사별하고 고독한 말년을 보낸다. 따라서 비견성(比肩星)이 득령(得令)하니 일생에 한 두 번은 형제나 친구에게 거액의 사기를 당하여 파가하는 경우도 있다.

건록격(建祿格)의 직업은 공직·분점·대리점·납품업 등 독립사업이 길하다.

壬　壬　乙　己
寅　戌　亥　亥

이 사주는 월지(月支)에 정록(正祿)을 놓아 건록격(建祿格)이 되었다.

```
戊 庚 辛 丙
寅 申 丑 午
```

이 사주는 일지(日支)에 정록(正祿)을 놓아 전록격(專祿格)이 되었다.

```
丁 戊 戊 丁
巳 子 申 卯
```

이 사주는 시지(時支)에 정록(正祿)을 놓아 귀록격(歸祿格)이 되었다.

10. 양인격(羊刃格)

日干	甲	乙	丙	丁	戊	己	庚	辛	壬	癸
羊刃	卯	辰	午	未	午	未	酉	戌	子	丑

양인격(羊刃格)은 일간(日干) 대 월지(月支)가 제왕(帝旺)이면 성립된다. 양인살은 녹전(祿前) 일위(一位)로 음일간(陰日干)은 양인살(陽刃殺)로 보지 않는다. 양인살(羊刃殺)은 포태법(胞胎法)으로 양(陽)은 제왕지(帝旺支)이고, 음(陰)은 관대지(冠帶支)이다.

양인격(羊刃格)의 성품은 자존심과 고집이 있어 무리하게 일을 추진하다 패망하는 수가 많고, 매사를 자기 위주로 처리하여 남에게 미움을 산다. 사주에 비겁(比劫)이 많고 관성(官星)이 없으면 극부(剋父)·극처(剋妻)·극자(剋子)하고, 뇌신경 마비나 중풍 등 으로 고생할 수 있고, 남녀 모두 부부궁이 불리하여 재가·삼가하 는 경우가 많다.

양인격(羊刃格)의 직업은 무관·수사기관·경검 등 강한 직업이 적격이고, 기자·특파원·운동선수·육가공업·도검장사·이발· 재단·철공업·외과의·간호사·기술·투기사업·증권·유흥업· 요식업 등이 길하고 성공률도 빠르다. 단 동업은 금물이다.

庚 甲 乙 戊
午 戌 卯 戌

이 사주는 갑(甲)일생이 묘(卯)월 양인(羊刃)월에 태어나 양인격 (羊刃格)이 되었다.

2. 외격(外格)

일행득기(一行得氣)나 전왕(專旺) 사주의 경우 왕신(旺神)을 충극 (沖剋)하면 불리하니 왕하면 순으로 종(從)하는 것이 길하다. 고로 '왕희순세(旺喜順勢) 왕기역세(旺忌逆勢)'라는 말과 같이 왕한 것 은 세력을 역하지 말고 순하게 따라가야 길하고, 왕한 것의 세력을 거스르면 그 흉함이 태산과 같다.

1. 곡직인수격(曲直仁壽格)

　곡직인수격(曲直仁壽格)은 갑을(甲乙) 일주(日柱)가 지지(地支)에 인묘진(寅卯辰) 방합(方合)이나 해묘미(亥卯未) 삼합(三合)이 있고, 경신신유(庚辛申酉)의 관살(官殺)이 없으면 성립된다.

　용신(用神)은 목(木)이고, 희신(喜神)은 수(水)이며, 화(火)는 왕신(旺神)을 순으로 설기해야 길하다. 고로 수목화(水木火)운으로 가면 발전 성공한다. 기신(忌神)은 경신신유(庚辛申酉)의 관살(官殺) 금(金)이다. 고로 관살(官殺)인 경신신유(庚辛申酉)의 금(金)운으로 가면 왕기역세(旺忌逆勢)하여 대흉하다. 그러나 사주 원국에 수(水)가 있으면 관인상생(官印相生)이 되어 위기를 모면할 수 있다. 토운(土運)은 사주 원국에 화(火)가 있으면 식신생재(食神生財)로 길하나 화(火)가 없으면 군비쟁재(群比爭財)하여 손재손처한다.

　곡직인수격(曲直仁壽格)의 성품은 자존심이 강하나 학문이 깊고 자비로워 불우한 사람을 잘 돕는다.

　　乙　甲　甲　癸
　　亥　辰　寅　卯

이 사주는 신유(申酉)대운에 왕기역세(旺忌逆勢)하여 패망하였다.

甲 甲 乙 己
子 寅 亥 卯

이 사주는 기토(己土) 대운에 화(火)가 없어 군비쟁재(群比爭財)
로 패망했다.

2 염상격(炎上格)

염상격(炎上格)은 병정(丙丁) 일주(日柱)가 지지(地支)에 사오미
(巳午未) 방합(方合)이나 인오술(寅午戌) 삼합(三合)이 있고, 임계
해자(壬癸亥子)의 관살(官殺)이 없으면 성립된다.

용신(用神)은 왕신(旺神)을 돕는 병정사오(丙丁巳午)의 화(火)이
고, 희신(喜神)은 갑을인묘(甲乙寅卯)의 목(木)이다. 토(土)는 왕신
(旺神)을 순하게 설기하여 길하다. 고로 목화토(木火土)운으로 가
면 만사형통으로 성공한다.

기신(忌神)은 왕기역세(旺忌逆勢)하는 임계해자(壬癸亥子)의 관
살(官殺) 수(水)이다. 고로 관살(官殺)인 임계해자수(壬癸亥子水)
운으로 가면 왕신(旺神)을 극하여 대흉하다. 그러나 사주 원국에
목(木)이 있으면 관인상생(官印相生)되어 위기를 모면할 수 있다.

금(金)운은 사주 원국에 토(土)가 있으면 식신생재(食神生財)하여
길하나, 원국에 토(土)가 없으면 군비쟁재(群比爭財)하여 구사일생
한다.

염상격(炎上格)의 성품은 급하고 마음이 안정되지 않아 변동이 심하고, 언행이 가볍고 말이 많은 편이다.

甲　丙　甲　丙
午　戌　午　寅

이 사주는 경자(庚子) 재관(財官)에 왕신(旺神)을 천충지충(天沖支沖)하여 패망했다.

甲　丙　丁　戊
午　寅　巳　午

이 사주는 금수(金水)운에는 곤고하게 지내다가 해(亥)운에 왕화(旺火)를 충극(沖剋)하여 사망했다.

3. 가색격(稼穡格)

가색격(稼穡格)은 무기(戊己) 일주(日柱)가 지지(地支)에 진술축미(辰戌丑未)가 있거나, 사지(四支)가 순토(純土)로 갑을인묘(甲乙寅卯)의 관살(官殺)이 없으면 성립된다.

용신(用神)은 무기진술축미(戊己辰戌丑未) 토(土)이고, 희신(喜神)은 병정사오(丙丁巳午) 화(火)이다. 금(金)운은 왕신(旺神)을 순하게 설기하여 길하다. 고로 화토금(火土金)운은 만사형통한다.

기신(忌神)은 갑을인묘(甲乙寅卯)의 관살(官殺) 목(木)이다. 고로 관살(官殺)인 갑을인묘(甲乙寅卯) 목(木)운으로 가면 왕기역세(旺忌逆勢)하여 대흉하다. 그러나 사주 원국에 화(火)가 있으면 관인상생(官印相生)이 되어 위기에서 벗어날 수 있다.

가색격(稼穡格)의 성품은 충효 정직하고, 부귀영화를 누릴 수 있는 명으로 인내심과 침착성이 있다.

　　戊　己　己　戊
　　辰　丑　未　戌

이 사주는 임계(壬癸) 재물운에서 군비쟁재(群比爭財)가 되어 패망하였다.

　　丙　戊　己　戊
　　辰　辰　未　辰

이 사주는 인묘(寅卯) 관살운(官殺運)에 불록객이 되었다.

4. 종혁격(從革格)

종혁격(從革格)은 경신(庚辛) 일주(日柱)가 지지(地支)에 신유술

(申酉戌) 방합(方合)이나 사유축(巳酉丑) 삼합(三合)이 있고, 병정사오(丙丁巳午)의 관살(官殺)이 없으면 성립된다.

용신(用神)은 경신신유(庚辛申酉)의 금(金)이고, 희신(喜神)은 무기진술축미(戊己辰戌丑未)의 토(土)이다. 수(水)는 왕금(旺金)을 순으로 설기하여 길하다. 고로 토금수(土金水)운으로 가면 만사형통하여 성공한다.

기신(忌神)은 병정사오(丙丁巳午)의 관살(官殺)인 화(火)이다. 고로 병정사오(丙丁巳午)의 화운(火運)으로 가면 왕신(旺神)인 금(金)을 극하여 대흉하나, 원국에 토(土)가 있으면 관인상생(官印相生)하여 길하다. 목(木)운은 원격(元格)에 수(水)가 있으면 식신생재(食神生財)하여 길하나, 수(水)가 없으면 군비쟁재(群比爭財)하여 패망한다.

종혁격(從革格)의 성품은 정의파로 의로우며 의리를 존중하고, 부정을 용납하지 않는다.

　辛　辛　庚　戊
　丑　酉　申　申

이 사주는 재물운에서 군비쟁재(群比爭財)하여 구사일생했다.

　辛　辛　庚　癸
　丑　酉　申　酉

이 사주는 대운이 목화(木火) 기신운(忌神運)으로 가니 어찌 형통하겠는가.

5. 윤하격(潤下格)

윤하격(潤下格)은 임계(壬癸) 일주(日柱)가 지지(地支)에 해자축(亥子丑) 방합(方合)이나 신자진(申子辰) 삼합(三合)이 있고, 무기진술축미(戊己辰戌丑未)의 관살(官殺)이 없으면 성립된다.

용신(用神)은 임계해자(壬癸亥子)의 수(水)이고, 희신(喜神)은 경신신유(庚辛申酉)의 금(金)이다. 목(木)은 왕수(旺水)를 순으로 설기하여 길하다. 고로 금수목(金水木)운으로 가면 만사형통한다.

기신(忌神)은 무기술미(戊己戌未)로 관살(官殺)인 토(土)이다. 고로 관살(官殺)인 무기술미(戊己戌未)의 토(土)운으로 가면 왕기역세(旺忌逆勢)하여 대흉하나, 원격(元格)에 금(金)이 있으면 관인상생(官印相生)하여 대길하다. 화(火)는 원격(元格)에 목(木)이 있으면 식신생재(食神生財)로 길하나, 목(木)이 없으면 군비쟁재(群比爭財)하여 구사일생한다.

윤하격(潤下格)은 단정하며 인의를 중하게 여기는 고귀한 운명의 소유자로 온순하고 차분한 성격이다.

辛　壬　庚　辛
丑　申　子　亥

이 사주는 갑오(甲午) 대운에 왕신(旺神) 경자(庚子)를 천충지충(天沖支沖)하여 대흉하였다.

壬 癸 辛 壬
子 丑 亥 子

이 사주는 병진(丙辰) 대운에 군비쟁재(群比爭財)하고, 일간(日干) 계수(癸水)가 진고(辰庫)에 들어 사망하였다.

6. 종재격(從財格)

종재격(從財格)은 월지(月支)에 정재(正財)나 편재(偏財)가 있고, 지지(地支)가 모두 재성(財星)이거나 재국(財局)이 되어 생재자(生財字)만 있고, 일간(日干)을 돕는 인비(印比)가 없으면 성립된다.

용신(用神)은 정재(正財)와 편재(偏財)이, 희신(喜神)은 식신(食神)과 상관(傷官)이다. 기신(忌神)은 일간(日干)을 생부(生扶)하는 비견(比肩)과 겁재(劫財), 정인(正印)과 편인(偏印)이다. 고로 정편재운(正偏財運)과 식상운(食傷運)에는 크게 발전하고, 일간(日干)을 생부(生扶)하는 인비운(印比運)에는 크게 실패한다.

종재격(從財格)은 정의파로 재물에는 인색하나 경제수단이 능수능란하여 경제인으로 크게 출세할 수 있는 자질과 기반이 있다.

① 갑을(甲乙) 일주(日柱)가 생조해주는 인비(印比)가 없고, 무기
진술축미(戊己辰戌丑未)의 재성(財星)만 있어야 성립된다.

丙 乙 戊 戊   戊 甲 戊 己
戌 丑 午 戌   辰 戌 辰 丑

② 병정(丙丁) 일주(日柱)가 생조해주는 인비(印比)가 없고, 경신
신유(庚辛申酉)의 재성(財星)만 있어야 성립된다.

辛 丙 辛 戊   辛 丁 辛 辛
丑 申 酉 申   丑 酉 丑 酉

③ 무기(戊己) 일주(日柱)가 생조해주는 인비(印比)가 없고, 임계
해자(壬癸亥子)의 재성(財星)만 있어야 성립된다.

癸 戊 壬 壬   癸 己 癸 癸
亥 子 子 子   酉 酉 亥 亥

④ 경신(庚辛) 일주(日柱)가 생조해주는 인비(印比)가 없고, 갑인
을묘(甲寅乙卯)의 재성(財星)만 있어야 성립된다.

```
壬 辛 壬 壬        乙 辛 癸 壬
辰 卯 寅 寅        未 亥 卯 寅
```

⑤ 임계(壬癸) 일주(日柱)가 생조해주는 인비(印比)가 없고, 병정
사오(丙丁巳午)의 재성(財星)만 있어야 성립된다.

```
丙 壬 甲 丙        丁 癸 丙 丁
午 寅 午 午        巳 卯 午 未
```

7. 종살격(從殺格)

종살격(從殺格)은 월지(月支)에 정관(正官)이나 편관(偏官)이 있
고, 지지(地支)가 모두 관살(官殺)이거나 관살국(官殺局)을 이루어
재성(財星)과 관살(官殺)만 있고, 일간(日干)을 돕는 인비(印比)와
식상(食傷)이 없으면 성립된다.

용신(用神)은 정관(正官)과 편관(偏官)이고, 희신(喜神)은 정재
(正財)와 편재(偏財)이다. 기신(忌神)은 항살(抗殺)인 식신(食神)
과 상관(傷官), 비견(比肩)과 겁재(劫財)이다. 고로 희용신(喜用神)
인 재관운(財官運)에 크게 발전하고, 기신(忌神)인 식상(食傷)과
비겁운(比劫運)에 패망한다.

종살격(從殺格)은 온화유순하고, 복록과 수명을 겸비하며, 관권(官
權)을 좋아해 누구든 자기에게 순종하기를 좋아하니 실패가 많다.

① 갑을(甲乙) 일주(日柱)가 생조해주는 인비(印比)가 없고, 경신
신유(庚辛申酉)의 관살(官殺)이나 관살국(官殺局)을 이루면 종살
격(從殺格)이 성립된다.

辛 乙 辛 辛　　　　　辛 乙 辛 戊
巳 酉 丑 酉　　　　　巳 丑 酉 辰

② 병정(丙丁) 일주(日柱)가 생조해주는 인비(印比)가 없고, 임계
해자(壬癸亥子)의 관살(官殺)이나 관살국(官殺局)을 이루면 종살
격(從殺格)이 성립된다.

庚 丙 癸 癸　　　　　壬 丁 庚 癸
子 子 亥 丑　　　　　子 亥 申 亥

③ 무기(戊己) 일주(日柱)가 생조해주는 인비(印比)가 없고, 갑을
인묘(甲乙寅卯)의 관살(官殺)이나 관살국(官殺局)을 이루면 종살
격(從殺格)이 된다.

甲 戊 乙 甲　　　　　乙 己 癸 乙
寅 寅 亥 寅　　　　　亥 卯 未 卯

④ 경신(庚辛) 일주(日柱)가 생조해주는 인비(印比)가 없고, 병정

사오(丙丁巳午)의 관살(官殺)이나 관살국(官殺局)을 이루면 종살격(從殺格)이 된다.

```
丙 庚 丙 丁          甲 辛 丙 丁
戌 午 午 未          午 未 午 巳
```

⑤ 임계(壬癸) 일주(日柱)가 사주에 생조해주는 인비(印比)가 없고, 무기진술축미(戊己辰戌丑未)의 관살(官殺)이나 관살국(官殺局)을 이루면 종살격(從殺格)이 된다.

```
乙 壬 戊 己          己 癸 己 戊
巳 戌 辰 未          未 未 未 午
```

8. 종왕격(從旺格)

종왕격(從旺格)은 사주의 전부나 대부분이 생조신(生助神)인 인비(印比)로 구성된 것을 말한다. 인성(印星)보다 비겁(比劫)이 더 많은 것을 종왕격(從旺格)이라 하는데, 사주에 관살(官殺)이 있으면 종왕격(從旺格)이 되지 않는다.

용신(用神)은 비겁(比劫), 희신(喜神)은 인성(印星), 기신(忌神)은 관성(官星), 구신(仇神)은 재성(財星)이다. 고로 희용신(喜用神)인 인비운(印比運)에 크게 발전하고, 기신(忌神)과 구신(仇神)인 재관운(財官運)에는 크게 실패한다.

종왕격(從旺格)의 성품은 자존심이 강하여 그 누구에게도 굽히지 않고 투기나 요행을 바라나 불의와 타협하지 않는 공명정대함을 좋아한다.

① 갑을(甲乙) 일주(日柱)가 사주에 생조해주는 인비(印比)의 임계해자(壬癸亥子)와 갑을인묘(甲乙寅卯)로만 구성되었는데, 인성(印星)보다 비겁(比劫)이 많으면 종왕격(從旺格)이 된다.

乙	甲	乙	癸
亥	寅	卯	卯

乙	甲	乙	甲
亥	寅	亥	寅

② 병정(丙丁) 일주(日柱)가 사주에 생조해주는 인비(印比)의 갑을인묘(甲乙寅卯)와 병정사오(丙丁巳午)로만 구성되었는데, 인성(印星)인 갑을인묘(甲乙寅卯)보다 비견(比肩)인 병정사오(丙丁巳午)가 더 많으면 종왕격(從旺格)이 된다.

甲	丙	甲	丙
午	午	午	午

甲	丙	乙	丁
午	寅	巳	巳

③ 무기(戊己) 일주(日柱)가 생조해주는 인비(印比)의 병정사오(丙丁巳午)와 무기진술축미(戊己辰戌丑未)로만 구성되었는데, 인성(印

星)인 병정사오(丙丁巳午) 화(火)보다 비겁(比劫)인 무기진술축미
(戊己辰戌丑未) 토(土)가 더 많으면 종왕격(從旺格)이 된다.

戊	戊	丁	丁		己	戊	戊	丙
午	戌	未	未		未	午	戌	辰

④ 경신(庚辛) 일주(日柱)의 사주가 생조해주는 인성(印星)의 무기
진술축미(戊己辰戌丑未)와 비겁(比劫)인 경신신유(庚辛申酉)로만
구성되었고, 인비(印比) 중 비견(比肩)이 많으면 종왕격(從旺格)이
라고 한다.

庚	庚	戊	辛		辛	辛	庚	庚
辰	申	戌	酉		丑	酉	辰	申

⑤ 임계(壬癸) 일주(日柱)의 사주가 생조해주는 인성(印星)의 경신
신유(庚辛申酉)와 비견(比肩)인 임계해자(壬癸亥子)로만 구성되어
있고, 인비(印比) 중 비견(比肩)이 더 많으면 종왕격(從旺格)이라
고 한다.

辛	壬	壬	壬		壬	癸	辛	壬
亥	申	子	子		子	酉	亥	申

9. 종강격(從强格)

종강격(從强格)은 사주의 전부나 대부분이 생조해주는 인비(印比)로 구성된 것을 말한다. 비겁(比劫)보다 인성(印星)이 더 많으면 종강격(從强格)이라 하는데, 관살(官殺)이 있으면 종강격(從强格)이 되지 않는다.

용신(用神)은 인성(印星)과 비겁(比劫)이고, 기신(忌神)은 관성(官星)과 재성(財星)인데 식상(食傷)도 많은 인성(印星)과 전극(戰剋)되어 싫어한다. 고로 희용신(喜用神)인 인비운(印比運)에 크게 발전하고, 기신(忌神)인 재관식운(財官食運)에 패망한다.

종강격(從强格)은 자존심이 강하며 아부를 싫어하고, 매사 시작은 거대하나 끝이 좋지 않으니 용두사미격이다. 예능과 학문은 좋아하나 게으른 편이다.

① 갑을(甲乙) 일주(日柱)의 사주가 생조해주는 임계해자(壬癸亥子)와 갑을인묘(甲乙寅卯)로만 구성되었는데, 비겁(比劫)보다 인성(印星)이 더 많으면 종강격(從强格)이라고 한다.

壬 甲 壬 壬   乙 甲 癸 癸
申 子 寅 子   亥 寅 亥 亥

② 병정(丙丁) 일주(日柱)의 사주가 생조해주는 갑을인묘(甲乙寅

卯)와 병정사오(丙丁巳午)로만 구성되어 있는데, 비겁(比劫)보다
인성(印星)이 더 많으면 종강격(從强格)이라고 한다.

甲 丙 癸 丁   丙 丁 丁 甲
午 寅 卯 卯   午 卯 卯 寅

③ 무기(戊己) 일주(日柱)의 사주가 생조해주는 병정사오(丙丁巳
午)와 무기진술축미(戊己辰戌丑未)로만 구성되어 있는데, 비겁(比
劫)보다 인성(印星)이 더 많으면 종강격(從强格)이라고 한다.

戊 戊 戊 丙   己 戊 丙 丁
午 午 戌 午   未 午 午 巳

④ 경신(庚辛) 일주(日柱)의 사주가 생조해주는 무기진술축미(戊
己辰戌丑未)와 경신신유(庚辛申酉)로만 구성되어 있는데, 비겁(比
劫)보다 인성(印星)이 더 많으면 종강격(從强格)이라고 한다.

己 庚 己 戊   庚 庚 己 戊
丑 申 未 辰   辰 戌 未 戌

⑤ 임계(壬癸) 일주(日柱)의 사주가 생조해주는 경신신유(庚辛申
酉)와 임계해자(壬癸亥子)로만 구성되어 있는데, 비겁(比劫)보다

인성(印星)이 더 많으면 종강격(從强格)이라고 한다.

```
庚 壬 庚 辛          庚 癸 庚 庚
子 申 子 酉          申 酉 辰 子
```

10. 종아격(從兒格)

종아격(從兒格)은 사주에 인성(印星)이나 관성(官星)이 없고, 월지(月支)에 식신(食神)이나 상관(傷官)이 있는데 그 식상(食傷)이 합국(合局)이나 방합(方合)을 이루어 사주 전체가 식상(食傷)이면 성립된다.

용신(用神)은 식상(食傷)이고, 희신(喜神)은 비겁(比劫)인데 재성(財星)도 싫어하지 않고, 기신(忌神)은 인성(印星)과 관성(官星)이다. 고로 용신(用神)인 식상(食傷)과 비겁운(比劫運)에 크게 발전하고, 기신(忌神)인 인성(印星)과 관성운(官星運)에 패망한다.

종아격(從兒格)의 성품은 특수한 기능의 소유자로 교만하며 남에게 지는 것을 싫어한다.

① 갑을(甲乙) 일주(日柱)가 인성(印星)과 관성(官星)이 하나도 없고 식상(食傷)인 병정사오(丙丁巳午)로만 구성되면 종아격(從兒格)이 된다.

```
丙 乙 丙 丁          己 甲 丙 丁
戌 巳 午 未          巳 午 午 巳
```

② 병정(丙丁) 일주(日柱)가 인성(印星)과 관성(官星)이 하나도 없고, 식상(食傷)인 무기진술축미(戊己辰戌丑未)만으로 구성되면 종아격(從兒格)이 된다.

```
戊 丙 己 戊          戊 丙 戊 己
戌 辰 未 戌          戌 戌 辰 丑
```

③ 무기(戊己) 일주(日柱)가 인성(印星)과 관성(官星)이 하나도 없고, 식상(食傷)인 경신신유(庚辛申酉)로만 구성되면 종아격(從兒格)이 된다.

```
庚 戊 乙 庚          癸 己 辛 辛
申 申 酉 申          酉 酉 丑 酉
```

④ 경신(庚辛) 일주(日柱)가 인성(印星)과 관성(官星)이 하나도 없고, 식상(食傷)인 임계해자(壬癸亥子)로만 구성되면 종아격(從兒格)이 된다.

庚 辛 辛 壬   庚 辛 癸 癸

子 亥 亥 子   子 亥 亥 亥

⑤임계(壬癸) 일주(日柱)가 인성(印星)과 관성(官星)이 하나도 없고, 식상(食傷)인 갑인을묘(甲寅乙卯)로만 구성되면 종아격(從兒格)이 된다.

甲 癸 癸 壬   壬 壬 甲 癸

寅 卯 卯 寅   寅 寅 寅 卯

11. 갑기합화토격(甲己合化土格)

갑기합화토격(甲己合化土格)은 갑(甲)일생이 월간(月干)이나 시간(時干)에서 단 하나의 기(己)를 만나고, 기(己)일생이 월간(月干)이나 시간(時干)에서 단 하나의 갑(甲)을 만났는데, 진술축미(辰戌丑未)월생이면 성립된다. 그러나 사주에 갑을인묘(甲乙寅卯) 관살(官殺)이 하나도 없어야 한다.

용신(用神)은 화(火), 희신(喜神)은 토(土), 기신(忌神)은 갑을인묘(甲乙寅卯)의 관살(官殺)이다. 고로 화토(火土)운으로 가면 만사형통으로 크게 발전하나, 기신(忌神)인 수목(水木)운으로 가면 크게 패한다. 금(金)운은 화신(化神)이 유여(有餘)하면 설기로 기뻐하나, 경금(庚金)만은 합인 갑목(甲木)을 충하여 매우 꺼린다.

갑기합화토격(甲己合化土格)은 인자하며 타협적이라 대중에게 존경받으며, 부부는 다정다감하다.

진술축미(辰戌丑未)월 갑(甲)일생이 단 하나의 기(己), 기(己)일생이 단 하나의 갑(甲)을 만나고, 갑을인묘(甲乙寅卯)의 관살(官殺)이 없으면 화토격(化土格)이 된다.

己 甲 丙 戊　　　　甲 己 丙 戊
巳 戌 辰 戌　　　　戌 丑 辰 辰

12. 을경합화금격(乙庚合化金格)

을경합화금격(乙庚合化金格)은 경(庚)일생이 월간(月干)이나 시간(時干)에서 단 하나의 을(乙)을 만나거나, 을(乙)일생이 월간(月干)이나 시간(時干)에서 단 하나의 경(庚)을 만났는데, 사유축신술(巳酉丑申戌)월생이면 성립된다. 그러나 병정사오(丙丁巳午)의 관살(官殺)이 없어야 한다.

용신(用神)은 토(土), 희신(喜神)은 금수(金水), 기신(忌神)은 병정사오(丙丁巳午)의 관살(官殺), 구신(仇神)은 목(木)이다. 고로 토금(土金)운으로 가면 만사가 여의하여 크게 발전하고, 기신(忌神)이나 구신(仇神)운으로 가면 크게 실패한다. 화신(化神)이 유여(有餘)하면 수(水)운도 좋다.

을경합화금격(乙庚合化金格)의 성품은 매사에 철두철미하고, 부부는 다정다감하여 서로 존경하며 다복하다.

사유축신술(巳酉丑申戌)월 경(庚)일생이 단 하나의 을(乙)을 만나거나, 을(乙)일생이 단 하나의 경(庚)을 만났는데 병정사오(丙丁巳午)의 관살(官殺)이 없으면 화금격(化金格)이 성립된다.

乙 庚 癸 己　　　庚 乙 辛 癸
酉 戌 酉 酉　　　辰 巳 酉 丑

13. 병신합화수격(丙辛合化水格)

병신합화수격(丙辛合化水格)은 병(丙)일생이 월간(月干)이나 시간(時干)에서 단 하나의 신(辛)을 만나거나, 신(辛)일생이 월간(月干)이나 시간(時干)에서 단 하나의 병(丙)을 만났는데, 신자진해(申子辰亥)월생이면 성립된다. 그러나 무기술미(戊己戌未)의 관살(官殺)이 없어야 된다.

용신(用神)은 금(金), 희신(喜神)은 수(水), 기신(忌神)은 화토(火土) 재관(財官)이다. 고로 금수(金水)운에는 크게 발전하고, 기신(忌神)인 화토(火土) 재관(財官)운에는 크게 실패한다. 만약 화신(化神)이 유여(有餘)하면 목(木)운도 좋다.

병신합화수격(丙辛合化水格)의 성품은 잔인하며 이기적이고, 남에게 받기를 좋아하니 뇌물을 좋아하며 주색을 즐긴다.

신자진해(申子辰亥)월에 태어난 병(丙)일생이 사주에서 단 하나의 신(辛)을 만나거나, 신(辛)일생이 단 하나의 병(丙)을 만났는데 무기술미(戊己戌未)의 관살(官殺)이 없으면 화수격(化水格)이 성립된다.

辛	丙	壬	甲		壬	辛	丙	甲
丑	辰	申	申		辰	酉	子	申

14. 정임합화목격(丁壬合化木格)

정임합화목격(丁壬合化木格)은 임(壬)일생이 월간(月干)이나 시간(時干)에 단 하나의 정(丁)이 있거나, 정(丁)일생이 월간(月干)이나 시간(時干)에 단 하나의 임(壬)이 있는데, 인묘진해미(寅卯辰亥未)월생이면 성립된다. 그러나 경신신유(庚辛申酉)의 관살(官殺)이 없어야 된다.

용신(用神)은 수(水), 희신(喜神)은 목(木), 기신(忌神)은 토금(土金)이다. 고로 용신(用神)인 수목(水木)운에는 크게 성공하고, 희용신(喜用神)을 충극(沖剋)하는 토금(土金)운에는 대흉하여 풍파가 따른다. 화신(化神)이 유여(有餘)하면 화(火)운도 대길하다.

정임합화목격(丁壬合化木格)의 성품은 총명하며 인품도 고상하나 남을 업신여기는 단점이 있다.

인묘진해미(寅卯辰亥未)월 임(壬)일생이 단 하나의 정(丁)을 만나거나, 정(丁)일생이 단 하나의 임(壬)을 만났는데 경신신유(庚辛申酉)의 관살(官殺)이 없으면 화목격(化木格)이 성립된다.


```
丙 壬 丁 甲          丁 壬 乙 癸
午 寅 卯 子          未 寅 卯 亥
```

15. 무계합화화격(戊癸合化火格)

무계합화화격(戊癸合化火格)은 무(戊)일생이 월간(月干)이나 시간(時干)에 단 하나의 계(癸)가 있거나, 계(癸)일생이 월간(月干)이나 시간(時干)에 단 하나의 술(戊)이 있는데, 사오미인술(巳午未寅戌)월생이면 성립된다. 그러나 임계해자(壬癸亥子)의 관살(官殺)이 없어야 된다.

용신(用神)은 목(木), 희신(喜神)은 화(火), 기신(忌神)은 희용신(喜用神)을 충극(沖剋)하는 금수(金水)이다. 고로 희용신(喜用神)인 목화(木火)운에는 크게 발전하고, 기신(忌神)인 금수(金水)운에는 크게 실패한다. 만약에 화신(化神)이 유여(有餘)하면 토운(土運)도 대길하다.

무계합화화격(戊癸合化火格)의 성품은 냉정한 편이나 아름다운 것을 좋아한다. 애정이 결핍되어 결혼운이 많이 막히고 부부생활에도 장애가 많다.

사오미인술(巳午未寅戌)월 무(戊)일생이 단 하나의 계(癸)를 만나거나, 계(癸)일생이 단 하나의 무(戊)를 만났는데, 임계해자(壬癸亥子)의 관살(官殺)이 없으면 화화격(化火格)이 성립된다.

```
己 戊 癸 丙        戊 癸 乙 丁
未 寅 巳 午        午 未 巳 巳
```

3. 잡격(雜格)

1. 재자약살격(財滋弱殺格)

신강(身强)사주가 관살(官殺)이 약하면 재성(財星)으로 생조(生助)해야 좋은데, 이런 사주를 재자약살격(財滋弱殺格)이라고 한다.

```
庚 庚 丙 己
辰 申 寅 酉
```

이 사주는 경금(庚金)이 실령(失令)하여 약하나, 월주(月柱)를 제외하고는 모두 생조해주는 인비(印比)이니 약변강(弱變强) 사주이다. 고로 비다신강(比多身强)에는 관성(官星)이 용신(用神)인데, 일주(日柱)에 비하여 용신(用神) 병화(丙火) 관성(官星)이 약하다. 월령(月令)에 인목(寅木) 재성(財星)이 생관(生官)하니 바로 이것이 재자약살격(財滋弱殺格)이다. 재관(財官)인 목화(木火)운으로 가면 대길하고, 인비(印比)인 토금(土金)운으로 가면 패망한다. 그런데 수(水)운으로 가면 왕금(旺金)을 설기하여 길할 것 같으나, 용신(用神)인 병화(丙火)를 극충(剋沖)하니 대흉하다.

庚 庚 庚 丙
辰 申 寅 申

이 사주는 비다신강(比多身强)으로 관성(官星)이 용신(用神)인데, 일주(日柱)에 비하여 관성(官星) 병화(丙火)가 약하다. 부득이 월지(月支) 인목(寅木) 재성(財星)으로 관성(官星)을 생해야 하니, 이것이 약한 관성(官星)을 재(財)가 생관(生官)한다고 하여 재자약살격(財滋弱殺格)이다. 목화(木火)운에 크게 발전한다.

2. 살중용인격(殺重用印格)

관살(官殺)이 왕하여 신약(身弱)이 되었을 때는 왕한 관살(官殺)을 억제하는 식상(食傷)을 용신(用神)으로 삼을 수 없다. 왜냐하면 약한 일주(日柱)의 기운을 더 설기시키기 때문이다. 고로 관살(官殺)이 왕하면 인수(印綬)로 기운을 빼 일주(日柱)를 생조(生助)해 주어야 한다. 고로 살이 중하면 인수(印綬)로 용신(用神)을 삼는 것을 살중용인격(殺重用印格)이라 한다.

甲　戊　甲　戊

寅　午　寅　子

　이 사주는 무토(戊土) 일주(日柱)가 4개의 칠살(七殺)인 갑목(甲
木)에게 극충(剋沖)을 당하여 관왕신약(官旺身弱)이 되었다. 그러
나 다행히 일지(日支) 오화(午火) 인수(印綬)가 왕성한 갑인(甲寅)
목관(木官)을 설기하여 일간(日干) 무토(戊土)를 생조(生助)하니
살중용인격(殺重用印格)이다. 인비(印比)인 화토(火土)운에 크게
발전하고, 재관(財官)인 수목(水木)운에 패망한다.

甲　甲　庚　戊

子　子　申　申

　이 사주는 금왕절(金旺節)에 갑목(甲木)이 3금(金)의 공격을 받는
데, 다행히 일지(日支) 인수(印綬)가 왕살(旺殺) 금(金)의 기를 빼
앗아 일간(日干)을 생하니, 살중용인격(殺重用印格)이다. 인비(印
比)인 수목(水木)운에 크게 발전하고, 재관(財官)인 토금(土金)운
에 불록객이 된다.

3. 제살태과격(制殺太過格)

　제살태과격(制殺太過格)은 식상(食傷)이 관살(官殺)을 지나치게

억제하여 관살(官殺) 구실을 못하게 하는 사주를 말한다. 이런 사주는 관살운(官殺運)이나 식상(食傷)을 제거하는 인수운(印綬運)을 만나야 성공한다.

壬 丙 丙 丁
辰 午 午 未

이 사주는 시상(時上) 임수(壬水) 관(官)이 시지(時支) 진(辰) 중에 통근(通根)했으나, 화왕절(火旺節)에 오미(午未) 중 기토(己土)와 진(辰) 중 무토(戊土)에 극상(剋傷)되어 제살태과격(制殺太過格)이다. 임관(壬官)이 생조(生助)받는 금수운(金水運)에 크게 발전하고, 목화운(木火)운에 크게 실패한다.

庚 戊 戊 庚
申 寅 寅 申

이 사주는 월지(月支)와 일지(日支)에 있는 살은 목왕절(木旺節)에 왕성하나, 식신(食神) 경신금(庚申金)에게 억제되어 제살태과격(制殺太過格)이다. 식신(食神)인 경신금(庚申金)을 억제하고, 인목(寅木) 관살(官殺)을 보호하는 목화(木火)운에 발전하고, 관살(官殺)을 충하는 신운(申運)을 만나면 황천객이 된다.

4. 관살혼잡격(官殺混雜格)

관살혼잡격(官殺混雜格)은 사주에 정관(正官)과 편관(偏官)이 혼잡된 것을 말한다. 일반적으로 관살혼잡(官殺混雜)을 싫어하나, 신왕(身旺)사주가 관살(官殺)이 약하면 혼잡되어도 무방하다.

壬 丙 癸 戊
辰 午 亥 申

이 사주는 수왕절(水旺節)에 태어나 년지(年支) 신금(申金)이 생관(生官)하여 관살(官殺)이 왕성한데, 관살(官殺)이 혼잡되어 있다. 그러나 다행히 월간(月干) 정관(正官) 계수(癸水)가 년천간(年天干) 무토(戊土)와 간합(干合)하여 합관유살(合官留殺)이 되어 사주가 맑아졌다. 관살혼잡격(官殺混雜格)은 인비(印比)가 희용신(喜用神)이다. 일간(日干) 병화(丙火)를 돕는 목화(木火)운에 크게 발전하고, 금수운(金水運)에 패망한다.

己 壬 己 戊
酉 申 未 午

이 사주는 임수(壬水)가 토왕절(土旺節)에 태어나 년월시가 관살혼잡(官殺混雜)이 되었다. 그러나 일시지(日時支)에서 생왕지(生旺

支)를 만나, 왕살(旺殺)과 대적할만한 명조이다. 금수운(金水運)에 크게 발전하고, 화토(火土)운은 불길하다.

5. 괴강격(魁罡格)

괴강(魁罡)이란 하괴(河魁) 술(戌)과 천강(天罡) 진(辰)의 약자로 진술(辰戌)을 뜻하고, 진술(辰戌)일로 격이 이루어졌다고 하여 괴강격(魁罡格)이라고 한다. 그러나 진술(辰戌)일이라고 하여 갑진(甲辰) 갑술(甲戌), 병진(丙辰) 병술(丙戌), 무진(戊辰) 무술(戊戌), 경진(庚辰) 경술(庚戌), 임진(壬辰) 임술(壬戌) 10일이 모두 성립되는 것이 아니라 경진(庚辰) 경술(庚戌), 임진(壬辰) 임술(壬戌)만 성립한다.

「시결(詩訣)」에 '사주에 괴강(魁罡)이 중첩되면 대권을 잡고, 일주(日柱)가 독봉(獨逢) 괴강(魁罡)하고 재관(財官)이 나타나면 매우 꺼리고, 괴강(魁罡)이 거듭 형충(刑沖)되거나 유운(流運)에서 만나면 화가 그칠 날이 없다'고 하였다.

庚 庚 庚 乙
辰 辰 辰 巳

이 사주는 삼중(三重) 괴강(魁罡)으로 형충(刑沖)이 없고, 격이 순수하며, 삼봉(三逢) 인수(印綬)하여 대학총장을 지냈다.

庚　壬　丙　己
戌　辰　子　巳

괴강(魁罡)이 중첩되면 대권을 잡는다고 했으나 병사진술(丙巳辰戌)의 재관(財官)이 왕하고, 강변약(强變弱)이 되어 크게 불길하다. 초혼에 실패하고 재가 삼가한 여명의 사주이다.

6. 육을서귀격(六乙鼠貴格)

日時	辰三日	不辰日	비　고
日柱	乙亥, 乙巳, 乙未	乙丑, 乙卯, 乙酉	庚辛 중에 酉가 있으면 파격되고, 午를 만나면 매우 꺼린다.
時干	丙子	丙子	

육을(六乙)이란 여섯 을(乙), 즉 을축(乙丑)·을묘(乙卯)·을사(乙巳)·을미(乙未)·을유(乙酉)·을해(乙亥)일을 말한다. 서(鼠)는 쥐로 자(子)를 의미하고, 귀(貴)는 귀함을 말하니 육울(六乙)생이 자(子)시에 태어나면 귀하게 된다.

을(乙)일 자(子)시생은 귀하나 오(午)가 서귀(鼠貴)를 충하면 싫어하고, 경신(庚申)이나 신유(申酉)를 만나면 마땅하지 못하다. 이 격은 용신(用神) 규칙이 없다. 다만 진삼일(眞三日)과 해자(亥子)가 많은 것을 좋아하고, 경신신유(庚辛申酉)와 축오(丑午)를 매우 꺼린다.

```
丙 乙 甲 癸
子 未 子 丑
```

이 사주는 갑자(甲子)월생으로 계수(癸水)가 녹근(祿根)이 되어 동천온난(凍天溫暖)으로 병화(丙火) 취용(取用), 가상관격(假傷官格)에 인수(印綬)는 불리하고, 화토(火土)운으로 가면 발전하나, 서귀(鼠貴)를 충하는 오(午)운과 경신신유(庚申辛酉)의 금(金)운은 매우 꺼린다.

```
丙 乙 戊 甲
子 亥 辰 寅
```

이 사주는 을해(乙亥)일 병자(丙子)시생으로 육을서귀격(六乙鼠貴格) 중에서도 진삼일(眞三日)에 드는 진격(眞格)으로 품위 있는 귀부인의 사주이다. 만약에 남명이면 대귀인이 되었겠는가. 운로를 잘 살펴 간명하라.

7. 육임추간격(六壬趨艮格)

日柱	壬子	壬寅	壬辰	壬午	壬申	壬戌
時柱	壬寅	壬寅	壬寅	壬寅	壬寅	壬寅

육임(六壬)이란 임자(壬子)·임인(壬寅)·임진(壬辰)·임오(壬

午)·임신(壬申)·임술(壬戌)일 6일을 말하고, 추간(趨艮)은 간방(艮方)을 향하여 달린다는 뜻이다. 육임(六壬)일이 시간(時干)에 간(艮)을 놓으면 격이 이루어지는데, 간(艮)은 축인간(丑寅間 :東北間)의 간(艮)으로 인(寅)을 의미한다.

육임(六壬)일이 인(寅)시에 태어나면 귀하게 되는 것에 대하여 「찬요(纂要)」에서는 '이 격은 육임(六壬)일 인(寅)시생이 인(寅) 자가 중첩되면 이루어지는데 합록(合祿)과 같다. 고로 임(壬)의 정록(正祿)은 해(亥)가 되고, 시간(時干)의 인(寅)은 암(暗)으로 인해(寅亥)로 합하여 암록(暗綠)이 되기 때문에 부귀하다' 고 하였다.

임(壬)일 인(寅)시생이 육임추간격(六壬趨艮格)을 이루면 귀격이 되어 복록이 비상하다. 그러나 인(寅) 자를 거듭 만나는 것은 기뻐하나, 사주에 신(申)이나 해(亥)가 없어야 격을 이룬다. 만일 육임추간격(六壬趨艮格)이 형충(刑沖)이나 극파(剋破)되면 불길하다. 사주에서 뿐 아니라 유년(流年)에서 만나는 것도 매우 꺼린다.

壬　壬　丁　戊
寅　戌　巳　午

이 사주는 일간(日干) 임수(壬水)가 무근(無根)이다. 화토(火土)로 종해야 하는데 시지(時支) 인목(寅木)이 토(土)를 제하니 인목(寅木)은 병(病)이 된다. 고로 병(病)인 인목(寅木)을 제거하는 신유(申酉)운에 재물을 모은다.

```
壬 壬 乙 己
寅 戌 亥 亥
```

이 사주는 해(亥) 중 갑목(甲木)이 맹동하는데, 을목(乙木) 상관(傷官)이 투간(透干)하여 임수(壬水)를 설기한다. 일주(日柱)는 왕중변약(旺中變弱)이 되나 엄동이니 금수(金水)는 필요하지 않고 화토(火土)로 조후(調候)해야 한다.

8. 구진득위격(句陳得位格)

구진득위격(句陳得位格)은 무기(戊己)일생이 지지(地支)에 재성(財星)인 신자진(申子辰) 수국(水局)과 관성(官星)인 인묘진(寅卯辰)이나 해묘미(亥卯未) 목국(木局)을 이루면 성립된다. 다시 말해 무인(戊寅)·무신(戊申)·무자(戊子)·무진(戊辰)·기해(己亥)·기묘(己卯)·기미(己未)일생이 지지(地支)에 해묘미(亥卯未)·인묘진(寅卯辰)·신자진(申子辰)이 있는 것을 말한다.

이 7일 중에서 무진(戊辰)과 기미(己未)일은 지지(地支)에 자신(子申)이 있으면 무진(戊辰)일은 신자진(申子辰)으로 재국(財局)이 되고, 또 지지(地支)에 인묘(寅卯)가 있으면 인묘진(寅卯辰)으로 목국(木局)이 된다. 기미(己未)일은 지지(地支)에 해묘(亥卯)가 있으면 해묘미(亥卯未) 목국(木局)이 된다.

『삼명통회(三命通會)』에 '관(官)으로 구성되면 귀하고, 재(財)로

구성되면 부(富)한다' 라는 말이 있다. 만약에 관(官)으로 구성되면
상관(傷官)을 꺼리고, 재(財)로 구성되면 겁재(劫財)를 꺼리며, 형
충(刑沖)을 꺼린다.

　구진득위격(句陳得位格)은 신왕(身旺)해야 한다. 관국(官局)으로
종살(從殺)하면 관왕(官旺)하여 상관(傷官)을 꺼리고, 재국(財局)
으로 종재(從財)할 때는 재왕(財旺)하여 겁재(劫財)를 꺼린다.

戊　己　丁　丁
辰　卯　未　亥

　이 사주는 기토(己土) 일주(日柱)가 득령(得令) 득세(得勢)하여
신왕(身旺)하다. 해묘미(亥卯未) 재관(財官)을 쓸 수 있으니 수목
(水木)운이 길하다.

辛　己　甲　己
未　亥　戌　卯

　이 사주는 토왕절(土旺節)에 태어나 비겁(比劫)이 태왕(太旺)
하나, 인수(印綬)가 없는 것이 아쉽다. 그러나 사주에서 병화(丙火)
가 보강하니 능히 재관(財官)을 감당할 수 있다.

9. 현무당권격(玄武當權格)

현무(玄武)는 임계수(壬癸水)를 말하고, 당권(當權)은 권세를 뜻한다. 임계(壬癸)일생이 인오술(寅午戌) 화국(火局)의 재국(財局)과 진술축미(辰戌丑未)의 관국(官局)을 모두 갖추면 현무당권격(玄武當權格)이 된다. 현무당권격(玄武當權格)은 신왕(身旺)하며 형충파(刑沖破)가 없어야 격이 이루어진다. 세운에서 형충파(形沖破)를 만나는 것도 대흉하다.

```
辛 壬 壬 丙
亥 寅 午 戌
```

이 사주는 임인(壬寅)일생이 지지(地支)에 인오술(寅午戌) 재국(財局)을 놓아 현무당권격(玄武當權格)이 되었다. 재성(財星)에 비하여 신(身)이 약하니 해수(亥水)에 귀록(歸祿)하여 금수운(金水運)에 크게 발전한다. 그러나 자운(子運)에 재국(財局)의 왕신(旺神) 오화(午火)를 충하여 크게 패했다. 바로 현무당권격(玄武當權格)에서 꺼리는 충파(沖破)가 되었기 때문이다.

```
甲 壬 丙 庚
辰 戌 戌 戌
```

이 사주는 임일주(壬日主)가 지지(地支)의 진술축미(辰戌丑未) 중에서 축(丑未)은 없으나 사주 전체가 토국(土局)으로 현무당권격(玄武當權格)이 되었다. 임수(壬水)가 관왕(官旺)하여 시상(時上) 갑목(甲木)으로 식신제살(食神制殺)할 것 같으나, 9월 목(木)으로 제토(制土)가 불능하여 부득이 종살(從殺)하니 현무당권(玄武當權) 종살격(從殺格)이 된다.

10. 일귀격(日貴格)

일귀격(日貴格)은 일주(日柱)에 옥당천을귀인(玉堂天乙貴人)이 있는 것을 말한다. 옥당천을귀인(玉堂天乙貴人)은 정해(丁亥)·정유(丁酉)·계묘(癸卯)·계사(癸巳) 4일에만 해당하며, 공망(空亡)·형충파(刑沖破)·괴강(魁?)을 꺼린다. 계묘(癸卯)·계사(癸巳)는 주귀(晝貴)라 하고, 정해(丁亥)·정유(丁酉)는 야귀(夜貴)라 한다.

일귀격(日貴格)은 인자하며 덕망이 있다. 일귀(日貴)는 신살(神殺)사주요, 인비식재관(印比食財官) 등은 육친(六親)이다. 육친(六親)사주에 격국(格局)을 정하고 용신(用神)을 찾아보는 것을 격국용신(格局用神) 사주라고 한다.

丙 丁 辛 丁
午 亥 亥 未

이 사주는 정해(丁亥)일로 야귀격(夜貴格)인데, 형충파(形沖破)와 괴강(魁罡)을 만나지 않아 격이 숭고하다. 해(亥) 중 갑목(甲木)이 맹동하나 관(官)보다 신(身)이 약하니 목화(木火)운에 발전한다.

甲 癸 丁 甲
寅 卯 卯 子

이 사주는 계묘(癸卯)일생으로 일귀격(日貴格)이 분명하다. 인묘(寅卯)로 귀인이 합하고, 년시상(年時上)에 상관(傷官)이 투간(透干)하여 부부궁이 불미하다. 『연해자평(淵海子平)』「시결(詩訣)」에 있는 '상관투출(傷官透出) 필작당전(必作堂前) 사환인(使喚人)'이라는 말처럼 가무에 능하여 명기가 된 사주이다.

11. 정란차격(井瀾叉格)

정란차격(井瀾叉格)은 우물정(井) 자에 난간란(瀾) 자로 우물을 다스려 하나의 격이 이룬다는 뜻이다. 경신(庚申)·경자(庚子)·경진(庚辰)일생이 신자진(申子辰)이 있으면 성립된다. 신자진(申子辰) 수국(水局)을 지하수라고 하는데, 경금(庚金) 일주(日柱)가 신자진(申子辰)을 만나면 신(申)은 인(寅)을, 자(子)는 오(午)를, 진(辰)은 술(戌)을 충출(沖出)한다. 인(寅) 중 갑목(甲木)은 경금(庚金) 일주(日柱)의 재(財)가 되고, 오(午) 중 정화(丁火)는 경금(庚

金) 일주(日柱)의 관(官)이 되며, 술(戌) 중 무토(戊土)는 경금(庚金) 일주(日柱)의 인수(印綬)가 된다. 그 인오술(寅午戌)은 재관인(財官印)으로 작용하여 귀기하게 되었다.

신자진(申子辰) 삼합(三合) 중에서 한 글자만 빠져도 격이 성립되지 않는다. 정란차격(井瀾叉格)은 임계사오(壬癸巳午)와 인오술(寅午戌)을 꺼리는데, 사주에 인오술(寅午戌) 중 한 글자만 있어도 녹(祿)이 없어 가난에 허덕인다. 그러나 동방 갑을묘(甲乙卯)로 운이 흐르면 반드시 부귀를 누린다.

```
庚 庚 戊 乙
辰 申 子 酉
```

자(子)월 경(庚)일이 실령(失令)하여 신약(身弱)이 되었으나 토금(土金)이 왕하여 약변강(弱變强) 사주이다. 정란차격(井瀾叉格)은 지지(地支)의 신자진(申子辰)이 인오술(寅午戌)을 충하여 화(火)로 조후(調候)해야 한다. 그러나 그 화(火)는 자(子)월에 실령(失令) 실기(失氣)하여 쓸 수 없고, 가상관(假傷官)으로 작용하는 것이 좋다. 그러나 여기서는 화(火)보다 수(水)가 쓸모 있다. 이처럼 격국(格局)과 용신(用神)은 종횡으로 종합하여 판단해야 한다.

```
庚 庚 庚 癸
辰 子 申 卯
```

이 사주는 상관(傷官)이 유근(有根)하여 관살(官殺)이 미약하다. 고로 목화(木火)운에 대귀인이 되었다가 임자(壬子)대운에 불록지 객이 되었다. 임(壬)대운에 불록이 된 것은 앞에서 말한 정란차격 (井瀾叉格)에 임계사오(壬癸巳午)와 인오술(寅午戌)을 꺼린다는 말에 믿음이 가는 것이다.

12. 복덕격(福德格)

복덕격(福德格)은 사유축(巳酉丑) 삼합(三合)을 말한다. 『삼명통 회(三命通會)』에서는 복덕수기격(福德秀氣格)이라 했으나, 복덕격 (福德格)이나 복덕수기격(福德秀氣格)은 별다른 의미 없이 똑같다. 그 이유는 사유축(巳酉丑) 삼합(三合)이 을목(乙木)일과 같이 있으 면 종살(從殺)로 화(化)하기 쉽고, 정화(丁火)일과 같이 있으면 종 재(從財)로 화(化)하기 쉽고, 기토(己土)일과 같이 있으면 종아(從 兒)로 화(化)하기 쉽고, 신금(辛金)일과 같이 있으면 종혁(從革)에 화(化)하기 쉽고, 계수(癸水)일과 같이 있으면 종강(從强)에 화 (化)하기 쉽다. 오음일(五陰日) 중 덕을 줄 수 있다는 의미에서 복 덕이라고 이름이 붙게 된 것이다. 복덕격(福德格)의 구성은 오음일 (五陰日)이 사유축(巳酉丑)일에 태어나고, 지지(地支)에 사유축(巳 酉丑) 삼합(三合)이 있는 것을 말한다.

─ 을사(乙巳)·을유(乙酉)·을축(乙丑)일생이 복덕격(福德格)을

이루었는데 8월생이면 단명하고, 화상관(火傷官)이 극관(剋官)
하면 반드시 강등이나 실직된다.

— 정사(丁巳)·정유(丁酉)·정축(丁丑)일생이 복덕격(福德格)을
이루면 음주나 사교를 조심해야 한다.

— 기사(己巳)·기유(己酉)·기축(己丑)일생이 복덕격(福德格)을
이루면 화(火)가 극금(剋金)하면 공명을 잃는다.

— 신사(辛巳)·신유(辛酉)·신축(辛丑)일생은 음금(陰金)이 사유
축(巳酉丑)을 얻어 복덕격(福德格)을 이루면 휴수(休囚)도 두렵
지 않다.

— 계사(癸巳)·계유(癸酉)·계축(癸丑)일생이 4월생이고 복덕격
(福德格)을 이루면 매사가 불리하여 만년에 약간 발전한다. 주
색을 조심해야 한다.

辛 乙 辛 癸
巳 丑 酉 酉

이 사주는 남명으로 종살격(從殺格)이 되어 매우 귀함이 의심없
으나, 대운이 토금(土金) 재관운(財官運)으로 갔다면 대부귀가 틀
림없으나 상관운(傷官運)으로 가니 화상관(火傷官)이 극금(剋金)
하여 매사가 수포로 돌아간다. 묘(卯)운에 왕신(旺神) 유금(酉金)
을 충하여 명을 마친 사주이다.

癸 辛 乙 戊

巳 酉 丑 子

　이 사주는 복덕수기격(福德秀氣格)으로 종왕(從旺)에 시상(時上)
계수(癸水)가 설기하여 더욱 아름답다. 대운도 왕희순세(旺喜順勢)
로 금수운(金水運)으로 가니 매우 행복한 현모양처이다.

13. 재관쌍미격(財官雙美格)

　재관쌍미격(財官雙美格)은 재(財)와 관(官)이 일지(日支)에 임한
것인데, 계사(癸巳)일과 임오(壬午)일생을 말한다. 계사(癸巳)일은
사(巳) 중에 병화(丙火) 재(財)와, 무토(戊土) 관(官)이 있어 재관
쌍미(財官雙美)라 하였고, 임오(壬午)일도 오(午) 중에 정화(丁火)
재(財)와 기토(己土) 관(官)이 같이 있어 재관쌍미(財官雙美)라고
한다.

庚 壬 乙 己

子 午 亥 卯

　이 사주는 임오(壬午) 일주(日柱)가 오(午) 중의 정화(丁火) 재
(財)와 기토(己土) 관(官)을 얻어 재관쌍미격(財官雙美格)이 되었
다. 해묘(亥卯)로 상관국(傷官局)을 이루었으나, 시간(時干)에 경자

(庚子)가 있어 신왕(身旺)하니 아무 장애없이 귀하게 되었다.

庚 癸 己 辛
申 巳 亥 酉

이 사주는 계사(癸巳)일생으로 사(巳) 중 병화(丙火) 재(財)와 무토(戊土) 관(官)이 있어 재관쌍미격(財官雙美格)이 되었다. 해(亥)월 계수(癸水)로 대길한 사주인데, 해수(亥水)는 사화(巳火)를 충하여 재관(財官)을 파하여 무정이 된 사주이다. 그리고 재관쌍미격(財官雙美格)은 기토(己土) 편관(偏官)을 매우 꺼리는데, 재관(財官)이 충파당하여 약화된 것을 기토(己土) 편관(偏官)이 사(巳) 중 무토(戊土)에 통근(通根)하여 투출(透出)하니 그 관(官)을 용신(用神)으로 삼을 수 있어 다시 유정이 된 사주이다. 신왕(身旺)에 재관(財官)이 약하여 신유(申酉)운에는 근근히 호구지책으로 연명하다가 용신(用神)인 사오미(巳午未) 남방운에 수백억을 치부하였다.

14. 간지동체격(干支同體格)

간지동체격(干支同體格)은 년월일시의 간지(干支)가 모두 같으면 성립된다. 그 예로 사갑술(四甲戌)·사을유(四乙酉)·사병신(四丙申)·사정미(四丁未)·사무오(四戊午)·사기사(四己巳)·사경진(四庚辰)·사신묘(四辛卯)·사임인(四壬寅)·사계해(四癸亥) 등 10

격이 있다. 예를 들어 사갑술(四甲戌)은 갑술(甲戌)년 갑술(甲戌)월 갑술(甲戌)일 갑술(甲戌)시생을 말한다. 나머지 9가지도 이와 같이 보면 된다.

15. 기타

을축(乙丑)년 을유(乙酉)월 을해(乙亥)일 을유(乙酉)시생과 같이 천간(天干)이 같은 천원일기격(天元一氣格)이 있고, 갑인(甲寅)년 병인(丙寅)월 경인(庚寅)일 무인(戊寅)시생과 같이 지지(地支)가 같은 지지일기격(地支一氣格)이 있다. 지지일기격(地支一氣格)을 이루면 대부대귀의 팔자라고 한다.

10장. 용신론(用神論)

용신(用神)은 격국(格局)과 같이 명리학의 핵심으로 길흉을 판단하는 척도라고 할 수 있다. 일주(日主)가 몸이라면 용신(用神)은 정신이기 때문에 일주(日主)와 용신(用神)은 분리될 수 없는 것이다. 만약에 정신이 나갔다면 그것은 죽은 몸이 아니겠는가. 이것은 명리학에서 용신(用神)이 그만큼 중요하다는 말이다.

인사에 비유하면 일주(日主)는 사장이고, 용신(用神)은 지배인이며, 그 외의 육친은 사원에 해당한다. 사원 중에서도 꼭 필요한 사람이 있는가 하면 없어도 그만인 사람이 있다. 마찬가지로 사주에서도 반드시 필요한 용신(用神)과 희신(喜神)과 구신(救神)이 있고, 있어도 그만 없어도 그만인 한신(閑神), 없어도 되는 기신(忌神)과 구신(仇神)이 있다.

일주(日主)는 사주의 주인공인데 주인공의 생명을 가늠하는 정신이 곧 용신(用神)이고, 그 용신(用神)을 돕는 것이 바로 희신(喜神)이며, 용신(用神)과 희신(喜神)에게 해를 주는 것이 기신(忌神)과 구신(仇神)이다. 일주(日主) 즉 주인공이 있어야 용신(用神)이 있고, 그 용신(用神)의 활동상태에 따라 주인공의 길흉과 흥망성쇠가 결정된다.

일주(日主)는 나의 몸이니 아신(我身)이요, 용신(用神)은 정신에 속하니 내 몸과 정신은 떨어질 수 없다. 일주(日主)와 용신(用神)이 강해야만 건전한 생활을 영위할 수 있고, 대운이나 세운에서 용신(用神)과 희신운(喜神運)을 만나야 만사가 형통한다.

용신(用神)의 종류는 10여 가지가 넘는다. 『명리약언(命理約言)』에 따르면 용신간법(用神看法)은 대단히 어렵고 복잡한 것 같으나 실제로는 단 두 글자인데 그것은 다름이 아니라 '억부(抑扶)'뿐이라고 강조하였다.

첫째, 강자용신정법(强者用神定法)은 강한 자는 억제해야 하는데, 억제하는 것이 바로 용신(用神)이다. 예를 들어 목(木)이 강하면 금(金)으로 억제하니 금(金)이 용신(用神)이다.

둘째, 약자용신정법(弱者用神定法)은 약자는 도와야 하는데, 도와주는 것이 바로 용신(用神)이다. 예를 들어 목(木)이 약하면 수(水)로 도와주니 수(水)가 용신(用神)이다.

1. 억부용신(抑扶用神)

 사주에 일간(日干)을 돕는 인비(印比)가 많으면 신강(身强)사주이고, 강자인 인비(印比)를 억제하는 재관(財官)이 용신(用神)이 된다. 일간(日干)을 억제하는 재관식(財官食)이 많으면 신약(身弱)사주이고, 일간(日干)을 생부(生扶)하는 인비(印比)가 용신(用神)이 된다. 바로 강자는 억제하고 약자는 생부(生扶)하는 법을 억부용신(抑扶用神)이라고 한다.

强弱	多星	억부용申	吉運	凶運	生剋
身强	財	比劫	印比	財官	比剋財
	官	印授	印比	財官	官生印生比我
	食傷	印授	印授	食財	印剋食
身弱	寅水	財	食財	印比	財剋寅
	比劫	官	官食	印比	官剋比我

```
戊 甲 壬 壬
辰 子 寅 子
```

 이 사주는 인(寅) 중의 여기(餘氣) 무토(戊土)가 시간(時干)에 투간(透干)하여 편재격(偏財格)이며 인다신강(印多身强)이다. 강자를 억제하는 것이 용신(用神)이니 강한 수(水)를 억제하는 재성(財星)인 토(土)가 용신(用神)이다. 고로 희용신(喜用神)인 화토(火土)운에는 발전하고 기신(忌神)인 금수(金水)운에는 대흉하다.

壬 庚 乙 庚
午 申 酉 辰

이 사주는 양인격(羊刃格)으로 비겁(比劫)이 태왕(太旺)하여 비다
신강(比多身强)이 되었다. 강자를 억제하는 것이 용신(用神)이니
왕한 금(金)을 억제하는 화(火)가 용신(用神)이고, 용신(用神)인
화(火)를 생하는 목(木)이 희신(喜神)이다. 고로 희용신(喜用神)인
목화(木火)운에는 만사형통하고 기신(忌神)인 토금(土金)운에는
만사불성이다.

2 병약용신(病弱用神)

사주에서 병(病)을 제거하는 것을 약신(藥神)이라고 한다. 예를
들면 식상(食傷)이 많아 신약(身弱)이 되면 인성(印星)에 의존하는
데, 인성(印星)을 해치는 재성(財星)이 있으면 그 재성(財星)이 병
(病)이고, 그 병성(病星)인 재성(財星)을 제거하는 비견(比肩)과

病神	金	水	木	火	土
藥神	火	土	金	水	木
吉運	木火	火土	土金	金水	水木
凶運	土金水	金水木	水木火	木火土	火土金

겁재(劫財)가 약신(藥神)이 된다.

또 신강(身强)사주가 식상(食傷)에 의존하여 기쁘게 설기되는데, 그 식상(食傷)을 해치는 인성(印星)이 있으면 바로 그 인성(印星)이 병(病)이 되고, 그 병성(病星)을 제거하는 재성(財星)이 약(藥)이 된다.

『명리정종(命理正宗)』「병약설(病藥說)」에 '병(病)이 있는데 약(藥)이 있으면 중화를 이루어 운이 순조롭게 발전하나, 병(病)이 있는데 약(藥)이 없으면 만사불성으로 가난을 면하지 못하고, 고질병으로 기나긴 세월 천신만고를 겪으며, 약운(藥運)이 올 때까지 발전은 기대할 수 없다'고 하였다.

『명리정종(命理正宗)』「오언독보(五言獨步)」에 '사주에 병(病)이 있어야 방위귀(方爲貴)요, 병(病)이 없으면 불시기(不是奇)라, 격중에 여거병(如去病)이면 재록(財祿)이 희상수(喜相隨)라'는 말이 있는데 병약상제(病藥相制)를 말하는 것이다. 사주에 병이 있으면 귀하나 병이 없으면 평범한 민초이다. 만약 약운(藥運)을 만나 병(病)을 제거하면 재록(財祿)이 따라 부귀해진다.

壬　癸　癸　甲
戌　卯　酉　申

이 사주는 금왕절(金旺節)에 태어나 계수(癸水)가 금수(金水) 태왕(太旺)으로 신강(身强)사주가 되었다. 일지(日支) 묘목(卯木) 식신(食神)이 유정하게 설기하여 용신(用神)인데, 월지(月支) 유금(酉金)이 충하니 유금(酉金)이 병(病)이 된다. 고로 병성(病星)인 유금(酉金)을 제거하는 화(火)가 약신(藥神)이다. 목화(木火)운에 발전하고 토금(土金)운은 병운(病運)으로 대흉하다.

丙 甲 辛 壬
寅 子 亥 子

이 사주는 해(亥) 중 임수(壬水)가 년상(年上)에 투간(透干)하여 편인격(偏印格)으로 신강(身强)사주이다. 시상(時上) 병화(丙火)가 인(寅) 중 병화(丙火)에 유근(有根)하여 설정(泄精)하니 용신(用神)으로 쓸만하다. 많은 수(水)가 극화(剋火)하니 왕수(旺水)가 병신(病神)이요, 인(寅) 중 무토(戊土)가 약신(藥神)이며, 시상(時上) 병화(丙火)가 희신(喜神)이다. 고로 화토(火土)운에 크게 발전한다.

戊 丁 甲 癸
申 卯 寅 巳

이 사주는 인(寅) 중 갑목(甲木)이 월상(月上)에 투간(透干)하여 정인격(正印格)인데, 인비(印比)가 태왕(太旺)하여 신강(身强)사주이다. 시상(時上) 무토(戊土)로 설기하여 용신(用神)인데, 왕목(旺木)이 용신(用神) 무토(戊土)를 극상(剋傷)하여 목(木)이 병(病)이 된다. 다행히 시지(時支) 신금(申金)이 왕목(旺木)을 극제(剋制)하니 약신(藥神)이 된다. 고로 토금(土金)운에 발전하고 수목(水木)운은 대흉하다.

```
己 丙 庚 丙
亥 寅 寅 申
```

이 사주는 병화(丙火)가 득령(得令) 득지(得地)하고, 년상(年上)에 병화(丙火)가 투간(透干)하고, 지지(地支)로 인해(寅亥)가 합목(合木)하여 일간 병화(丙火)를 생하니 신강(身强)사주이다. 시상(時上) 기토(己土)가 용신(用神)인데, 왕목(旺木)이 기토(己土)를 극상(剋傷)하니 목(木)이 병(病)이고, 목(木)을 충하는 금(金)이 희신(喜神)이다. 고로 토금(土金)운에 발전하고, 수목(水木)운은 대흉하다.

```
辛 癸 丁 癸
酉 卯 巳 未
```

이 사주는 계수(癸水)일생으로 인비(印比)는 약하고 재관식(財官食)이 많아 신약(身弱)사주가 되었다. 시간(時干) 인수(印綬) 신유금(辛酉金)에 의지하는데, 일지(日支) 묘목(卯木)이 신금(辛金)의 뿌리인 유금(酉金)을 충거(沖去)하고, 왕화(旺火)는 극금(剋金)하

여 화(火)가 병신(病神)이고, 수(水)가 약신(藥神)이다. 금수(金水)
운에는 발전하고, 목화(木火)운은 대흉하다.

```
甲 丁 己 壬
辰 丑 酉 戌
```

이 사주는 정축(丁丑)일생이 8월에 실령(失令)하고, 식상(食傷)인
토(土)가 태왕(太旺)하여 식다신약(食多身弱)이 되었다. 시상(時
上) 갑목(甲木) 인수(印綬)에 의지하는데, 토금(土金)이 왕하여 목
화(木火)가 약해졌다. 약자는 도와야 하니 년상(年上) 임수(壬水)
가 희신(喜神)이다. 시상(時上) 갑목(甲木)을 생하여 관인상생(官
印相生)으로 임수(壬水)가 귀성(貴星)인데 월간(月干) 기토(己土)
식신(食神)이 희신(喜神)인 임수(壬水) 관(官)을 극하여 가로막고
있다.

필요한 길성이 작용하려고 할 때 제압하는 것이 병(病)이다. 즉
월간(月干) 기토(己土)가 병(病)이 된다. 병(病)을 제거하는 것이
약(藥)이니 그 기토(己土)를 제거하는 것이 갑을목(甲乙木)이 된
다. 고로 시천간(時天干) 갑목(甲木)을 약용신(藥用神)으로 하니
갑인을묘(甲寅乙卯) 대운에 대부대귀하다.

3. 조후용신(調候用神)

조후(調候)란 춘하추동이 순환하는 기후적 영향을 받는 것을 말한다. 사주도 기후적 조건을 중요시하는데 이것을 조후용신(調候用神)이라고 한다. 조후(調候)는 월령(月令)과 다른 오행(五行)의 한난 상태에 따라 조화와 부조화를 아는 것이다. 만약 난조가 과하면 우로로 윤택하게 해야 하고, 한습이 과하면 태양열로 따뜻하게 해야 한다. 이것은 생극제화(生剋制化)는 아니지만 계절의 기후 조화에 따라 운명의 흥망성쇠가 판가름나니 매우 중요하다.

추동절은 한습하고 춘하절은 난조하니 사주가 지나치게 한습하면 난조운인 목화(木火)운으로 가야 형통하고, 지나치게 난조하면 한습운인 금수(金水)운으로 가야 길하다. 위의 한난조습표(寒煖燥濕表)와 같이 목화(木火)는 난조하고, 금수(金水)는 한습하다. 사주가 지나치게 한습하거나 난조하면 억부용신법(抑扶用神法)이나 병약용신법(病藥用神法)을 따르지 않고 조후용신법(燥候用神法)을 써야 된다는 것을 잊지말도록.


```
甲 辛 癸 壬
午 丑 丑 辰
```

이 사주는 신축(辛丑)일생이 축(丑)월에 태어났다. 축(丑) 중 계수(癸水)가 월상(月上)에 투간(透干)하여 식신격(食神格)인데, 겨

조후용신표

		寅	卯	辰	巳	午	未	申	酉	戌	亥	子	丑
甲	조후	丙	庚	庚	癸	癸	癸	庚	庚	庚	庚	丁	丁
	보좌	癸	丙丁戊己	丁壬	丁庚	庚丁	庚丁	丁壬	丁丙	甲丁壬癸	丙丁戊	庚丙	丙庚
乙	조후	丙	丙	癸	癸	癸	癸	丙	癸	癸	丙	丙	丙
	보좌	癸	癸	丙戊	-	丙	丙	癸己	丙丁	辛	戊	-	-
丙	조후	壬	壬	壬	壬	壬	壬	壬	壬	甲	甲	壬	壬
	보좌	庚	己	甲	庚癸	庚	庚	戊	癸	壬	戊庚壬	己戊	甲
丁	조후	甲	庚	甲	甲	壬	甲	甲	甲	甲	甲	甲	甲
	보좌	庚	甲	庚	庚	庚癸	壬庚	庚丙戊	庚丙戊	庚戊	庚	庚	庚
戊	조후	丙	丙	甲	甲	壬	癸	丙	丙	甲	甲	丙	丙
	보좌	甲癸	甲癸	癸丙	癸丙	甲丙	甲丙	癸甲	癸	癸丙	丙	甲	甲
己	조후	丙	甲	丙	癸	癸	癸	丙	丙	丙	丙	丙	丙
	보좌	庚甲	癸丙	癸甲	丙	丙	丙	癸	癸	癸丙	甲戊	甲戊	甲戊
庚	조후	戊	丁	甲	壬	壬	丁	丁	丁	甲	丁	丁	丙
	보좌	甲丁丙壬	甲丙庚	丁壬癸	戊丙丁	癸	甲	甲	丙甲	壬	丙	丙甲	丁甲
辛	조후	己	壬	壬	壬	壬	壬	壬	壬	壬	壬	丙	丙
	보좌	壬庚	甲	甲	癸甲	癸己	庚甲	甲戊	甲	甲	丙	戊甲壬	戊甲壬
壬	조후	庚	戊	庚	壬	癸	辛	戊	甲	甲	戊	戊	丙
	보좌	丙戊	辛庚	甲癸	庚辛癸	辛庚	甲	丁	庚	丙	丙庚	丁	丁甲
癸	조후	辛	庚	丙	辛	庚	庚	丁	辛	辛	庚	丙	丙
	보좌	丙	辛	辛甲	-	壬辛癸	壬辛癸	-	丙	壬癸甲	辛丁戊	辛	丁

울생으로 금한수량(金寒水凉)이 되어 토(土)가 얼어붙는다. 고로 화(火)로 따뜻하게 녹여야 마땅하니 시지(時支) 오(午) 중 정화(丁火)가 조후용신(調候用神)이다.

丙 甲 丙 丁
寅 子 午 巳

이 사주는 갑자(甲子)일생이 5월 염천에 태어났다. 오(午) 중 정화(丁火)가 년간(年干)에 투간(透干)하여 상관격(傷官格)으로 심약하다. 시지(時支)에서 녹(祿)은 얻었으나, 5월 갑목(甲木)이 허하고 화염에 싸여 분목상태가 되었다. 일지(日支) 자수(子水)에 의지하여 수(水)가 조후용신(調候用神)이고, 금(金)이 희신(喜神)이다. 고로 금수운(金水運)에는 발전하고, 목화(木火)운은 대흉하다.

4. 통관용신(通關用神)

통관용신(通關用神)은 2개의 상극(相剋)된 오행(五行)이 대립하여 막혀 있을 때 중간에서 통하게 하는 것을 말한다. 예를 들면 금(金)과 목(木)이 금극목(金剋木)으로 상극(相剋)될 경우 중간에 수(水)가 있으면 금생수(金生水) 수생목(水生木)으로 상생(相生)되어 화해시킨다. 바로 그 수(水)가 통관용신(通關用神)이다.

―금목(金木)이 상극(相剋)이면 수(水)가 통관용신(通關用神)이다.

―목토(木土)가 상극(相剋)이면 화(火)가 통관용신(通關用神)이다.

―토수(土水)가 상극(相剋)이면 금(金)이 통관용신(通關用神)이다.

―수화(水火)가 상극(相剋)이면 목(木)이 통관용신(通關用神)이다.

―화금(火金)이 상극(相剋)이면 토(土)가 통관용신(通關用神)이다.

이것을 다시 육친으로 살펴보면 다음과 같다.

―재인(財印)이 상극(相剋)이면 관성(官星)이 통관(通關)하여 화해
  시킨다.

―인성(印星)과 식상(食傷)이 상극(相剋)이면 관성(官星)이 통관
  (通關)하여 화해시킨다.

―식상(食傷)과 관성(官星)이 상극(相剋)이면 재성(財星)이 통관
  (通關)하여 화해시킨다.

―관성(官星)과 비겁(比劫)이 상극(相剋)이면 인성(印星)이 통관
  (通關)하여 화해시킨다.

―비겁(比劫)과 재성(財星)이 상극(相剋)이면 식상(食傷)이 통관
  (通關)하여 화해시킨다.

庚 壬 庚 丙
子 午 子 午

이 사주는 수화(水火)가 대립하니 목(木)이 통관용신(通關用神)이

236 | 명리학·재미있는 우리사주

다. 사주에 목(木)이 없으나 대운이 인묘진(寅卯辰) 목(木)운으로 흘러 목(木)운에 출세하였다.

```
庚 辛 乙 辛
寅 酉 未 卯
```

이 사주는 금목(金木)이 4 : 4로 대립하여 목(木)과 금(金)을 소통시키는 수(水)가 통관용신(通關用神)이다. 임계(壬癸)운에는 발전했으나, 경인(庚寅) 신묘(辛卯)운에는 금목(金木)이 왕성하여 기복이 많았다.

```
辛 辛 辛 辛        壬 壬 壬 壬
卯 卯 卯 卯        寅 午 寅 午
```

위 두 사주는 모두 금목(金木)과 목화(木火)로 되어 있으나, 일간(日干)의 세력이 약하여 모두 종재격(從財格)이다. 고로 양신(兩神)이 대치하면서 상극이 된다고 통관(通關)으로 해결할 것이 아니라, 종재격(從財格)에 따라 재성(財星)이 용신(用神)이다.

5. 전왕용신(專旺用神)

사주가 한 가지 오행(五行)이나 육친으로만 구성되었을 때, 전왕

자(專旺者)를 따라 순(順)으로 용신(用神)을 정하는 것을 전왕용신
(專旺用神)이라고 한다.

— 목일주(木日柱)가 목(木)으로만 구성되면 수목화(水木火)가 희
  용신(喜用神)이다.

— 화일주(火日柱)가 화(火)로만 구성되면 목화토(木火土)가 희용
  신(喜用神)이다.

— 토일주(土日柱)가 토(土)로만 구성되면 화토(火土)가 용신(喜
  用)이다.

— 금일주(金日柱)가 금(金)으로만 구성되면 토금수(土金水)가 희
  용신(喜用神)이다.

— 수일주(水日柱)가 수(水)로만 구성되면 금수목(金水木)이 희용
  신(喜用神)이다.

— 사주가 정인(正印)과 편인(偏印)으로만 구성되면 인비(印)比가
  희용신(喜用神)이다.

— 사주가 비견(比肩)과 겁재(劫財)로만 구성되면 인비식(印比食)
  이 희용신(喜用神)이다.

— 사주가 식신(食神)과 상관(傷官)으로만 구성되면 식상(食傷)과
  재성(財星)이 희용신(喜用神)이다.

— 사주가 정재(正財)와 편재(偏財)로만 구성되면 식상(食傷)이나
  재성(財星)이 희용신(喜用神)이다.

— 사주가 정관(正官)과 편관(偏官)으로만 구성되면 재관(財官)이

희용신(喜用神)이다.

이상으로 전왕용신(專旺用神)을 들어보았다. 이것은 이미 외격(外格)에서 공부한 것이나, '왕희순세(旺喜順勢) 왕기역세(旺忌逆勢)'라는 말만은 항상 염두하면서 간명에 임하기 바란다.

丙 甲 乙 戊
寅 寅 卯 寅

이 사주는 갑인(甲寅)생이 목(木) 전왕(專旺)이다. 왕희순세(旺喜順勢)로 수목화(水木火)가 희용신(喜用神)이니 수목화(水木火)운에는 크게 발전하고 왕기역세(旺忌逆勢)하여 토금(土金)운은 대흉하다.

甲 丙 丙 丙
午 戌 寅 午

이 사주는 병술(丙戌)일생이 화(火) 전왕(專旺)이다. 왕자(旺者)는 순하게 따라야 하니 왕화(旺火)를 돕는 목화(木火)가 용신(用神)이고, 왕신(旺神)을 설기하는 토(土)운도 길하니 목화토(木火土)운은 대길하다. 왕화(旺火)를 역하는 금수(金水)운은 왕기역세(旺忌逆勢)로 대흉하다.

己 己 戊 己
巳 未 辰 未

이 사주는 기미(己未)일생이 토(土) 전왕(專旺)이다. '왕극의조
(旺極宜助)'로 왕자(旺者)는 마땅히 도와야 하니 화토(火土)가 용
신(用神)이 되어 화토(火土)운에 크게 발전하였다.

庚 庚 庚 庚
辰 申 辰 申

이 사주는 경신(庚申)일생이 금(金) 전왕(專旺)이다. '왕희순세
(旺喜順勢)'로 경신(庚申) 일주(日柱)를 돕는 토금(土金)이 용신
(用神)이고, 왕금(旺金)을 설기하는 수(水)도 희신(喜神)이니 토금
수(土金水)운은 크게 발전하고 목화(木火)운은 대흉하다.

壬 癸 辛 壬
子 丑 亥 子

이 사주는 계축(癸丑)일생이 수(水) 전왕(專旺)이다. '왕극의조
(旺極宜助)'로 계수(癸水)를 돕는 금수(金水)가 용신(用神)이고,
왕수(旺水)를 설기하는 목(木)도 기뻐하니 금수목(金水木)운은 대
귀대부하다. 화운(火運)은 군비쟁재(群比爭財)가 되어 패망하고, 토

운(土運)은 왕신(旺神)을 극충(尅沖)하면 쇠신충왕(衰神沖旺)으로 불록객이 된다.

庚 庚 己 戊
辰 辰 未 午

이 사주는 경진(庚辰)일생이 정인(正印)과 편인(偏印)으로만 구성되었다. 강자는 도와야 하니 일간(日干) 경금(庚金)을 돕는 인비(印比) 토금(土金)이 희용신(喜用神)이다.

乙 甲 乙 癸
亥 寅 卯 卯

이 사주는 갑인(甲寅)일생이 비견(比肩)과 겁재(劫財)로만 구성되어 종왕(從旺)사주이다. '왕극조(旺極助)'로 인비(印比)인 수목(水木)이 용신(用神)이고, 왕목(旺木)을 설기하는 식상(食傷)인 화(火)도 기뻐하니 희신(喜神)이다. 고로 인비(印比)운과 식상(食傷)운에 발전하고, 재관(財官)운은 대흉하다.

壬 庚 壬 壬
午 子 子 子

이 사주는 경자(庚子)일생이 식신(食神)과 상관(傷官)으로만 구성되어 종아(從兒)사주이다. 용신(用神)도 왕희순세(旺喜順勢)로 식신(食神)과 상관(傷官)이고, 희신(喜神)은 정편재(正偏財)이다. 따라서 기신(忌神)은 일간(日干)을 돕는 인비(印比)이다.

己 丁 庚 戊
酉 酉 申 申

이 사주는 정유(丁酉)일생이 정재(正財)와 편재(偏財)로만 구성되어 종재(從財)사주이다. 고로 용신(用神)은 재성(財星)이고, 희신(喜神)은 식상(食傷)이다.

甲 辛 丙 丁
午 巳 午 未

이 사주는 신사(辛巳) 일생이 정관(正官)과 편관(偏官)으로만 구성되어 종살(從殺)사주이다. 관성(官星)이 용신(用神)이고, 재성(財星)이 희신(喜神)이다.

6. 행운용신(行運用神)

사주에 용신(用神)이 없는데 대운이나 세운에서 용신(用神)이 들어오는 경우 용신(用神)으로 삼는 것을 행운지용신(行運之用神)이라고 한다. 예를 들면 목화(木火)가 용신(用神)인데 사주에 목화(木火)가 없을 때 대운이나 세운에서 만나는 것이다.

				58	48	38	28	18	8	
辛	辛	癸	壬	己	戊	丁	丙	乙	甲	大
卯	酉	丑	辰	未	午	巳	辰	卯	寅	運

이 사주는 신유(申酉)일생이 엄동에 태어나 조후(調候)가 시급한데, 화(火)가 하나도 없다. 다행히 28세 병(丙)운에 용신(用神) 화(火)가 들어왔다. 이런 경우를 행운용신(行運用神)이라고 하는데 대단히 길하다.

이상으로 용신(用神) 정하는 방법을 설명하였다. 억부용신(抑扶用神) · 병약용신(病弱用神) · 조후용신(調候用神) · 전왕용신(專旺用神)은 모두 강자는 억제하고 약자는 도와주는 생극제화(生剋制化)의 원리에 지나지 않다. 다음으로 막힌 것은 통하게 하고, 추운 겨울생은 따뜻하게 해주고, 폭염에는 물을 주고, 건조하면 습하게 하고, 습한 것은 건조시켜 중화를 이루는 것이다. 다음은 취격(取格)과 취용(取用)의 예를 들어보니 충분히 연습하기 바란다.

己 壬 丙 丁
酉 寅 午 亥

이 사주는 오(午) 중 정화(丁火) 본기가 년간(年干)에 투간(透干)
하여 정재격(正財格)인데, 기토(己土) 정관(正官)도 시간(時干)에
투간(透干)하여 재관(財官) 모두가 왕하고, 인비(印比)는 약하여
신약(身弱)사주이다. 용신법(用神法)에 약자는 도와야 마땅하다고
했으니 일간(日干)을 생조(生助)하는 금수(金水)가 희용신(喜用神)
이다. 그러나 이 사주는 재다신약(財多身弱)이라 년지(年支) 해
(亥) 중 임수(壬水) 비견(比肩)이 용신(用神)이고, 용신(用神) 임수
(壬水)를 생하는 시지(時支) 유(酉) 중 신금(辛金)이 희신(喜神)이
다. 금수(金水)운은 대길하고 목화(木火)운은 대흉하다.

甲 己 丙 甲
子 丑 寅 子

이 사주는 일간(日干) 기토(己土)가 정월에 태어나고, 인(寅) 중
병화(丙火)가 월천간(月天干)에 투간(透干)하여 정인격(正印格)으
로, 인비(印比)는 약하고 재관(財官)이 태왕(太旺)하여 신약(身弱)
사주이다. 정월생으로 한습하고 신약(身弱)하니 월천간(月天干) 병
화(丙火)로 용신(用神)을 삼는다. 고로 약한 일간(日干) 토(土)를
돕는 화토(火土)운에는 발전하고, 금수목(金水木)운에는 침체된다.

戊 丁 甲 戊
申 卯 寅 辰

이 사주는 월령(月令) 인(寅)의 본기 갑목(甲木)이 월천간(月天干)에 투간(透干)하여 정인격(正印格)으로, 인묘진(寅卯辰) 인수국(印綬局)을 놓아 신강(身强)사주이다. 인다신강(印多身强)에는 재(財)가 용신(用神)이고, 식상(食傷)이 희신(喜神)이다. 고로 토금(土金)운은 대길하고 수목(水木)운은 대흉하다.

壬 癸 癸 甲
戌 卯 酉 申

자묘유(子卯酉)는 투출(透出)하지 않아도 격을 이루니 편인격(偏印格)이며, 신유술(申酉戌) 인수국(印綬局)을 놓아 인다신강(印多身强)이 되었다. 재(財)가 용신(用神)이고, 식상(食傷)이 희신(喜神)이다. 고로 희용신(喜用神)인 목화(木火)운은 만사형통으로 성공하고, 기신(忌神)인 인비(印比) 금수(金水)운은 만사불성으로 실패한다.

乙 戊 丙 癸
卯 辰 辰 亥

이 사주는 월지(月支) 진(辰) 중의 을목(乙木)도 투간(透干)하고, 계수(癸水)도 투간(透干)했으나 일주(日主)와 유정하고, 사지(四支)에 유근(有根)한 을목(乙木)으로 격을 취하니 정관격(正官格)이며 비다신강(比多身强)이다. 시상(時上) 을목(乙木)이 용신(用神)이니 년간(年干) 계해수(癸亥水)가 희신(喜神)이다. 고로 수목(水木)운은 대길하고 화토(火土)운은 대흉하다.

甲 甲 癸 丙
子 午 巳 申

이 사주는 사(巳) 중 본기 병화(丙火)가 년상에 투간(透干)하여 식신격(食神格)으로 식다신약(食多身弱)이다. 인수(印綬)인 수(水)가 용신(用神)이다. 화왕절(火旺節)에 태어나 조후용신(調候用神)으로도 수(水)가 용신(用神)이다. 금수(金水)운은 발전하고, 목화(木火)운은 침체된다.

丙 壬 辛 乙
午 寅 巳 丑

이 사주는 사(巳) 중 병화(丙火) 본기가 시상(時上)에 투간(透干)하여 편재격이다. 재다신약(財多身弱)으로 비견(比肩)인 수(水)가 용신(用神)이고, 인수(印綬)인 금(金)이 희신(喜神)이다. 고로 금수

(金水)운에는 만사형통으로 성공하고, 목화(木火)운에는 만사불통으로 실패한다.

　　戊　壬　丙　丁
　　申　寅　午　亥

이 사주는 오(午) 중 본기 정화(丁火)가 년천간(年天干)에 투간(透干)하여 정재격(正財格)이다. 인비(印比)는 약하고 재관(財官)이 태왕하여 재다신약(財多身弱)이 되었다. 년지(年支) 해수(亥水)가 용신(用神)이고, 시지(時支) 신금(辛金)이 희신(喜神)이다. 고로 금수(金水)운에는 발전하고 목화(木火)운에는 침체된다.

　　戊　丙　癸　丁
　　子　申　丑　卯

이 사주는 축(丑) 중 계수(癸水)가 투간(透干)하여 정관격(正官格)이고, 재관식(財官食)이 태왕(太旺)하여 신약(身弱)사주이다. 약자는 도와야 하니 일간(日干) 병화(丙火)를 돕는 목화(木火)가 희용신(喜用神)이다. 고로 목화(木火)운에는 크게 성공하나 토금수(土金水)운에는 신고 끝에 크게 실패한다.

己 丁 丙 丁
酉 酉 午 酉

이 사주는 정화(丁火)가 오(午)월에 태어나 건록격(建祿格)인데
화금(火金)이 대등하여 서로 싸운다. 시상(時上) 기토(己土)로 용
신(用神)을 삼아 통관(通關)시키니 식신(食神)이 생재(生財)하여
부자사주가 되었다.

甲 辛 癸 壬
午 丑 丑 辰

이 사주는 축(丑) 중 계수(癸水)가 월천간(月天干)에 투간(透干)
하여 식신격(食神格)이다. 엄동에 천지가 얼어붙으니 불로 따뜻하
게 녹여야 한다. 오(午) 중 정화(丁火)가 조후용신(調候用神)이고,
목(木)이 희신(喜神)이다. 목화(木火)운은 대길하고 토금수(土金
水)운은 대흉하다.

己 甲 庚 戊
巳 申 申 子

이 사주는 신(申) 중 경금(庚金)이 월상(月上)에 투간(透干)하여
편관격(偏官格)이고, 관살(官殺)이 태왕하여 신약(身弱)사주가 되

었다. 일간(日干) 갑목(甲木)을 돕는 수(水)가 용신(用神)이고, 비견(比肩)인 목(木)이 희신(喜神)이다. 수목(水木)운에는 크게 발전하고, 기신(忌神)인 토금(土金)운은 대흉하다.

壬 癸 戊 辛
子 未 戌 丑

이 사주는 술(戌) 중 무토(戊土)가 월상(月上)에 투간(透干)하여 정관격(正官格)이다. 인비(印比)는 약하고 관다신약(官多身弱)이 되어 인성(印星)인 금(金)이 용신(用神)이고 수(水)는 희신이다. 고로 금수(金水)운은 발전하고 화토(火土)운은 침체된다.

戊 丁 甲 戊
申 卯 寅 辰

이 사주는 인(寅) 중 갑목(甲木)이 월상(月上)에 투간(透干)하여 정인격(正印格)이고, 인수국(印綬局)을 놓아 인다신강(印多身强)이 되었는데, 인다신강(印多身强)에는 재성(財星)이 용신(用神)이다. 식재(食財)운에는 발전하고 인비(印比)운에는 크게 실패한다.

壬 壬 庚 癸
寅 申 申 酉

이 사주는 신(申) 중 경금(庚金)이 투간(透干)하여 편인격(偏印格)이고, 인비(印比)가 태왕(太旺)하여 신강(身强)사주이다. 인다신강(印多身强)에는 재성(財星)이 용신(用神)이고, 식상(食傷)이 희신(喜神)이다. 고로 목화(木火)운에는 대길하고 금수(金水)운에는 대흉하다.

丙 甲 辛 癸
寅 申 酉 未

자묘유(子卯酉)는 투출(透出)하지 않아도 격을 이루나, 신금(辛金)이 월상(月上)에 투간(透干)하여 정관격(正官格)이 되었다. 관다신약(官多身弱)이 되어 인성(印星)을 용신(用神)으로 보기 쉬우나, 시상(時上) 병화(丙火) 식신(食神)으로 제살(制殺)하는 것이 마땅하여 식신제살(食神制殺)로 시상(時上) 병화(丙火)가 용신(用神)이다.

戊 己 甲 癸
辰 未 寅 丑

이 사주는 인(寅) 중 갑목(甲木)이 월상(月上)에 투간(透干)하여 정관격(正官格)이고, 비겁(比劫)이 태왕(太旺)하여 비다신강(比多身强)이다. 관성(官星)이 용신(用神)이고 재성(財星)이 희신이다.

丙 乙 甲 癸
戌 丑 子 亥

이 사주는 자(子)월 을(乙)일생로 편인격(偏印格)인 것 같으나 가
상관격(假傷官格)이다. 을목(乙木)이 부목(浮木) 상태로 시지(時
支) 술토(戌土)가 억부용신(抑扶用神)이고, 시상(時上) 병화(丙火)
는 조후(調候)로 희신(喜神)이 된다.

庚 庚 己 乙
辰 申 卯 未

자묘유(子卯酉)는 투출(透出)하지 않아도 격을 취한다고 하였다.
월령(月令) 묘목(卯木)을 따라 정재격(正財格)으로 인비(印比)가
태왕하여 신강(身强)사주이다. 인다신강(印多身强)에는 재(財)가
용신(用神)이니 년상(年上) 을목(乙木)이 용신(用神)이고, 수(水)
가 희신(喜神)이 다. 고로 수목(水木)운에는 발전하고 토금(土金)
운에는 침체되어 천신만고한다.

辛 壬 丙 丁
丑 辰 午 丑

이 사주는 오(午) 중 정화(丁火)가 투간(透干)하여 정재격(正財

格)이다. 인비(印比)는 약하고 재관(財官)이 왕하여 신약(身弱)사주이다. 재다신약(財多身弱)에는 비견(比肩)이 용신(用神)이고, 인성(印星)이 희신(喜神)이다. 고로 금수(金水)운은 대길하고 화토(火土)운은 대흉하다.

癸 乙 己 乙
未 亥 卯 未

이 사주는 을(乙)일생이 목왕절(木旺節)에 태어나고, 해묘미(亥卯未) 목국(木局)으로 관살(官殺) 금(金)이 없어 곡직인수격(曲直仁壽格)이다. 고로 용신(用神)은 왕희순세(旺喜順勢)로 수목화(水木火)이고, 기신(忌神)은 토금(土金)이다. 수목화(水木火)운에는 부귀하고 금(金)운에는 패망한다.

丙 甲 乙 癸
寅 戌 丑 巳

이 사주는 계수(癸水)가 투간(透干)하여 정인격(正印格)이다. 엄동에 갑목(甲木)이 동사 직전에 있는데 다행히 시간(時干) 병화(丙火)가 인(寅)에 장생하고, 사(巳)에서 건록(建祿)을 얻어 해동시킨다. 병화(丙火)가 조후용신(調候用神)이고 목(木)이 희신(喜神)이다. 고로 신유술(申酉戌) 금(金)운에 구사일생하고, 사오미(巳午未)

화(火)운에는 대권을 잡았다.

甲 丙 丙 丙
午 戌 寅 午

이 사주는 병(丙)일생이 인오술(寅午戌) 화국(火局)을 이루었는데
관살(官殺)이 하나도 없으니 염상격(炎上格)이다. 용신(用神)은 왕
희순세(旺喜順勢)로 목화토(木火土)이고, 기신(忌神)은 금수(金水)
이다.

甲 甲 癸 壬
子 辰 卯 寅

이 사주는 묘(卯)월 갑목(甲木)이 인묘진(寅卯辰) 목국(木局)을
놓아 사주전체가 수목(水木)으로 전왕사주(專旺四柱)이다. 용신(用
神)은 왕희순세(旺喜順勢)하여 수목화(水木火)이고, 기신(忌神)은
토금(土金)이다.

己 庚 庚 癸
酉 戌 申 酉

이 사주는 경금(庚金)이 금왕절(金旺節)에 태어나 신유술(申酉戌)

금국(金局)을 이루었으나 관살(官殺)이 없어 종혁격(從革格)이다. 용신(用神)은 토금수(土金水)이고 기신(忌神)은 목화(木火)이다.

丁 乙 辛 癸
亥 酉 酉 未

이 사주는 편관격(偏官格)으로 편관(偏官) 칠살(七殺)이 태강(太强)하여 식신제살(食神制殺)한다. 시상(時上) 정화(丁火)가 용신(用神)이다.

己 戊 己 戊
未 戌 未 戌

이 사주는 무(戊)일생이 사주 전체가 토(土)로만 구성되어 가색격(稼穡格)이다. 화토(火土)가 용신(用神)이고, 기신(忌神)은 수목(水木)이다.

甲 丁 己 壬
辰 丑 酉 申

자묘유(子卯酉)는 투출(透出)하지 않아도 격을 취하니 편재격(偏財格)이다. 식다신약(食多身弱)이라 인수(印綬)가 용신(用神), 관성

(官星)이 희신(喜神), 식재(食財)는 기신(忌神)이다. 수목(水木)운에는 발전하고 토금(土金)운에는 침체되어 천신만고한다.

庚 丁 庚 戊
戌 酉 申 申

이 사주는 정화(丁火)가 금왕절(金旺節)에 태어나 생조해주는 것이 하나도 없고, 사주 전체가 재성(財星)이라 종재격(從財格)이다. 용신(用神)은 토금(土金)이고, 기신(忌神)은 목화(木火)이다.

庚 甲 壬 壬
午 寅 寅 辰

이 사주는 건록격(建祿格)으로 관살(官殺)은 약하고 극왕(極旺)하니 약살(弱 殺)로 극제(剋制)하는 것보다 오화(午火) 상관(傷官)으로 설기키는 것이 길하다. 오화(午火)가 용신(用神)이다.

甲 辛 丁 丁
午 巳 未 未

이 사주는 신금(辛金)일생이 염천에 태어나 사오미(巳午未) 화국(火局)을 이루었으나 관살(官殺)이 되어 종살격(從殺格)이다. 용신

(用神)은 목화(木火)이고 기신(忌神)은 토금(土金)이다.

乙 己 丁 壬
亥 卯 未 寅

이 사주는 기묘(己卯)일생이 정임합목(丁壬合木)·해묘미합목(亥卯未合木)·인해합목(寅亥合木)을 이루어 관살(官殺) 목(木)으로 편중되었다. 왕희순세(旺喜順勢)로 종살격(從殺格)에 관살(官殺) 목(木)이 용신(用神), 수(水)는 희신(喜神), 화토(火土)는 기신(忌神)이다.

丁 丁 戊 辛
未 未 戌 未

이 사주는 정(丁)일생이 토왕절(土旺節)에 태어나 사주가 모두 토(土)로 식신(食神)과 상관(傷官)이 되어 식상(食傷)을 따라 종아(從兒)한다. 용신(用神)은 식상(食傷)과 재(財)이고, 기신(忌神)은 목화(木火)이다.

甲 丁 己 壬
辰 丑 酉 戌

자묘유(子卯酉)는 투출(透出)하지 않아도 격을 취하니 편재격(偏財格)이다. 재관식(財官食)이 태왕(太旺)하여 식다신약(食多身弱)이 되었으니 약자를 돕는 목화(木火)가 희용신(喜用神)이다.

庚 乙 丁 壬
辰 丑 未 申

이 사주는 미(未) 중 정화(丁火)가 투간(透干)하여 식신격(食神格)이다. 재다신약(財多身弱)이 되어 비견(比肩)이 용신(用神)이고, 인성(印星)이 희신(喜神)이다.

11장. 종합감정론

1. 성격운 판단하는 방법

지금까지 주역에 근간을 둔 사주추명학을 연구하는데 필요한 기초지식을 습득하였다. 이제부터는 실제 사주를 감정해보기로 한다. 사주를 감정하려면 먼저 사주 주인의 성격부터 파악해야 한다.

첫째는 본인에 해당하는 일간(日干)으로 본 성격, 둘째는 배우자궁인 일지(日支)로 본 성격, 셋째는 묘간(苗幹)인 월지(月支) 육친으로 본 성격, 그리고 넷째는 일진(日辰)으로 본 성격을 살펴본다.

1. 일간(日干)으로 본 성격

■ 갑(甲)

인자하며 뚝뚝하고 태연하다. 행동은 무겁고 백절불굴의 실천력도 있으나 다른 사람을 지배하려는 마음도 강하다.

■ 을(乙)

속으로는 강하고 온순하나, 진취적인 기상이 없고 의지하려는 성격이 있다.

— 목일주(木日柱)가 사주에 목(木)이 많으면 고집은 있으나 마음이 잘 동요하고, 목(木)이 적으면 의지력과 결단력이 약하다.
— 목일주(木日柱)가 사주에 화(火)가 많으면 총명하며 봉사정신이 남다르고 교직자가 많다.
— 목일주(木日柱)가 사주에 토(土)가 많으면 다처 기질이 있고 수입보다 지출이 많으며 공처가가 많다.
— 목일주(木日柱)가 사주에 금(金)이 많으면 마음이 잘 흔들리고 질병과 구설이 많다.
— 목일주(木日柱)가 사주에 수(水)가 많으면 정착하기 어렵다.

■ 병(丙)

활발하며 열정적이고 개척자립형이나 인내력이 부족하여 중도에 좌절하는 수가 있다.

■ 정(丁)

주의력이 깊으며 언행이 온당하고, 사람을 능히 움직이며 따르기도 잘한다. 고로 윗사람에게는 사랑을 받고 아랫사람에게는 존경을 받는다. 순진한 애정파로 질투심이 있고, 살림꾼이나 수다쟁이가 많다. 말로 인한 구설이 염려되니 항상 언행에 주의하라.

— 화일주(火日柱)가 사주에 화(火)가 많으면 성격이 조급하며 화려한 것을 좋아하고, 화(火)가 적으면 꾀를 잘 부리며 나태하여 작은 일은 잘 하나 큰 일은 머뭇거린다. 겉으로는 강하나 속으로는 약하다.

— 화일주(火日柱)가 사주에 토(土)가 많으면 재산복이 있고 봉사정신이 남다르다.

— 화일주(火日柱)가 사주에 금(金)이 많으면 속성속패하는 운세이다. 돈을 가볍게 여기며 주색으로 패망하는 경우가 많다.

— 화일주(火日柱)가 사주에 수(水)가 많으면 인정은 있으나 질병으로 인한 고통이 따르고, 관재구설과 장애가 많다.

— 화일주(火日柱)가 사주에 목(木)이 많으면 아버지와 아내, 재물과 인연이 박하고, 돈을 가볍게 여기며 이론을 좋아한다.

■ 무(戊)

순진하고 신의는 있으나 저돌적인 면이 있어 다른 사람과 충돌한다. 비밀을 잘 지키며 집념도 강하나, 간혹 일을 추진하다 도중하차하는 경우가 많다. 실격한 여명은 독신녀가 많다.

■ 기(己)

가슴 속에는 지모가 충만하나 나타내지 않고, 저항을 모르는 평화주의자이다. 성실하며 책임감이 강하고 공경심이 있다. 그러나 의심과 의혹이 많은 경우도 있고, 자식에게는 옥토에 작물을 기르듯 최선을 다한다.

— 토일주(土日柱)가 사주에 토(土)가 많으면 고집이 세며 매사에 막힘이 많고, 토(土)가 적으면 모든 면에 인색하다.

— 토일주(土日柱)가 사주에 금(金)이 많으면 재물을 알뜰하게 관리하며 공처가이다.

— 토일주(土日柱)가 사주에 수(水)가 많으면 주색을 밝히고 재물에는 인색하여 수전노가 많다.

— 토일주(土日柱)가 사주에 목(木)이 많으면 노력에 비하여 성공이 적고, 정에 약하며 분주하게 살아간다.

— 토일주(土日柱)가 사주에 화(火)가 많으면 정에 인색하며 부끄러움을 모른다.

■ 경(庚)

의리에 사는 정의파이며 정에 약하다. 냉정하며 온순 담백하고, 용감하면서 선후배를 섬길 줄 알고, 무지한 사람을 가르치며 인도한다. 한편 머리를 숙이지 않아 사교술은 없으나, 불의를 용납하지 않는 투철한 혁명정신이 있다.

■ 신(辛)

이상이 높으며 냉정하고, 예민하며 강직하다. 그러나 신경과민으로 근심과 걱정이 떠나지 않고 질투심과 시기심이 있다.

— 금일주(金日柱)가 사주에 금(金)이 많으면 명예를 소중히 하며 자존심이 강하고, 사물에는 밝으나 때로는 맹꽁이 짓을 하는 경

우도 많고, 권력을 남용하며 은인을 배반하는 경우가 많다. 금
(金)이 적으면 실행력이 없으니 신용이 없는 편이다.

— 금일주(金日柱)가 사주에 수(水)가 많으면 총명하며 영리하나
항상 물을 조심해야 한다.

— 금일주(金日柱)가 사주에 목(木)이 많으면 돈에 대한 집착이 없
으나 허영으로 지출을 많이 한다.

— 금일주(金日柱)가 사주에 화(火)가 많으면 마음이 항상 초조하
고, 질병과 구설이 따른다.

— 금일주(金日柱)가 사주에 토(土)가 많으면 버릇이 없고 나태하
다. 사물에도 집착이 없고 언행이 일치하지 않는다.

■ 임(壬)

지혜와 자비심이 있고, 숨은 능력을 개발하며 화친을 잘한다. 달변
가이면서 유머가 풍부하고, 두뇌회전이 빨라 환경에 잘 적응한다.

■ 계(癸)

성격이 치밀하며 안전을 추구하나 낭비벽이 많다. 털털하며 서비스
정신이 있어 정에 끌리는 경우도 있고, 일을 성급하게 추진하여 도
중에 실패하는 경우가 많다.

— 수일주(水日主)가 사주에 수(水)가 많으면 지혜가 있고 남의 비
밀을 지켜준다. 베풀기를 좋아하나 실패가 많고, 고집이 강하여
남의 말을 듣지 않고 전진하다가 실패하는 경우가 많다.

— 수일주(水日主)가 사주에 목(木)이 많으면 인자하나 남의 일에 힘쓰다보니 손재가 많다.

— 수일주(水日主)가 사주에 화(火)가 많으면 재물복은 있으나 언행이 가볍고 인내심이 부족하다.

— 수일주(水日主)가 사주에 토(土)가 많으면 말로는 자비를 베푸나 실천력이 없다. 의심도 많고 자기 말만 옳다고 주장한다. 신장계통의 질병과 구설, 이성을 조심해야 한다.

— 수일주(水日主)가 사주에 금(金)이 많으면 의리도 없고 실천력도 없어 신용이 없는 편이다.

2. 일지(日支)로 본 성격

■ 자(子)

근검 절약하며 완고하고 욕심이 많다. 의리와 인정에 둔하며 이기적이고 비열하다. 겉으로는 유화하는 것 같으나 속으로는 불평불만이 가득하다.

■ 축(丑)

우직하며 강인하고, 의지도 견고하나 남에게 사랑과 존경을 받지 못한다. 그러나 약속을 잘 지키며 신의를 중히 여긴다.

■ 인(寅)

결백하며 강기가 있어 남에게 지기를 싫어한다. 재지도 풍부하고 예의를 중하게 여기며 의협심이 강하다. 그러나 말투가 오만불손하고, 경제관념이 희박하다.

■ 묘(卯)

유순하며 온화하고 쉽게 화내지 않는다. 대인관계가 원만하고 자타간에 격이 없어 사랑을 받는다. 그러나 대식가이며 색정에 빠져 실패하기 쉽다.

■ 진(辰)

오만불손하며 항상 노기를 품고 있다. 논쟁과 격투를 좋아하며, 사람을 경멸하며 상대방의 감정을 상하게 한다. 그러나 경쟁심이 강하고 예술과 문예에 능하며 백난을 물리치고 자기의 뜻을 세우는 강한 의지가 있어 성공도 빠르지만 실패도 빠르다.

■ 사(巳)

시기와 질투심이 있으나 사상이 견고하고 연구심이 많다. 기예에 능하며 성공할 수 있는 조건은 구비하고 있다. 사람의 심중을 재빨리 간파하고 임기응변에 능하여 질서를 잘 지키며 타인의 존경을 받는 경우도 있다.

■ 오(午)

성실하지 않아 도중에 포기하는 버릇이 있고, 인정에는 약하여 사람에게 잘 속는다. 성격이 쾌활하며 담백하여 화합을 주도한다. 유머도 풍부하여 대중의 사랑을 받는다.

■ 미(未)

노련하나 고집불통이고, 내성적이라 여러 공상을 해소하지 못하여 불면증에 걸리기 쉽다. 동정심과 우의심이 깊고 대인관계도 원만하다. 자애심이 풍부하여 선망의 대상이 되기도 한다.

■ 신(申)

남의 일도 자신의 일처럼 돌봐주고, 교제에는 능하나 이기적이고 진취적인 기상도 있다.

■ 유(酉)

유(酉)는 타락을 의미하는데 간혹 재지가 있어 대업을 시도해본다. 그러나 크게 실패하기도 하고, 사람을 멸시하며 속임수를 쓰니 믿음성이 없다.

■ 술(戌)

음험하며 심보가 좋지 않아 다른 사람에게 사랑을 받지 못하고 불평불만이 많다. 그러나 학술과 기예에 능하며 목적을 달성하려는 끈기가 있다.

■ 해(亥)

검소하며 저축심이 강하고, 학술에 전념한다. 그러나 자기 주장은 꼭 관철시키려다 상대방의 기분을 상하게 한다. 옹고집으로 다른 사람의 충고는 아랑곳하지 않고, 단독으로 일을 결행하다 실패하고 후회하는 일이 많다.

3. 월지(月支) 육친(六親)으로 본 성격

■ 정인(正印)

 인자한 어머니처럼 자비심이 있고, 지혜롭고 총명하여 학문에 밝다. 의리를 중하게 여기며 신사숙녀의 기품을 갖춘 인격자에 속하고, 교육자로 성공할 확률이 높다. 그러나 월지(月支)가 공망(空亡)이나 실격(失格)되면 이기적이며 게으른 패륜아도 있다.

■ 편인(偏印)

 눈치가 빠르며 임기응변에 능하고, 예술과 체육 계통에 소질이 있다. 그러나 시작은 있으나 끝이 흐지부지하여 용두사미격으로 끝난다. 게으르며 겉으로는 기예에 소질이 있고 친선을 좋아하는 것 같으나, 속으로는 솔직하지 못하다. 간혹 격이 좋으면 외국어에 능통하여 교육자로 성공하는 경우도 많다.

■ 비견(比肩)

 자존심이 강하여 남에게 지배받는 것을 싫어 하며 독립정신이 강하다. 사리사욕을 떠나 공정분배의 원칙을 존중하고, 부정과 아부를 싫어하며, 자기 일에는 책임감이 강한 깔끔한 성격이다.

■ 겁재(劫財)

 겉으로는 깔끔하며 얌전한 것 같으나 자존심이 강하고 남을 무시한다. 속으로는 오만불손하며 투쟁심이 강하고, 욕심과 질투심이 있으며, 투기와 요행을 바라다 크게 실패하는 경우가 많다. 아버지와 아내, 재물과 인연이 박하다.

■ 식신(食神)

온후하며 관대하고 대식가이다. 명랑 쾌활하며 가무를 즐기나 예의범절이 바르고 문예와 기예에 능하다. 무지한 사람을 가르치며 인도한다.

■ 상관(傷官)

겉으로는 자비심도 있고 관대한 것 같으나 속으로는 오만불손하다. 강자에게는 반항하며 대항하지만 약자에게는 의협심과 동정심이 있다. 총명하며 다재다능하나 자존심이 강하여 승부욕이 매우 강하고, 허영심과 사치심이 있으며, 비밀을 모른다.

■ 정재(正財)

근면 성실하며 부당한 재물은 원하지 않는다. 허례허식이 없고 근검절약으로 낭비가 없으며, 충효와 저축을 생활신조로 한다. 사주에 진술축미(辰戌丑未)의 재고(財庫)가 있으면 성격이 외곬이라 융통성이 없다.

■ 편재(偏財)

편법이나 부당한 방법으로 재산을 모으나, 다정다감하며 풍류를 즐기고 유흥비를 아까워하지 않는다. 돈버는 일이라면 수단과 방법을 가리지 않으니 도박이나 마약 등에 손을 댈 수 있다. 여명은 재산에 집착하면서 윤락가로 나가기도 하지만 씀씀이가 헤프다. 의협심과 동정심은 있으나 주색에 빠지는 경우도 있다.

■ 정관(正官)

질서를 존중하며 명예를 소중히 여긴다. 매사에 공명정대하며 준법정신이 투철하다. 충효 정신과 형제간에 우애 있고, 학창시절에는 모범생이 많고, 사회에서는 타의 본보기가 되는 이상적인 인품이다.

■ 편관(偏官)

고향을 일찍 떠나 외롭게 살아간다. 조급하며 고집이 세고 야당기질이 있다. 의협심과 동정심은 있으나 자기를 높이며 남을 무시하는 경향이 있다. 영리하며 민첩하나 남에게 굽신거리기를 싫어하여 출세에는 지장이 많다.

이상으로 일간(日干)과 일지(日支), 그리고 육친으로 본 성격을 설명했다. 항상 한 가지에만 치중하지 말고 다각적으로 오행(五行)의 유근(有根)과 무근(無根)을 살펴 왕쇠(旺衰)를 판단하고, 형충파해(刑沖破害)와 공망(空亡)을 참고해야 한다. 다음은 일주(生日柱)로 본 성격을 설명하니 종합하여 판단하기 바란다.

3. 일주(日柱)로 본 성격

■ 갑자(甲子)일생 : 정인(正印)·목욕좌(沐浴座)

마음과 행동이 커 큰 것만 취하려 하고, 자기 과신으로 때로는 승부기질을 발휘하는 배짱이 좋다. 그러나 경솔함을 억제하지 못하면 큰 손해를 본다. 수왕(水旺)하면 주거변동은 물론, 직업변동도 많다. 여명이 신왕(身旺)하면 독신으로 살거나 혼기가 늦어진다.

■ 갑술(甲戌)일생 : 편재(偏財)·양좌(養座)

심리학의 조련사로 리더기질이 다분하여 사교계의 일인자라고 할 수 있다. 권모술수에 능하여 사람을 이용하는데는 명수일 수도 있다. 남자는 풍류와 주색을 즐기며 다처의 명이고, 여자는 남자 보는 눈이 높고 깔보는 기질이 있어 남편궁의 변동이 자주 일어난다.

■ 갑신(甲申)일생 : 편관(偏官)·절좌(絶座)

의지력이 강과 약으로 겸비된 두 얼굴에 주위의 존경과 신임이 두터운 편이나, 편애하는 괴벽성을 지녔다. 남을 무시하는 버릇이 있어 배신과 실패를 당할 수 있고, 천지가 서로 싸우니 부부궁이 불리하다.

■ 갑진(甲辰)일생 : 편재(偏財)·쇠좌(衰座)

욕심과 고집, 자존심으로 망한다. 자기 중심으로 생각하며 명예와 품위를 중하게 여긴다. 남에게 지는 것을 싫어하나 인정은 있다. 인덕이 없어 남에게 베풀고도 인사를 못 받는다. 자기 과시를 버리고 남을 존경하라.

■ 갑인(甲寅)일생 : 비견(比肩)·건록좌(建祿座)

우직한 성격과 고집으로 우두머리 자리를 지키나 남을 무시하는 경향이 있다. 아집을 버리고 포용력을 길러라. 남녀 모두 고집때문에 부부간에 이별할 수도 있다.

■ 을축(乙丑)일생 : 편재(偏財)·쇠좌(衰座)

보수적이며 의심과 의혹이 많다. 아내를 사랑하고 아끼나 고집으로 망한다. 불평불만은 최대의 적이니 삼가하고, 재관(財官)이 많은 여자는 시가나 남편 때문에 불행이 파도처럼 몰려오나, 인비운(印比運)을 만나면 폭풍이 사라지고 행복이 찾아들 것이다.

■ 을해(乙亥)일생 : 정인(正印)·사좌(死座)

자신을 과신하며 침착성과 협동정신이 있어 조직력은 있으나, 이목이 우둔하여 현실에 어둡다. 재관(財官)이 무기(無氣)하니 일찍 부모 한 분을 잃고, 부부와 자식과의 인연이 박하며, 관직과는 인연이 멀다.

■ 을유(乙酉)일생 : 편관(偏官)·절좌(絕座)

설득력이 뛰어나며 예술에 능하고 곤경에 대처하는 능력이 있으나, 임기응변이 지나쳐 신의를 잃기도 한다. 관직과 무관으로 나가면 출세할 수 있고, 천지가 서로 싸우니 부부불화가 암시된다.

■ 을미(乙未)일생 : 편재(偏財) · 양좌(養座)

 안일무사주의이나 간혹 살림꾼도 있다. 시비와 다툼이 없는 평화주의자이나 친절함이 부족하다. 가족과 화친에 신경써야 한다. 남녀 모두 아버지와 인연이 박하니 별거하는 것이 길하다.

■ 을사(乙巳)일생 : 상관(傷官) · 목욕좌(沐浴座)

 외모는 얌전하고 아담하나, 속은 음흉하며 자기 주장만 고수한다. 임기응변의 명수로 불평불만을 일삼으며 변덕이 심하다. 남을 헐뜯으며 거짓말을 잘한다. 사주에 형충(刑沖)이 있으면 남의 돈을 갚지 않는다. 여명은 남편의 직업이 온전하지 못하여 남편을 개취급하다가 끝내는 이별한다.

■ 을묘(乙卯)일생 : 비견(比肩) · 건록좌(建祿座)

 인자하며 신념이 있고, 외유내강으로 저돌적이며, 남의 일에 걱정이 많다. 연애결혼이 많으나, 여자는 남편과 잘 싸우니 부부해로가 어렵다. 첩인 경우에는 본실이 될 운명도 있다.

■ 병인(丙寅)일생 : 편인(偏印) · 장생좌(長生座)

 근면 성실하며 명랑하고, 교육방면으로 진출하면 길하다. 적극적인 성격 때문에 마찰과 시비가 우려되니 매사 주의해야 한다. 병인(丙寅)이 홍염살(紅艶殺)에 해당하니 남자는 여난이 있고, 여자는 부부궁이 불리하다. 여명이 사신(巳申)을 구비하고 수목(水木)이 태왕하면 자식을 두지 못하거나 이혼한다.

■ 병자(丙子)일생 : 정관(正官)·태좌(胎座)

독창적이며 소신이 있고 확고부동한 고집이 있다. 남의 마음을 읽을 줄 아는 독심술을 배워보라.

■ 병술(丙戌)일생 : 식신(食神)·묘좌(墓座)

성격이 솔직 담백하며 불처럼 화끈하다. 침착성이 부족하니 만사에 인내심을 길러야 한다. 남녀 모두 배우자의 체격이 작거나 약할 수 있다.

■ 병신(丙申)일생 : 편재(偏財)·병좌(病座)

근검 절약하며 노력을 많이 하나 공은 적다. 사치와 가식을 모르나 침착함이 부족하며 감정의 변화가 심하고 두뇌회전이 빠르다. 만일 사주에 인(寅)이 있으면 재인(財印)이 상충(相沖)하니 부모가 많이 싸우고, 부모형제와는 융화하기 어렵다. 우애와 효는 망각하고 산다.

■ 병오(丙午)일생 : 겁재(劫財)·제왕좌(帝旺座)

성격이 불같으며 겉으로는 대담한 것 같으나 안으로는 이중인격자로 언변이 능수능란하다. 자기 자랑을 잘하며 예의는 바르나 감정의 변화가 많다. 만약 화(火)가 태왕(太旺)하면 신경질이 많고, 남녀 모두 부부궁이 불리하다. 특히 여명은 미망인이 많다.

■ 병진(丙辰)일생 : 식신(食神)·관대좌(冠帶座)

자기 중심적 생활로 고집이 불통이나 무언의 실천가이다. 바른말 잘하고 성도 잘 내나 곧 사그라지고, 마음에 변화가 심하며, 주색에 위험도 따른다.

■ 정묘(丁卯)일생 : 편인(偏印) · 병좌(病座)

우둔하며 인덕이 없어 베풀고도 인정을 못 받고 자기 선전을 잘한다. 사주에 유술(酉戌)을 구비하면 의약업이나 역술계에 진출하면 명성을 얻는다.

■ 정축(丁丑)일생 : 식신(食神) · 묘좌(墓座)

지나친 편애로 사람을 선택한다. 급한 성격으로 손해를 자초하면서도 느끼지를 못한다. 여명은 남편을 먹여 살려야 한다.

■ 정해(丁亥)일생 : 정관(正官) · 태좌(胎座)

욕심이 많고 구두쇠로 뚝심과 독립정신은 강하나 인내심은 약하다. 여명은 시부모 · 남편과 뜻이 맞지 않아 독신으로 살거나 타도 타국에서 살기도 한다. 건강은 폐나 기관지가 약할 수 있다.

■ 정유(丁酉)일생 : 편재(偏財) · 장생좌(長生座)

얼굴은 계란형이며 미적감각이 뛰어나나, 자기 중심적이며 계획적이지 못하다. 남녀를 불문하고 노는 것을 좋아한다. 여자는 외모에 매우 신경쓰나 남편운이 박하고, 시부모에게도 사랑받지 못한다. 연애결혼이 십중팔구이나 남편운이 부실하니 사랑주고 돈주고 배신당한다. 그러나 신왕재왕(身旺財旺)하면 부자 사주이다.

■ 정미(丁未)일생 : 식신(食神) · 관대좌(冠帶座)

정력이 왕성하여 첩을 둘 수 있다. 말솜씨도 좋고 예의도 바르나, 감정 변화가 심하다. 맹수격의 저돌형으로 큰소리를 쳐보나 누가 알아주지 않는다. 여명은 양부와 인연이 있고 간혹 시부모에게 무리한 행동을 할 때가 있다.

■ 정사(丁巳)일생 : 겁재(劫財) · 제왕좌(帝旺座)

항상 바쁘고 욕심과 질투심이 많다. 파란만장한 인생으로 말도 잘하고 예의를 중시하나 변덕이 심하다. 여명은 순정파로 자존심이 강하여 남편을 이기려고 한다. 그러나 남편이 강하면 자신이 병이 드니 쓸데없는 자존심은 버려야 한다.

■ 무진(戊辰)일생 : 비견(比肩) · 관대좌(冠帶座)

두서없이 바쁘고 남의 부탁이나 일을 잘 돌봐주나 경솔함을 자제해야 한다. 무진(戊辰)일생은 부부간에 풍파가 많고, 인덕이 없어 눈물로 한탄한다. 특히 여명은 남편과 별거하거나 이혼하는 경우가 많다. 천라지망살(天羅地網殺)이 사주에 있으면 의약업이나 역술계로 진출하라.

■ 무인(戊寅)일생 : 편관(偏官) · 장생좌(長生座)

품위와 명예를 중하게 여기나 상대를 가볍게 여기는 습성이 있고 무모한 성격으로 울화를 감당하지 못한다. 사주에 화(火)가 많으면 남의 비평을 잘하고, 신왕(身旺者)하면 주색을 멀리해야 한다.

■ 무자(戊子)일생 : 정재(正財)·태좌(胎座)

인정이 있는 것 같으면서도 무정하고 봉사정신이 없다. 큰소리를 치면 큰 사람이 되는 줄로 착각한다. 사주에 인사신(寅巳申) 중 한 글자를 만나면 탕화살(湯火殺)이 되니 화상이나 음독을 주의하라. 무자(戊子)일생이 사주에 인사신(寅巳申)이 모두 있으면 수족에 이상이 생긴다. 재다신약(身弱)이면 남자는 허풍쟁이고, 여자는 겁쟁이가 많다. 남명이 관왕(官旺)한데 재성(財星)이 약하면 아들을 얻은 후 후 아내가 죽는다. 여자가 상관(傷官)이 왕하고 관성(官星)이 약하면 자식을 얻은 후 남편과 헤어진다.

■ 무술(戊戌)일생 : 비견(比肩)·묘좌(墓座)

믿음직한 재능과 이론을 겸비한다. 똑똑하며 근면하고 실속이 있어 상하의 존경을 받으나 경계의 대상이 되기도 한다. 남자는 여색을 밝히고, 여자는 정조를 잃거나 결혼 후 부정을 저지른다.

■ 무신(戊申)일생 : 식신(食神)·병좌(病座)

냉정하여 남의 일에 무관심하며 남을 무시하는 경향이 있다. 호기심과 애착심은 있으나 경솔한 언행으로 손해를 자초한다. 여자는 게으른 편으로 옹고집이 있고, 중년 이후 건강도 나빠진다. 남편복이 없어 이별하거나 별거하기 쉽다.

■ 무오(戊午)일생 : 정인(正印)·제왕좌(帝旺座)

배짱이 좋고 남에게 지기 싫어한다. 부부이별수와 위장질환이 따른다. 인덕과 재산 운은 좋은 편이다. 남자는 정력이 왕성하여 이처 삼처를 둔다.

■ 기사(己巳)일생 : 정인(正印)·제왕좌(帝旺座)

괴벽성으로 고립과 고독을 자초하니 양보하는 미덕을 최선으로 하라. 용기와 결단력이 부족하여 실력과 기량을 충분히 발휘하기 어렵다. 성격은 고상하나 남을 무시한다. 신불을 숭상하며 학문과 책을 좋아한다.

■ 기묘(己卯)일생 : 편관(偏官)·병좌(病座)

사람을 가볍게 여기며 칭찬에 인색하다. 남을 높이 평가할 때 상 대방도 나를 존경한다는 것을 알고 인격을 쌓아라. 여자가 자오묘 유(子午卯酉)를 모두 갖추면 정부따라 달아나기 쉽다.

■ 기축(己丑)일생 : 비견(比肩)·묘좌(墓座)

말주변이 없고 소심하며 고집불통이다. 변명은 잘하나 곧 들통이 나고, 항상 근심과 걱정이 많다. 부부궁도 변할 수 있으나 재산복도 있고 저축심도 강하다.

■ 기해(己亥)일생 : 정재(正財)·태좌(胎座)

믿음과 신용이 있고, 순진하며 시비와 다툼을 모르는 평화주의자 이다. 부모형제와는 인연이 박하다. 여자는 시부모와 남편과 의사 가 통하지 않고 부부궁이 변하는 경우가 많다.

■ 기유(己酉)일생 : 식신(食神) · 장생좌(長生座)

누구에게나 친절하며 양보의 미덕이 있으나, 고집과 편견으로 일
방통행을 일삼는 실리주의자이다. 항상 단점을 보완하려고 언행을
조심하나 매사 허실이 된다. 여자는 신약(身弱)하면 신이 들리는
경우가 많다.

■ 기미(己未)일생 : 비견(比肩) · 관대좌(冠帶座)

진실하며 착실하나 우울하다. 독창적인 자질을 배양하면 전문가가
되어 큰 사람이 될 수 있다. 겉으로는 유순하나 속으로는 철저하며
모든 어려움을 인내로 극복한다. 그러나 흉성이 있으면 사기성이
있어 부정을 저지른다.

■ 경오(庚午)일생 : 정관(正官) · 목욕좌(沐浴座)

쾌활하면서도 음흉하니 믿음과 애정을 끝까지 지키도록 노력해야
한다. 부부궁이 변할 수 있는데 여자는 편방살이를 하는 경우가 많
다. 지지(地支)에 인진축(寅辰丑) 탕화살(湯火殺)이 있으면 화상이
나 음독을 조심해야 한다.

■ 경진(庚辰)일생 : 편인(偏印) · 양좌(養座)

성격이 강인하나 허풍과 과장이 많다. 용병술과 의협심이 탁월하
며 약자를 돕는 기질이 있다. 남녀 모두 부부궁은 아름답지 않다.

■ 경인(庚寅)일생 : 편재(偏財) · 절좌(絶座)

자기 중심적이며 의협심이 강하고, 낙천적이며 권모술수에 능한

팔방미인이다. 정치나 외교에 적합하나 색을 좋아한다. 천지가 서로 싸우니 부부불화로 이별하는 경우가 허다하다.

■ 경자(庚子)일생 : 편관(傷官)·사좌(死座)

두뇌가 비상하며 재주가 뛰어나다. 의리를 중하게 여기나 기회주의자라는 소리를 듣는 경우가 많다. 모든 일을 사전에 예방하는 특징이 있다. 여자는 남편덕이 없어 직업전선에 나가는 경우가 많다.

■ 경술(庚戌)일생 : 편인(偏印)·쇠좌(衰座)

똑똑하며 과감하나 냉정하며 포용력이 부족하여 대인관계가 원만하지 못하다. 지나친 자기 자랑과 주장으로 경멸을 받아 외로워진다. 장부다운 기질과 정의감이 투철하고, 봉사와 무공을 세우기를 좋아하나 돈복이 없다. 여자는 고집이 강하여 순종을 거부하니 독신이나 늙은 남자의 소실이 되는 경우가 많다.

■ 경신(庚申)일생 : 비견(比肩)·건록좌(建祿座)

신사숙녀의 형으로 잔재주를 부리지 않고, 외길 인생으로 과감하면서도 냉정하다. 손재주는 있으나 재물복이 없고, 부부운은 불리하여 부부간에 생사이별을 암시한다.

■ 신미(辛未)일생 : 편인(偏印)·쇠좌(衰座)

판단력이 예리하며 고집이 대단하고, 까다롭고 자존심도 강하다. 자중자애함이 부족하고 남의 일에 간섭하기를 좋아한다. 사오미(巳午未)월 진술(辰戌)시생은 의약업이나 역술계로 진출하면 길하다.

■ 신사(辛巳)일생 : 정관(正官)・사좌(死座)

순간적인 판단력이 탁월하고 두뇌회전이 뛰어나다. 대인관계에서 해결사라는 칭호를 듣는다. 여자는 단정하며 품위 있는 것을 좋아하나, 자존심이 강하여 다른 사람의 말을 듣지 않는다. 쓸데없는 걱정을 많고 노력보다 공이 적다. 남녀 모두 한 번은 감호소나 경찰서 신세를 진다. 늦바람과 신경성 질환을 조심해야 한다.

■ 신묘(辛卯)일생 : 편재(偏財)・절좌(絶座)

정신적으로 안정되지 않아 직업의 변동이 많고, 예술성은 탁월하나 사리판단 능력이 부족하다. 자존심과 독립심이 강하여 사귀기가 힘들고, 맺고 끊는 것이 분명하다. 기술자・상인・중노동 등에 종사하는 경우가 많다.

■ 신축(辛丑)일생 : 편인(偏印)・양좌(養座)

자기 발전을 도모하며 실속있고 지혜도 탁월하다. 그러나 주색의 난이 있고, 부부운도 불리하다.

■ 신해(辛亥)일생 : 상관(傷官)・목욕좌(沐浴座)

주관이 뚜렷하며 유혹에 강하나 고독하며 비관적이다. 다른 사람의 말에 귀를 기울이며 협동심을 길러라. 인덕이 없어 베풀고도 칭찬을 듣지 못한다. 특히 여자는 남편덕도 없지만 인연도 없다.

■ 신유(辛酉)일생 : 비견(比肩)・건록좌(建祿座)

자존심이 강하며 냉정하고 쌀쌀하다. 판단력은 예리하나 융통성이 부족하다. 여자는 사주에 상관성(傷官星)이 태왕(太旺)하면 본남편과 해로하지 못한다.

■ 임신(壬申)일생 : 편인(偏印) · 장생좌(長生座)

두뇌가 명석하며 솔선수범한다. 주저하지 않는 성격으로 물불을 가리지 않으나 자제하는 것이 좋다. 남녀 모두 부부궁이 불리하다. 남자는 첩을 두고, 여자는 제2의 남편을 두기도 한다.

■ 임오(壬午)일생 : 정재(正財) 태좌(胎座)

온순하나 질투심이 강하고, 임기응변과 유머가 풍부하다. 재치와 순발력이 넘치며 적을 만들지 않는다. 여자는 부부궁이 좋지 않아 생사별이 따르고, 남자는 아내덕으로 재물을 모은다.

■ 임진(壬辰)일생 : 편관(偏官) · 묘좌(墓座)

저축형으로 재물을 모으고, 임기응변에 능하나 자기 꾀에 자기가 넘어가기도 한다. 잔재주를 삼가하는 것이 좋고, 여자는 부부궁이 불리하다.

■ 임인(壬寅)일생 : 식신(食神) · 병좌(病座)

긍정적이며 낙관적이고 온순하다. 조용한 것은 좋으나 이용이나 매수당하는 경우가 많다. 털털하고 활달하나 낭비가 심한 편이다. 사주에 화(火)가 없으면 인색하고, 여자는 재물복은 있으나 남편복은 전혀 없다.

■ 임자(壬子)일생 : 겁재(劫財) · 제왕좌(帝旺座)

이해심과 포용력이 있고 통솔력도 강하다. 풍류와 주색을 즐긴다.
부부궁은 원만하지 못하여 재혼하는 경우가 많다.

■ 임술(壬戌)일생 : 편관(偏官) · 관대좌(冠帶座)

판단력이 빠르며 환경 변화에 민감하다. 근면과 검소를 내세우나
낭비가 많고, 남을 얕보는 경향이 있다. 자신의 생활철학을 세워라.
겉으로는 큰 소리를 치나 속으로는 좌절이 따르기도 한다. 여자는
부부궁이 불리하다.

■ 계유(癸酉)일생 : 편인(偏印) · 병좌(病座)

판단력이 부족하며 잔재주에 능하다. 얌체형으로 대인다움은 없고
주색을 즐긴다. 여자는 본남편과 해로하기 어렵고, 첩이 되는 경우
가 많다. 만일 사업을 한다면 유흥업이 길하다.

■ 계미(癸未)일생 : 편관(偏官) · 묘좌(墓座)

귀공자의 상이나 체격이 약하고 강인함이 부족하여 이용이나 매
수를 당하는 일이 많다. 인내와 성실을 기하라. 그렇지 않으면 가정
을 지키기 어렵다. 자식은 중하게 여기나 아내는 헌신짝처럼 여기
니 장가를 세 번 가도 거듭 실패하고 걸인의 신세를 면하지 못한
다. 여자는 재취로 가면 무난하다.

■ 계사(癸巳)일생 : 정재(正財) · 태좌(胎座)

인품은 단정하며 총명하나 남을 무시하는 기질이 있다. 칭찬에 인

색하고 계산은 빨라 장부를 치밀하게 잘 정리한다. 내부관리도 실속 있게 잘 처리하여 살림꾼이라는 소리를 듣는다. 만약 갑인(甲寅)시생이면 형합격(刑合格)으로 항상 노상횡액을 조심해야 한다.

■ 계묘(癸卯)일생 : 식신(食神) · 장생좌(長生座)

명랑하며 활발하나 낭비가 심한 편이다. 수단과 방법을 가리지 않는 체면불사형으로 요령과 재치가 넘친다. 그러나 지나친 요령은 사기꾼으로 보일까 염려된다. 여자는 음식솜씨와 식복은 있으나, 남편복이 없어 수시로 인연이 바뀔 수 있다. 나이 많은 남자와 인연을 맺어라.

■ 계축(癸丑)일생 : 편관(偏官) · 관대좌(冠帶座)

성실하고 온순하며 믿음을 지킨다. 항상 소심하여 큰 일을 못하고 공상도 많은 편이다. 여자는 예의가 바르며 형제간에 우애도 중하게 여기고 대인관계도 원만하다. 그러나 부부궁이 불리하다.

■ 계해(癸亥)일생 : 겁재(劫財) · 제왕좌(帝旺座)

냉정하며 이기적이고 다른 사람을 무시하는 기질이 있다. 수단과 방법을 가리지 않는 체면불사형으로 자아가 너무 강하여 주위에서 소외되는 경향이 있다. 부부운도 순탄하지 않다.

이상으로 일주(日柱) 천간(天干)과 일지(日支), 그리고 묘간(苗幹)인 월지(月支) 육친으로 본 성격론에 이어 생일주(生日柱)로 본 성격론을 살펴보았다. 사주추명학 뿐 아니라 모든 사물을 감정할 때는 일부분만을 보면 정확성을 기하기 어렵다. 사주 전체를 놓고 격국(格局)과 용신(用神), 과유불급·청탁·귀천을 파악하면서 본 성격론을 참작한다면 역리학자로 큰 명성을 얻게 될 것이다.

2. 가족운 판단하는 방법

1. 조부모운

조부성(祖父星)은 편인(偏印)이요, 조모성(祖母星)은 식신(食神)이다. 고로 인성(印星)과 식상(食傷)이 유기(有氣)하고, 형충파해(刑沖破害)가 없으면 조부모는 장수하며 복록이 많았다고 본다. 그러나 형충파해(刑沖破害)나 공망(空亡)되고, 백호대살(白虎大殺)과 같은 흉살에 임하면 단명했거나 질병으로 고생했다고 본다. 그리고 조부와 조모가 유정했는지 무정했는지는 인수성(印綬星)과 식상(食傷)이 암합(暗合)되면 유정했다고 보고, 충파(沖破)되면 무정했다고 본다.

```
己 庚 辛 乙
卯 戌 巳 亥
```

이 사주는 경술(庚戌)일생의 조부성(祖父星)인 일지(日支) 술토

(戌土)와 조모성(祖母星)인 년지(年支)에 해수(亥水)가 우합(隅合)이 되어 유정했다고 본다. 그러나 월지(月支)에 사화(巳火) 편관(偏官) 증조모와 년지(年支) 해수(亥水) 식신(食神) 조모와의 사이는 충되어 갈등이 심했다고 보며, 조모성(祖母星)인 식신(食神)이 충거(沖去)되어 조부와는 일찍 사별이나 생별했다고 본다.

乙　庚　戊　癸
酉　申　午　未

　이 사주는 경신(庚申)일생이 조부성(祖父星)인 월천간(月天干) 편인(偏印) 무토(戊土)와 조모성(祖母星)인 년천간(年天干) 식상(食傷) 계수(癸水)가 천합지합(天合支合)되어 조부모는 유정했다고 본다.

— 조부성(祖父星)인 편인(偏印)이 유기(有氣)하고 길성이면 조부
　는 건강하며 복록이 많았다고 본다.
— 조부성(祖父星)인 편인(偏印)이 형충파해(刑沖破害)나 공망(空
　亡)되면 조부는 질병으로 고생했거나 단명했다고 본다.
— 조부성(祖父星)인 편인(偏印)이 병사묘절(病死墓絶)과 휴수사
　(休囚死)가 되면 조부는 무력했다고 본다.
— 년월이 형충파해(刑沖破害)되거나 년월지(年月支)가 공망(空
　亡)되면 조부간에 불화로 따로 살았다고 본다. 재인(財印)이 형

충파해(刑沖破害)되어도 조부간에 무정한 것으로 본다.

— 조모성(祖母星)인 식상(食傷)이 유기(有氣)하고 길성이면 조모
  는 효부로 인품이 있었다고 본다.

— 조모성(祖母星)인 식상(食傷)이 형충파해(刑沖破害)나 공망(空
  亡)되면 조모는 단명했거나 질병으로 고생이 심했다고 본다.

— 식상(食傷)이 화개살(華蓋殺)에 해당하면 조모는 불교신자였다
  고 본다.

— 조모성(祖母星)인 식상(食傷)이 병사묘절(病死墓絶)과 휴수(休
  囚)에 해당하면 조모는 무력하며 가정도 빈한했다고 본다.

2 부모운

편재(偏財)는 부성(父星)이고, 정재(正財)와 편재(偏財)는 아버지
의 비견(比肩)과 겁재(劫財)로 아버지의 형제자매이니 나에게는
백숙부나 고모이다. 인수(印綬)는 모성(母星)으로 정인(正印)과 편
인(偏印)은 어머니의 비견(比肩)과 겁재(劫財)로 어머니의 자매나
남매이니 나에게는 외숙이나 이모이다. 고로 재인(財印)이 유기(有
氣)하면 부모가 장수하고, 형충파해(刑沖破害)나 공망(空亡)되면
단명하거나 질병으로 고생한다고 본다. 그리고 부모님이 유정했는
지 무정했는지는 재인(財印)의 형충파해(刑沖破害)와 원진(怨嗔)
등으로 판단한다.

庚　癸　戊　丙
申　卯　戌　寅

계묘(癸卯) 일주(日柱)의 아버지인 재성(財星)은 년간(年干)에 병화(丙火)로 어머니인 시천간(時天干) 경금(庚金)을 천충지충(天沖支沖)하였다. 부모는 밤낮 싸우다 결국 이혼하였다.

甲　丙　戊　壬
午　申　申　寅

병신(丙申)일생이 년지(年支) 인목(寅木) 인수(印綬)와 월지(月支) 신금(申金) 편재(偏財)가 상충(相沖)하여 부모는 자주 싸우는 것으로 본다.

乙　庚　甲　己
酉　午　戌　亥

이 사주는 경오(庚午) 일주(日柱)가 어머니인 년천간(年天干) 기토(己土) 정인(正印)과 부성(父星)인 월천간(月天干) 갑목(甲木) 편재(偏財)가 유정하게도 갑기(甲己)로 간합(干合)되었고, 지지(地支)로는 술해(戌亥)로 우합(隅合)되어 이 사람을 낳은 후 부모가 유정하게 살아간다.

丁 庚 乙 戊
亥 申 卯 戌

이 사주는 경신(庚申)일생의 어머니인 인성(印星) 무토(戊土)와 아버지인 재성(財星) 을목(乙木)이 간합(干合)되지 않아도 지지(地支) 묘술(卯戌)이 유정하게 합을 이루니 부모는 유정하다.

— 편재(偏財)가 유기(有氣)하고 길성이면 아버지가 건강하고 복록이 있다고 본다.
— 부성(父星)인 편재(偏財)가 형충파해(刑沖破害)나 공망(空亡)되면 아버지와 일찍 사별했거나 질병으로 고생을 많다고 본다.
— 편재(偏財)가 백호대살(白虎大殺)이 되면 아버지가 흉사한다.
— 편재(偏財)가 도화살(桃花殺)에 해당하면 아버지가 풍류객이고, 화개살(華蓋殺)에 임하면 신앙심이 강했다고 본다.
— 인수성(印綬星)이 유기(有氣)하고 길성이면 어머니는 현모양처로 훌륭한 분으로 본다.
— 재성(財星)이 부성(父星)인데 사주에 비겁(比劫)이 중첩되면 홀어머니이다.
— 인수성(印綬星)이 형충파해(刑沖破害)나 공망(空亡)되면 어머니와 일찍 사별하거나 질병으로 고생이 많다고 본다.
— 인수성(印綬星)이 백호대살(白虎大殺) 등 흉살에 해당하면 어머니가 흉사했다고 본다.

— 인수성(印綬星)이 화개살(華蓋殺)에 해당하면 신앙심이 높다고
  본다.
— 인수성(印綬星)이 도화살(桃花殺)에 해당하면 어머니가 풍류심
  이 있다고 본다.

壬 甲 甲 壬
申 辰 辰 戌

이 사주는 갑진(甲辰)일생이 부성(父星)인 편재(偏財)가 백호대살
(白虎大殺)에 해당한다. 아버지가 교통사고로 출혈을 많이 하여 사
망하였다.

壬 己 丙 乙
申 酉 戌 卯

기유(己酉)일생 모성(母星)은 병화(丙火)이다. 병술(丙戌)로 백호
대살(白虎大殺)이 되어 어머니가 수술을 하다 출혈을 많이 하여
사망하였다.

丁 庚 己 甲
亥 辰 巳 午

경진(庚辰)일생 어머니는 월천간(月天干) 기토(己土) 정인(正印)이다. 그 기토(己土)는 사오(巳午)에 유기(有氣)하고, 편재(偏財)인 갑목(甲木) 부성(父星)과 간합(干合)하여 본명을 도와주니 어머니는 현모양처로 본다.

戊 甲 甲 癸
辰 辰 寅 酉

갑진(甲辰)일생의 모성(母星) 계수(癸水) 정인(正印)이 도화살(桃花殺)인 유금(酉金)과 동주(同柱)하고, 재성(財星)이 잡다하여 어머니가 남편이 많은 상이다.

庚 壬 丙 丁
戌 申 午 酉

임신(壬申)일생의 부성(父星)인 편재(偏財) 병화(丙火)가 오(午)도화살(桃花殺)과 동주(同柱)하고, 인성(印星)이 많아 어머니가 많은 상이다.

3. 아내운

정재(正財)는 아내이고, 편재(偏財)는 아내의 형제자매로 처남·

처형·처제로 보며, 첩·애인으로도 본다. 고로 아내인 재성(財星)이 유기(有氣)하고 길성이면 아내는 현모양처로 일가를 형성하는 데 역할을 다한다. 그러나 재성(財星)이 형충파해(刑沖破害)나 공망(空亡)되면 일찍 이별하거나 항상 언쟁이 많다. 만일 불연이면 질병이 떠나지 않는다.

```
癸 庚 乙 戊
未 戌 卯 戌
```

경술(庚戌)일생이 토다금매(土多金埋)로 토(土)가 기신(忌神)인데, 처성(妻星)인 정재(正財) 을목(乙木)이 득령(得令) 득지(得地)하여 병성(病星)인 많은 토(土)를 제거하니 처성(妻星) 을목(乙木)이 약신(藥神)으로 아내덕이 많다.

```
壬 乙 戊 戊
午 未 午 辰
```

을미(乙未)일생이 재다신약(財多身弱)으로 을목(乙木)이 진미(辰未) 중 을목(乙木)에 뿌리가 있다. 그러나 5월 염천으로 시상(時上) 임수(壬水) 정인(正印)에게 의지하는데, 많은 재성(財星) 토(土)가 사막에 오아시스격인 임수(壬水)를 극하니 그 재성(財星)은 구신(仇神)이 되어 아내덕이 없다.

— 처성(妻星)인 정재(正財)가 형충파해(刑沖破害)나 공망(空亡)되면 아내와 생사이별한다.

— 처성(妻星)인 재성(財星)이 길신으로 유기(有氣)하면 아내덕이 있고, 재성(財星)이 기신(忌神)이나 구신(仇神)이면 아내가 사사건건 방해한다.

— 처성(妻星)인 재성(財星)이 괴강(魁?)이나 백호대살(白虎大殺)에 해당하면 아내가 흉사한다.

— 재성(財星)이 무기(無氣)한데 설기가 심하고, 비겁(比劫)이 많으면 아내가 단명한다.

— 재성(財星)이 비견(比肩)과 합되면 아내가 외정을 즐긴다.

— 재다신약(財多身弱)이면 공처가이다.

— 재성(財星)이 목욕살(沐浴殺)이 되면 아내가 색욕이 강하다.

— 역마재(驛馬財)가 있는데 형충(刑沖)되면 아내가 가출한다.

4. 자식운

남명 양일간(陽日干)의 편관(偏官)은 아들이고 정관(正官)은 딸이며, 음일간(陰日干)의 편관(偏官)은 딸이고 정관(正官)은 아들이다. 다시 말하면 남명의 양관살(陽官殺)은 아들이고, 음관살(陰官殺)은 딸이다.

여명 양일간(陽日干)의 식신(食神)은 아들이고 상관(傷官)은 딸이며, 음일간(陰日干)의 식신(食神)은 딸이고 상관(傷官)은 아들이다.

다시 말하면 여명의 양식상(陽食傷)은 아들이고, 음식상(陰食傷)은 딸이 된다는 말이다. 남녀 구분없이 양(陽)자손은 아들이고, 음(陰)자손은 딸이다.

— 남명의 편관(偏官)이 길성으로 생왕지(生旺支)에 있으면서 형충파해(刑沖破害)나 공망(空亡)이 없으면 아들이 크게 성공하고, 정관(正官)이 길성이고 생왕지(生旺支)에 있으면서 형충파해(刑沖破害)나 공망(空亡)되지 않으면 딸이 크게 성공한다.
— 정관(正官)이나 편관(偏官)이 형충파해(刑沖破害)나 공망(空亡)되면 아들딸이 모두 불행하다.
— 관성(官星)이 무기(無氣)하고 자식의 재(財)인 비겁(比劫)이 형충(刑沖)이나 공망(空亡)되면 자식들이 반드시 가난하다.
— 관성(官星)과 식상(食傷)이 모두 유기(有氣)하면 자식들이 모두 학사출신으로 고위직까지 승진하는 경우가 많다.

丁　甲　庚　戊
卯　申　申　子

이 사주는 자성(子星)인 편관(偏官) 경금(庚金)이 득령(得令) 유기(有氣)하고, 자식의 벼슬인 식상(食傷) 정화(丁火)도 유기(有氣)해 자식이 모두 관직에서 성공한다. 여자는 식신(食神)과 상관(傷官)이 자성(子星)이니 식상(食傷)이 유기(有氣)하고 자식의 벼슬인 인성(印星)이 유기(有氣)하면 자녀가 모두 관직에서 성공한다.

戊 庚 癸 戊
寅 寅 亥 子

이 사주는 경인(庚寅)일생으로 자성(子星)인 식신(食神)이 득령(得令) 유기(有氣)하고, 자식의 벼슬 인수(印受)가 득지(得支) 유기(有氣)하여 자식이 관직으로 출세한다. 남명은 식상(食傷)이 여명은 인성(印星)이 사위인데, 사위성인 육친이 길성으로 유기(有氣)하면 사위가 유능하다.

3. 전공과 직업운 판단하는 방법

1. 용신(用神) 육친법(六親法)으로 본 전공과 직업

■ 정인(正印)
— 학문 : 국어국문학·역사학·철학·심리학·기상·천문지리학·동식물학·교육학·해양학·농학·정치학 등이 길하다.
— 직업 : 교육계·종교계·예술계·정치계·언론계·저술·서점·문방구·독서실·학원·인쇄업 등이 좋다.

■ 편인(偏印)
— 학문 : 이공계·교육학·예체능계·의학·인기학·예술학·연

극영화 · 무용 · 음악 등이 길하다

— 직업 : 의약업 · 출판업 · 역술업 · 숙박업 · 작가 · 사우나 · 비디오 · 이미용업 · 유흥업 · 언론 · 기술 · 예술방면이 좋다.

■ 비견(比肩)

— 학문 : 사회학 · 노동문제 · 인류학 · 인구학 · 사회단체학 등이 길하다.

— 직업 : 단독 직업 · 출장소 · 지점 · 영업소 · 지부 · 분소 · 회사경영 · 체육 · 건축 · 청부업 · 납품업 · 자유업 등이 길하다. 만일 비견(比肩)이 삼합(三合)이나 육합(六合)이 되면 더욱 길하다.

■ 겁재(劫財)

— 학문 : 사회복지학 · 범죄학 · 청소년문제학 · 신문방송학 · 외교문제학 · 교용문제학 · 채권채무학 등이 길하다.

— 직업 : 투기업 · 증권업, 금융업 · 요식업 · 유흥업 · 부동산업 등이 길하고, 동업은 불리하다. 만일 월지(月支)의 비견(比肩)이나 겁재(劫財)가 건록(建祿)이 되면 국가공무원이나 국영기업체에 근무하는 것이 길하다.

■ 식신(食神)

— 학문 : 식품영양학 · 의학 · 약학 · 경영학 · 경제학 · 농림학 · 사육학 · 요리학 · 육아보육학 등이 길하다.

— 직업 : 교육사업 · 학원 · 유치원 · 놀이방 · 도매업 · 식품가공

업·금융업·주식업·교사·공무원·고아원·노래방·구술
업·수퍼마켓·사회사업·문예 방면·기술사업 등이 길하다.

■ 상관(傷官)

— 학문 : 교육학·심리학·철학·언어학·음악학·기상학·전자
통신공학·신문방송·관광안내학 등이 길하다

— 직업 : 변호사·변리사·문필가·가수·음악학원·발명·특
허·고물상·수리업 등이 좋으며, 재(財)가 유기(有氣)하면 경
제부처 관리가 좋다.

■ 정재(正財)

— 학문 : 경제학·회계학·재정학·통계학·경영학 등이 길하다.

— 직업 : 금융업·제조업·생산업·도매업·문방구 등이 길하고,
관살(官殺)이 유기(有氣)하면 봉급생활로 경리나 세무사·은행
원·회계사 등이 좋다.

■ 편재(偏財)

— 학문 : 재정학·경영학·경제학·회계학·부동산·금융·화폐
등의 학문이 길하다.

— 직업 : 투기업·운수업·건축업·해운업·무역업·생산업·부
동산업·광산업 등이 좋다.

■ 정관(正官)

— 학문 : 법학·형법·행정학·민법·상법·국문학·국사학 등이

길하다.

— 직업 : 정찰업종에 속하는 업, 도매업·잡화상·지배인·목재
상·주단포목·양품점·공무원·회사원·총무·비서·행정직
등이 좋다.

■ 편관(偏官)

— 학문 : 군사학·병영학·조세처벌법·형법·노동문제연구학·
세균학·질병학·예방의학·철학 등이 길하다.

— 직업 : 청부업·건축업·조선업·용역업·광산업·출판업·역
술업·타자수·관리로는 경찰·직업군인·변호사 등이 좋다.

육친에 따라 학문과 직업을 논해보았다. 만일 월령(月令)이 형충
파해(刑沖破害)나 공망(空亡)되면 작용력이 약해진다. 이런 경우에
는 단독사업을 하는 것보다 동일업종이나 유사업종에 취업, 봉급생
활을 하는 것이 무난하다고 본다.

2. 월지(月支)로 본 전공

— 월지(月支)에 인묘목(寅卯木)이 있거나 타지(他支)와 합하여 목
(木)이 되면 육림학이나 육종학이 좋고, 직업도 목공업 계통이
나 육림 계통, 또는 화원이나 수목원 등이 길하다.

— 월지(月支)에 사오화(巳午火)가 있거나 타지(他支)와 합하여 화

(火)가 되면 전기공학이나 항공학·광학 등이 적당하다. 직업으로는 전기공업·항공계통·제철·제련·주물·용접· 유리제조업 등이 길하다.

— 월지(月支)에 진술축미토(辰戌丑未土)가 있거나 타지(他支)와 합하여 토(土)가 되면 토목공학이 좋고, 직업도 토목건축이나 농업 또는 토지매매업 등이 길하다.

— 월지(月支)에 신유금(申酉金)이 있거나 타지(他支)와 합하여 금(金)이 되면 금속공학이나 기계공학이 좋고, 직업도 금속 계통이 좋다.

— 월지(月支)에 해자수(亥子水)가 있거나 타지(他支)와 합하여 수(水)가 되면 수산학이나 해양학이 좋고, 직업도 수산업·해양업·원양업이 좋다.

3. 명조로 본 직업

— 명조에 양인(羊刃)이 있으면 군인·경찰·외과의사·약사·운동선수·정육점·목수·재단사·이발·침술·검사·미용사 등이 길하다.

— 명조에 화개살(華蓋殺)이 있으면 예술가·승려·수녀·점술가·신자가 많다.

— 명조에 술해(戌亥)가 있으면 역술인·점술가·신자가 많다.

— 명조에 술해미(戌亥未)가 있으면 무속인·역술인·신자가 많다.

여기에 유(酉)가 있으면 불상이나 신을 모신다.

— 명조에 인사신(寅巳申)이 있으면 사법관·의사·교육자·은행원·한약사·재단사·이발사·정육점 등이 많다.

—명조에 건록(建祿)이 있으면 공직자가 많다.

— 명조에 백호살(白虎殺)이 있으면 도살직·정육점·목축업·수렵인·침술업·기술업에 많이 종사한다.

— 대운에서 식상(食傷)을 만나면 요식업을 하고, 명조에 문창성(文昌星)이 있으면 문구점·서점·독서실·고시원 등을 한다.

— 대운에서 묘목(卯木)을 만나면 채소원예·농업·종묘상·화예업에 종사한다.

4. 오양(五陽) 진술(辰戌)일로 본 직업

갑진(甲辰)·병진(丙辰)·무진(戊辰)·경진(庚辰)·임진(壬辰)·갑술(甲戌)·병술(丙戌)·무술(戊戌)·경술(庚戌)·임술(壬戌)일을 말한다. 오양(五陽) 진술(辰戌)일에 태어나면 공업계통에 많이 종사하나, 육친에 따라 달라진다.

— 오양(五陽) 진술(辰戌)일에 태어나고 월지(月支)에 인성(印星)이 있으면 인쇄업이나 출판업에 종사한다.

— 오양(五陽) 진술(辰戌)일에 태어나고 월지(月支)에 편관(偏官)이 있으면 역술업이나 출판업을 한다.

— 오양(五陽) 진술(辰戌)일에 태어나고 월지(月支)에 역마(驛馬)가 있으면 운전수가 많고, 운수업에 종사하거나 차량정비업에 종사자가 많다.

— 오양(五陽) 진술(辰戌)일생이 진술축미(辰戌丑未)월에 태어나면 직업의 변동이 심하여 평생 50번은 바뀐다고 한다.

— 오양(五陽) 병진(丙辰)일생 여명이 진술축미(辰戌丑未)월에 태어나고 진술축미(辰戌丑未)가 왕하면 자궁외 임신을 하거나 자궁수술을 한다.

— 오양(五陽) 진술(辰戌)일 여명은 부부궁이 불리하다.

5. 용신(用神)으로 본 직업

① 목용신(木用神)

나무와 관련된 직업으로 목제소·임산물 판매소·목공예·가구점·제지업·문구점·종이·서점·지물포·섬유업·면사·의복·식물·화예·채소원예·과수원·죽공예·등가구·인삼재배·청과물·약종상·한약업·약초재배·약초채취·보건위생·간호사·교수·종교·점술·공무원·의상실·양복점 등으로 본다.

② 화용신(火用神)

불과 관련된 직업으로 화력발전소·전자통신·전기업·가전제품·컴퓨터·보일러·난방시설·조명설비·열처리·용접·도금업·페인트·도장업·화장품·미용·음식점·찜질방·화공약품·

화장장・신문방송・평론가・설교자・자동차・기차・비행기・주유
소・핵시설 등의 직업으로 본다.

③ 토용신(土用神)

흙과 관련된 직업으로 토건건축・농업・토산품・원예・도자기・
토목・분식업・제면 제빵업・미장공・묘지관리・사원・교회・토
지매매업 등으로 본다.

④ 금용신(金用神)

쇠붙이와 관련된 직업으로 기계금속・중장비・철공소・제철소・
정비업・판금・금은보석・제련소・조선소・무기제조・정비사・폐
차장・인쇄소・자동차・자전거・철광업・석공예・채석장・광산
업・석물원・철도종사원・유리공업・도자기・대장간・고철상・철
제상・공구점・철물점・침술업・치과의사・의치공・외과의・정육
점・악세사리・이발사・면도사・군인・경찰・스포스・재정직공무
원 등으로 본다.

⑤ 수용신(水用神)

물과 관련된 직업으로 수산계통・어업・양어장・양식업・주류
업・음식점・낚시터・수영장・스키장・스케이트・수상스키・목욕
탕・세탁업・염색업・냉동업・생수업・빙과류・음료수・우유대리
점・해산물・온천・상수도・하수관리・어시장・고기잡이・수산물
공판장・회센타・물류유통업・여행사・혈액은행・원양어업・수산

협동조합·수자원공사·수리조합·수맥감정·해군·선원·해녀·
해양경찰 등으로 본다.

4. 건강운 판단하는 방법

1. 오행(五行)으로 본 건강

오행(五行)의 유기(有氣)와 무기(無氣), 그리고 희용신(喜用神)에
따라 간명한다. 예를 들어 목(木)이 용신(用神)이면 간담이 건강하
고, 목(木)이 형충(刑沖)되어 무기(無氣)하면 간담과 시력이 약한
것으로 본다(27쪽 오행속성배속표 참고).

그리고 용신(用神)과 기신(忌神), 병약(病藥)을 구분하여 오곡(五
穀) 오미(五味) 오과(五果) 오축(五畜) 중에서 어떤 것이 나에게
좋고 나쁜지를 알아본다. 만일 토(土)가 병이 되어 당뇨나 위장병
이 생기면 목(木)이 약용신(藥用神)이니 보리제품인 보리빵이나
보리건빵, 보리밥 등이 좋다.

그리고 오행(五行)의 기를 돕는 식품을 많이 이용하여 약한 기
(氣)는 돕고 강한 기(氣)는 설기시켜 건강한 삶이 되는데 도움이
되었으면 한다.

— 목(木)이 병이면 간담·신경계·안과계통의 질환과 중풍·위산
  과다·정신질환 등이 따른다.

오행을 돕는 식품

	木	火	土	金	水
곡식류	보리, 밀, 흑미, 귀리, 팥, 메밀, 강낭콩	수수, 기장, 팥	조, 수수, 기장	조, 현미, 흑미, 율무	콩, 조
과일류	사과, 귤, 포도, 잣, 딸기, 호두, 매실, 자두	은행, 사과, 자두, 해바라기씨, 토마토	참외, 대추, 바나나	마늘, 양파, 무, 달래, 표고버섯, 고추	수박, 옥수수, 밤
야채류	부추, 깻잎, 녹색야채, 들깨, 신동치미	냉이, 상추, 쑥갓, 풋고추, 씀바귀, 취나물, 도라지, 더덕	호박, 아욱, 미나리, 시금치, 당근, 고구마	마늘, 양파, 무, 달래, 표고버섯, 고추, 흰깨	우엉, 마
육류	닭고기, 개고기, 계란, 조개류, 메추리, 동물의 간,	양고기, 메뚜기, 곱창, 칠면조, 염통, 참새	쇠고기, 돼지고기, 토끼고기, 내장	말고기, 동물의 내장, 개고기	돼지고기
해산물류	고등어, 꽁치	명태, 해산물	황조기	어패류, 고등어	파래, 미역, 다시마, 김, 굴비, 젓갈류
기타	식초, 참기름, 들기름	익모초, 면실유, 짜장, 영지	된장, 포도당, 칡, 꿀	수정과, 생각차, 후추, 겨자, 고추장	소금, 된장

— 화(火)가 병이면 심장·소장·안과계통의 질환과 건망증 등이
  따른다.
— 토(土)가 병이면 비장·위장·소화계통의 질환과 빈혈·비만
  ·당뇨·안면신경마비 등이 따른다.
— 금(金)이 병이면 폐·호흡기·피부계통의 질환과 탈항·맹장
  등이 따른다.
— 수(水)가 병이면 신장·방광·귀·대소변·신경계통의 질환과
  요통·공포증·식은 좌골신경통 등이 따른다.

2. 천간지지(天干地支)로 본 건강

天干	甲	乙	丙	丁	戊	己	庚	辛	壬	癸	-	-
인체	머리	이마	어깨	가슴	갈비	배	배꼽	다리	무릎	발	-	-
地支	子	丑	寅	卯	辰	巳	午	未	申	酉	戌	亥
인체	비뇨기	위장	심장	간장	망각	치아	정신	허로	대장	폐	공포	방광

오행(五行)의 유기(有氣)와 무기(無氣), 형충파해(刑沖破害) 등을
참작하면서 간명한다.

5. 육친(六親)과 유년(流年)으로 판단하는 방법

■ 정인(正印)이 용신(用神)인데 정인운(正印運)을 만나면

'문서득리지상(文書得利之象)'이 되어 문서의 기쁨이 있다. 진학하려는 사람은 합격하고, 공직자는 윗사람의 신임을 얻어 승진하거나 요직에 발탁되고, 가토매매에 기쁨이 있다. 문서관계는 원만하게 성사되니 의욕적인 운이 된다.

— 학위나 논문 등으로 명예와 인기가 높아지고, 주택구입·승진·
  표창·각종 인허가·매매계약 등이 순조롭다.
— 윗사람의 도움이 있으니 재산상속 등 귀인의 도움을 받는다.
— 학생은 공부에 취미가 붙어 날로 학업성적이 올라가고 시험에
  도 무난하게 합격한다.
— 분묘 이장이나 보수, 족보정리 등과 같은 일이 생기니 종사에는
  적극적으로 참여함이 길하다.
— 장래가 유망한 사업을 시작한다.

■ 정인(正印)이 기신(忌神)인데, 정인운(正印運)을 만나면

'문서불리지상(文書不利之象)'으로 문서로 사기나 큰 손해를 본다. 윗사람에게까지 피해를 주고, 노약자는 질병으로 입원한다.

— 사기문서·부도수표·보증관계·도난 등의 재난을 당한다.
— 부동산을 팔고 사는 경우에도 문서의 하자로 고통받는다.

— 학생은 불량한 친구나 선배의 꾀임에 빠져 학업을 중단하거나, 각종 시험에 낙방한다.

— 부모의 질병이나 이별수가 있고, 여자는 자식의 우환이 있다.

— 직장인은 불명예로 퇴직당하기도 한다.

■ 편인(偏印)이 용신(用神)인데, 편인운(偏印運)을 만나면

'문서득리지상(文書得利之象)'으로 문서관계는 순조롭다. 진학자는 합격하고 학위나 논문, 연구발표 등은 순조로워 표창을 받는다.

— 합격·승진·특허·매매·각종 인허가 등은 순조롭다.

— 발전 확장의 운으로 새로운 분야에 진출하여 발판을 마련한다.

— 학생은 날로 성적이 올라가니 각종 시험에 합격한다.

— 발명하는 일에 종사자나 인기 직종에 있는 사람에 매사가 순조로워 인기가 크게 올라간다.

— 여자는 자녀문제로 희비가 엇갈릴 수 있다.

■ 편인(偏印)이 기신(忌神)인데 편인운(偏印運)을 만나면

'문서불리지상(文書不利之象)'으로 문서관계로 명예가 실추되거나 질병으로 입원하고, 사업부진으로 크게 실패하는 경우가 많다.

— 보증이나 인감 등으로 손재나 관재구설이 따른다.

— 사업가는 사업부진으로 실패한다.

— 학생은 학업성적이 떨어지고 불량배와 어울린다.

— 수험생은 실력을 발휘하기 어려워 각종 시험이나 인허가 문제
　가 여의치 못하다.

— 가토매매는 지연된다. 설령 매매되더라도 큰 손해를 본다.

— 여자는 자녀의 근심과 걱정이 생기고, 임산부는 유산의 위험이
　따르기도 한다.

■ 비견(比肩)이 용신(用神)인데 비견운(比肩運)을 만나면

　만사가 사람으로 인하여 성사되니 다른 사람과 협동하면 득재(得
財) 발신(發身)한다.

— 합작 · 주식 · 계 등 협동사업이 길하다.

— 재관(財官)이 왕하여 신약(身弱)한데 재왕(財旺)이면 형제나 친
　구의 도움으로 재물이 생기고, 관왕(官旺)이면 승진하고 실직자
　는 취업한다.

— 대인관계가 원만하여 거래가 늘어나니 사업이 확장된다.

— 재다신약(財多身弱)인데 비견(比肩)을 만나면 타인과 협동하면
　큰 재물을 얻는다.

— 친구나 친인척의 도움으로 독립사업을 한다.

■ 비견(比肩)이 기신(忌神)인데 비견운(比肩運)을 만나면

　만사가 사람으로 인하여 손해가 발생하니 다른 사람과 같이 하는
일은 크게 실패한다.

— 형제나 친구, 선후배나 동업자 등에게 재산 피해를 당하거나 불화와 암투로 소송이 일어날 수 있다.

— 비극재(比剋財)의 원리로 손부(損父), 손처(損妻), 손재로 수입보다 지출이 많아 파산하는 경우도 있다.

— 학생은 불량한 친구들과 어울려 성적이 떨어지거나 자퇴하기도 한다.

— 행운(行運)에서 비견(比肩)이 형충(刑沖)되면 형제나 친지 때문에 재산의 관재구설이 생기거나 상해의 위험이 따른다.

— 남녀 모두 배우자가 이성을 사귀어 삼각관계가 일어난다.

■ 겁재(劫財)가 용신(用神)인데 겁재운(劫財運)을 만나면

동심동덕(同心同德)으로 동상동계(同商同契)하니 다른 사람과 협동하면 길하다.

— 부모나 형제, 친구나 선후배의 도움으로 매사가 성사된다.

— 칠살(七殺)로 신병이나 관재구설은 좋아진다.

— 학생은 친구나 선배의 도움으로 학업성적이 올라간다.

— 정인격(正印格)이 정재(正財) 때문에 파격(破格)되면 겁재운(劫財運)에 개운하여 발신한다.

— 재다신약(財多身弱) 사주는 겁재운(劫財運)에 발복 득재한다.

■ 겁재(劫財)가 기신(忌神)인데 겁재운(劫財運)을 만나면

인인손재(人因損財)의 운으로 형제나 친구, 친인척과 재산문제로

불화와 관재구설이 따른다.

— 동업을 하면 재산상 큰 피해를 본다.
— 대인관계가 불리하고 사기수가 따른다.
— 학생은 불량한 친구와 어울리다 성적이 나빠지고 방황한다.
— 남자가 정재(正財)가 약하면 아내가 질병에 시달리거나, 아내를
  잃는다. 그러나 사주에 정관(正官)이 있으면 모면할 수 있다.
— 여자는 남편이 첩을 두거나 바람을 피워 재산을 탕진한다.

■ 식신(食神)이 용신(用神)인데 식신운(食神運)을 만나면
 동토해동지상(凍土解凍之象)으로 언 땅이 녹고 만물이 생기를 얻
는 격이다. 실직자는 취업하고 휴폐업자는 개업하며, 미혼자는 결
혼하고 병자는 건강을 찾는다.

— 식신생재(食神生財)하니 사업가는 재물이 늘어난다.
— 양(陽)일생이며 재관(財官)이 있으면 재생관(財生官)하여 취
  업·시험·승진·당선이 보장된다.
— 학생은 기억력이 좋아지고 학업성적이 올라간다.
— 식욕이 왕성한 것은 좋으나 비만을 신경써야 한다.
— 여자는 임신하고 자식의 경사가 있으며, 살림이 늘어난다.

■ 식신(食神)이 기신(忌神)인데 식신운(食神運)을 만나면
 매사 동결지상으로 사업가는 자금이 동결되니 적극적인 투자나

신규사업은 금물이고, 유흥에 따른 구설과 건강이 나빠진다.

— 직장인은 부하직원 때문에 구설수가 생겨 고통받는다.
— 관성(官星)이 용신(用神)이면 식극관(食剋官)하여 직업이나 자
  식에게 불리하고, 관극비(官剋比)하여 생명에도 위험이 따른다.
— 학생은 이성문제가 생기고 불량학생과 어울리다 학업성적이 떨
  어지고 결국에는 학업을 중단한다.
— 여자는 남편을 극하니 부부이별수가 따른다.
— 식극관(食剋官)의 원리로 남녀 모두 관재구설과 시비로 송사가
  생긴다. 남자는 식신생재(食神生財)의 원리로 이성으로 인하여
  구설이 따르고 건강도 나빠진다.

■ 상관(傷官)이 용신(用神)인데 상관운(傷官運)을 만나면
  상관(傷官)이 생재(生財)하니 재산이 늘고 병약자는 건강이 회복
이 되며 사업가는 사업이 번창한다.

— 상관(傷官)이 생재(生財)하니 미혼남자는 혼사가 이루어진다.
— 여자는 자식의 경사가 있고, 양일여(陽日女)는 아들을 얻는다.
— 학생은 학업성적이 올라가고, 각종 시험에 합격한다.
— 예체능·기술·학술·언론 방면에 종사하면 재능을 인정받아
  명진사해한다.
— 사업가는 자금사정이 원활하여 확장과 투자로 기반을 다진다.

■ 상관(傷官)이 기신(忌神)인데 상관운(傷官運)을 만나면

도적상관지상(盜賊傷官之象)으로 관성(官星)을 극파(剋破)하여 벼슬을 상하게 한다. 관(官)이 약하면 낙직·손재·중상·관재·구설이 따르니 언행을 조심해야 한다.

— 사업가는 투자나 확장으로 예상치 못한 사기를 당한다.

— 가상관(假傷官)이 상관운(傷官運)을 만나면 발복하나 진상관 (眞傷官)이 상관운(傷官運)을 만나면 반드시 패망한다.

— 학생은 타락하기 쉽고, 학업을 중단하는 수가 있다.

— 남자는 관재구설과 낙직이 따르고, 자식의 흉사가 겹친다.

— 여자는 남편이나 연인과 이별하거나 사별한다.

■ 정재(正財)가 용신(用神)인데 정재운(正財運)을 만나면

재백전화교역지상(財帛錢貨交易之象)으로 활기와 발전으로 신규 사업이나 확장으로 큰 재물을 얻는다. 미혼자는 좋은 인연을 만나 일심동체가 되니 내외적으로 기반을 착실하게 다진다.

— 공직자나 직장인은 승급이나 승진한다.

— 사업가는 자금회전이 빠르니 수입이 늘어난다.

— 학생은 학업성적이 올라가고 합격의 영광을 누린다.

— 출마자는 당선되고, 응시자는 합격되며, 응모자는 당첨된다.

— 여자는 고부간 갈등이 해소되고 계나 돈놀이로 재산을 늘린다.

■ 정재가 기신(忌神)인데 정재운(正財運)을 만나면

재산증식은 뜬구름 잡기이니 현상유지에 힘써라. 사업자는 자금줄이 막히니 신규사업이나 확장은 금물이다. 노모와 이별수가 있고 응시자는 낙방한다.

— 인수(印綬) 용신(用神)으로 입신한 공직자는 뇌물죄가 따른다.
— 인수(印綬)가 약한데 정재운(正財運)을 만나면 손재수보다 생명의 위험이 따른다.
— 학생은 씀씀이가 헤퍼져 공부는 뒷전이고 돈을 벌려고 한다.
— 직장인은 직업의 변화를 꾀하고 도박에 휘말려 실패한다.
— 여자는 계나 돈놀이로 크게 실패하고 고부간 갈등도 심해진다.

■ 편재(偏財)가 용신(用神)인데 편재운(偏財運)을 만나면

생기와 활기가 넘쳐 신규사업이나 사업확장은 좋고, 횡재수도 있으니 투기사업 등으로 큰 재물을 얻는다.

— 사업가는 자금회전이 좋아 발전하고, 공직자나 직장인은 승진 승급 포상의 기쁨이 있다.
— 남자는 현모양처를 맞이한다. 특히 명조에 재(財)가 없어 혼기가 늦어진 경우에는 적중률이 더 높다.
— 학생은 학업성적이 오른다.
— 횡재수가 다라 주식이나 복권 등에 당첨되기도 한다.

— 관성(官星)이 약하여 혼기가 늦어진 여자는 편재운(偏財運)에
　 결혼한다.

■ **편재가 기신(忌神)인데 편재운(偏財運)을 만나면**

　부운지재(浮雲之財) 모비상패지상(毛肥傷敗之象)으로 손재손처
(損財損妻)한다. 정사문제까지 겹쳐 명예가 실추되고, 관재까지 겹
치니 주색을 조심하라.

— 권위와 재물 욕심으로 일확천금을 노리나 뜬구름 잡기로 몸을
　 다치거나 철창신세를 진다.
— 투기·도박·증권·경륜·경마 같은 모험성 도박은 실패한다.
— 학생은 이성에 빠져 학업을 포기하고 돈을 벌겠다고 한다.
— 남녀 모두 이성문제로 재산상 큰 피해를 본다.
— 손재만 따르니 신규사업이나 확장은 하지 말아야 한다.

■ **정관(正官)이 용신(用神)인데 정관운(正官運)을 만나면**

　관권명리지상(官權名利之象)으로 입신출세하는 운이다. 명예와 권
세가 따르니 실직자는 취업되고, 출마자는 당선된다. 사업자는 신
용이 회복되어 경영하는 일이 좋아지고, 직장인은 윗사람의 신임을
얻어 승진 승급하고, 공무관계는 매사가 순조롭다.

— 실직자는 취업되고, 폐업자는 개업하고, 직장인은 승진 승급 포
　 상 등 명예가 올라간다.

— 미혼녀는 결혼하고 기혼녀는 남편에게 경사가 있다.

— 학생은 성적이 오르며 각종 시험에 합격하니 인기가 높아진다.

— 권익과 명예가 따르니 꾀하는 일이 순조롭고, 자식의 경사와 가정도 한층 더 화목해진다.

■ 정관이 기신(忌神)인데 정관운(正官運)을 만나면

관(官)과 연관된 일은 모두 불리하고, 직장인은 좌천이나 감봉되고, 또 승급에서 떨어진다. 실직자는 직장을 얻기 힘들다.

— 관재구설이나 몸을 다치지 않으면 질병에 시달린다.

— 남자는 자식이 탈선하여 시험에 낙방하는 등 자식 문제로 곤욕을 치른다.

— 학생은 성적이 떨어지고 불량한 친구와 어울려 학교를 자퇴하는 경우도 있다.

— 여자는 이성에게 빠져 일신을 망칠 수도 있고, 배신이나 강간을 당하기도 하니 본 남편과는 요원해질 수밖에 없다.

— 관살(官殺)이 혼잡되었으니 신약자(身弱者)는 심신이 고달파 최악의 경우 죽을 수도 있다. 탕화살(湯火殺)을 참고로 사전에 예방하도록 하라.

■ 편관(偏官)이 용신(用神)인데 편관운(偏官運)을 만나면

관권득리지상(官權得利之象)으로 출마자는 당선되고, 구직자는 취업하고, 소송관계는 승소하고, 인허가관계도 순조롭다.

— 직장인은 승진 승급하고 명예도 올라간다.

— 막혔던 일이 풀려 사업가는 좋아지고, 실업자는 취업한다.

— 학생은 성적이 올라가고 시험에 합격한다.

— 결혼기인 여자는 좋은 배필을 만나고, 독신녀도 재혼한다.

— 청장년에는 인기를 얻어 명예감투를 많이 쓰고, 각종 중책을 성 공적으로 수행하여 표창 등을 받는다.

■ 편관(偏官)이 기신(忌神)인데 편관운을 만나면

관재구설상으로 관재와 구설, 이별수, 질병이 따른다.

— 언쟁과 시비로 관재구설이 따르고, 손재가 막심하다.

— 각종 재난으로 화재나 교통사고, 폭발사고 등을 당한다.

— 학생은 사고나 질병으로 학업을 중단하거나 노력한 만큼 성적 이 오르지 않아 시험에 낙방하고, 불량학생과 어울려 관재를 당 하기도 한다.

— 여자는 이성문제로 명예가 떨어지고, 남편에게 소박당하고 후회 한다.

— 결혼 적령기인 남녀는 고집 때문에 혼사가 이루어지지 않는다.

6. 십이신살(十二神殺)과 제살년(諸殺年)으로 판단하는 방법

1. 겁살년(劫殺年)

겁살(劫殺)은 겁탈 당한다는 흉살이다. 겁살년(劫殺年)을 만나면 의외의 경쟁자가 나타나 시비와 구설이 따르고, 실물·도난·철거·차압·부도수표 등 투자한 것이 잘못되어 큰 손해를 본다. 여자는 유년(流年)에서 관살(官殺)이 신합(身合)되면 강간이나 자식의 실종 등을 조심해야 한다. 미혼자는 혼사에 문제가 생겨 파혼에 이르기도 한다. 그러나 겁살(劫殺)이 길신이 되고, 사주에 구신(救神)이 있으면 평탄할 수 있다.

2. 재살년(災殺年)

재살(災殺)은 수옥살(囚獄殺)이라고도 하며 관재구설로 감금·즉결심판·납치·교통사고·입원 등이 따른다. 사주에 재살(災殺)이 있는데 재살년(災殺年)을 만나면 십중팔구는 감옥에 간다. 그렇지 않으면 부모와 사별한다.

3. 천살년(天殺年)

불의의 천재를 당한다는 흉살이다. 천살(天殺)은 사묘(四墓)로 함정에 빠진 격으로 사면초가가 되어 고독하며, 관재나 상을 당한다.

4. 지살년(地殺年)

역마(驛馬)라고도 하며 타도타국으로 멀리 간다는 살이다. 이사하여 새살림을 장만하거나 관광 등의 즐거움도 있다. 그러나 형충(刑冲)되면 교통사고를 조심해야 하고, 도화살(桃花殺)이나 망신살(亡神殺)이 있으면 주색을 조심해야 한다.

5. 년살년(年殺年)

일명 풍류살이라고도 하는 바람살이다. 주색과 이성으로 망신을 당하거나, 허영으로 낭비가 심하고, 말못할 비밀이 탄로나 망신을 당한다. 남녀 모두 주색을 멀리해야 한다.

6. 월살년(月殺年)

일명 고초살(枯焦殺)로 만사가 고갈된다는 흉살이다. 만사가 고갈되어 답답하니 발전은 기대하기 어렵다.

7. 망신살년(亡身殺年)

모든 계획이 수포로 돌아가고 패가망신한다는 흉살이다. 색난·실물·투기·노름·투자실패 등 재물과 명예에 망신이 따른다.

8. 장성살년(將星殺年)

벼슬과 권세가 따른다는 살이다. 사업의 발전과 승진 승급 등이 따르는 활력적인 운세다. 여명은 가정과 자식을 위해 직업전선으로 나서는 운이다.

9. 반안살년(攀鞍殺年)

반안살(攀鞍殺)은 출세를 의미하는 살이다. 취업이나 승진 승급 등이 길한 운으로 많이 발전한다.

10. 역마살년(驛馬殺年)

말을 타고 멀리 떠나는 것을 의미한다. 이사·해외여행·이민 등 바쁘게 움직이는 해이다. 지살(地殺)과 형충(刑沖)되면 교통사고나 관재구설·이별·이혼 등의 흉운으로 동분서주하나 노력만큼 소득이 없다.

11. 육해살년(六害殺年)

육해살(六害殺)은 인덕이 없고 오래 앓는 흉살이다. 친인척간에 불화하고 질병으로 병원출입이 많아진다.

12. 화개살년(華蓋殺年)

삼합(三合)의 끝 자로 사묘(四墓), 사고(四庫)라고도 한다. 사치와 허영으로 낭비하고, 신경성 질환으로 요통이나 근육통 등이 따른다. 함정에 빠진 격으로 고독을 잘 느끼고, 예술·기술·종교 등에 빠진다. 남녀 모두 바람이 나서 부부간에 생사이별을 많이 한다.

13. 낙정관살년(落井關殺年)

바다·강물·맨홀 등에 빠진다는 흉살이다. 뱃놀이·수영·등산을 하다 낙상하거나 치아 등이 다친다.

14. 급각살년(急脚殺年)

척추질환·협착증·디스크·좌골신경통·오십견·관절염·산후신경통·치아·낙상·골절 등이 따른다.

15. 건록년(建祿年)

대운이나 년운(年運)에서 건록(建祿)이 형충파해(刑沖破害)되면 직업이나 주거 변동이 생기고, 질병을 초래할 수 있고, 손재나 손처하는 운이다.

16. 상문살년(喪門殺年)

상문살(喪門殺)이 있는데 년운(年運)이나 월운(月運)에서 또 만나면 상을 당하고, 그렇지 않으면 친인척이나 친구와 불화가 생긴다.

17. 조객살년(弔客殺年)

사주에 조객살(弔客殺)이 있는데 년운(年運)이나 월운(月運)에서 또 만나면 문상갈 일이 생긴다.

18. 과숙살년(寡宿殺年)

사주에 과숙살(寡宿殺)이 있는데 년운(年運)이나 월운(月運)에서 또 만나면 남편과 생사이별하고 재산상 실패도 따른다.

19. 효신살년(梟神殺年)

사주에 효신살(梟神殺)이 있는데 년운(年運)이나 월운(月運)에서 또 만나면 동업으로 사기를 당하고 부부이별수도 따른다.

20. 백호대살년(白虎大殺年)

년주(年柱)에 백호대살(白虎大殺)이 있는데 년운(年運)에서 또 만나면 사회적으로 흉한 일이 생기고, 월주(月柱)에 백호대살(白虎大殺)이 있는데 월운(月運)에서 또 만나면 만나면 부모형제가 흉사하고, 일주(日柱)에 백호대살(白虎大殺)이 있는데 년운(年運)에서 또 만나면 배우자가 흉사하고, 시주(時柱)에 백호대살(白虎大殺)이 있는데 년운(年運)에서 또 만나면 자손이 흉사한다.

8. 실제간명

사주를 간명할 때는 다음의 순서대로 한다.

① 사주의 4기둥과 대운을 정확하게 세우고 강약을 판단한다.
② 사주의 격국(格局)을 정하고 용신(用神)과 희신(喜神), 기신(忌神)과 구신(仇神)을 찾는다.

③ 사주의 순수청정을 가려 청탁관계와 귀천고저를 살핀다.

④ 길신과 흉신, 제합(諸合)과 제살(諸殺), 십이운성(十二運星)을 종합하여 성격과 직업, 건강상태 등 길흉화복을 판단한다.

⑤ 대운과 년운(年運), 월운(月運)을 육친(六親)의 희기(喜氣)에 따라 길흉을 감정한다.

■ 건명(乾命) : 1943년 1월 26일 진(辰)시생

58 48 38 28 18 8

戊 己 甲 癸   戊 己 庚 辛 壬 癸 大

辰 未 寅 未   申 酉 戌 亥 子 丑 運

■ 격 : 인(寅) 중 갑목(甲木)이 월간(月干)에 투간(透干)하여 정관격(正官格)이다.

■ 강약 : 갑목(甲木)이 인(寅)월에 건록(建祿)을 얻고, 진미(辰未) 을목(乙木)에 뿌리가 내려 갑목(甲木) 관(官)이 왕하다. 일주(日主) 기토(己土)도 우수를 지나 경칩에 가까워 미(未) 중 정화(丁火)로 따뜻함을 얻고, 시주(時柱)에 무진(戊辰)과 미토(未土)가 일주(日主) 기토(己土)를 도와주니 신(身)도 왕하다.

■ 용신 : 비다신왕(比多身旺)으로 월천간(月天干) 갑목(甲木) 관

성(官星)이 용신(用神)이다. 월상(月上) 계수(癸水)가 희신(喜神)으로 많은 비겁(比劫)에게 제압을 받으나 관성(官星) 갑목(甲木)이 보호하여 진(辰) 중 계수(癸水)에 통근(通根)되어 용신(用神) 목관(木官)을 도와준다.

■ 성품 : 지모는 충만하나 겉으로 드러내지 않는 평화주의자이다. 성실하면서 책임과 공경심이 강하고, 정관(正官)이 용신(用神)으로 매사에 공명정대하며 준법정신이 투철하다. 그러나 고집불통에 내성적이라 여러 가지 고민에 빠져있으면서도 해소하지 못하고 혼자 고민에 시달린다.

■ 육친 : 부모는 유정하다. 편재(偏財) 아버지 계수(癸水)가 많은 비겁(比劫)에게 극제(剋制)받아 부선망(父先亡)이나, 정관(正官) 갑목(甲木)이 보호하고 대운이 서북운으로 흘러 모선망(母先亡)이 되었다. 처궁(妻宮)은 희신(喜神)으로 아내는 현숙한 편으로 내조를 잘 하나, 많은 비겁(比劫)에게 극을 당하니 항상 건강을 조심해야 한다. 자식은 3남 3녀이나 시대의 풍조로 보아 3·4 남매이고, 양관살(陽官殺)이 건록(建祿)이 되어 딸보다 아들이 출세한다

■ 직업 : 월지(月支)에 정관(正官)이 있으니 법무나 행정 계통이 적성에 맞고, 상업계통으로는 정찰이 필요한 업종이 길하다. 도매업이나 잡화상, 주단포목 등이 길하다.

■ 세운 : 수목(水木)이 용신(用神)이니 수목(水木)운에 크게 발전하고, 화토(火土)운은 불길하다. 금(金)운에는 천간(天干)으로 수(水)를 동반하면 식신생재(食神生財)하여 평길하다.

■ 대운
계축(癸丑)대운 : 천간(天干) 계운(癸運)은 희신운(喜神運)으로 좋으나, 축(丑)대운은 식상(食傷)이 입묘(入墓)하여 년지(年支)를 충하니 조모와 사별한다.
임자(壬子)대운 : 희신운(喜神運)으로 부모의 보살핌을 받으며 학업성적도 우수하여 명문대학에 무난하게 진학하였다.
신해(辛亥)대운 : 대운 천간(天干)에 신금(辛金)이 용신(用神) 목(木)을 극하여 대흉할 것 같다. 그러나 탐생망극(貪生忘剋)의 원리로 신금(辛金)은 해수(亥水)를 동반하고, 년상(年上) 희신(喜神) 계수(癸水)를 생하고, 계수(癸水)는 다시 용신(用神) 갑목(甲木)을 생한다. 희용신(喜用神)은 더욱 강하여 대길하여 29세 임자(壬子)년에 행정고시에 합격하였다. 임자(壬子)년의 월운(月運)을 열거하면 다음과 같다.

— 임인(壬寅) 계묘(癸卯)월 : 희용신(喜用神)의 운으로 고시에 합격하였다.
— 갑진(甲辰) 을사(乙巳)월 : 천간(天干)이 길하여 행정부에서 입신하였다.

― 병오(丙午) 정미(未)월 : 문서상 불리한 달로 업무숙달에 애로
  가 있으나 대운이 길하여 별다른 문제는 없었다.

― 무신(戊申) 기유(己酉)월 : 부성(父星)인 편재(偏財) 계수(癸
  水)가 많은 비겁(比劫)에게 극제당하고 병사지(病死支)가 되어
  아버지의 건강이 좋지 않았으나 대운이 길하여 무난하였다.

― 경술(庚戌) 신해(亥)월 : 9월은 길흉상반으로 문서상 불리하고,
  10월은 희신(喜神)의 달로 평길하였다.

― 임자(壬子) 계축(丑)월 : 11월은 희신(喜神)의 달로 대길했으나
  12월은 약간의 변동이 있었다.

경술(庚戌)대운 : 년상(年上) 편재(偏財) 계수(癸水)를 생하여 상
관생재(傷官生財) 재생관(財生官)으로 희용신(喜用神)을 보강하여
평길하였다. 그러나 술(戌)대운부터 겁재(劫財)운으로 기신(忌神)
이 되어 막힘이 많았고, 45세 무진(戊辰)년과 46세 기사(己巳)년은
군비쟁재(群比爭財)로 손재손처하는 운이니 각별히 조심해야 한다.

이 사주는 해자축(亥子丑) 북방 수(水)운에 희용(喜用)을 보강하
여 만사형통으로 크게 성공했다. 그러나 43세 이후 신유술(申酉戌)
서방 금(金)운에 용신(用神) 갑목(甲木)이 절태지(絶胎地)가 되고,
십이신살(十二神殺)로는 겁살(劫殺)과 재살운(災殺運)이 되어 만
사가 여의하지 못했다. 무기(戊己)운은 군비쟁재(群比爭財)가 되어
일시에 몰락하고, 신(申)운은 불록이 예상되는 명조이다.

■ 곤명(坤命) : 1949년 윤 7월 15일 사(巳)시생

<pre>
                    51 41 31 21 11   1
辛 庚 壬 己   戊 丁 丙 乙 甲 癸   大
巳 子 申 丑   寅 丑 子 亥 戌 酉   運
</pre>

■ 격 : 신(申) 중 임수(壬水)가 월상(月上)에 투간(透干)하여 식신격(食神格)이다.

■ 강약 : 경금(庚金)이 월령(月令)에서 건록(建祿)을 얻고, 득세(得勢) 득지(得地)하여 재관(財官)이 무기(無氣)하여 신강(身强)사주이다.

■ 용신(用神) : 인비(印比)가 태왕(太旺)하면 재관(財官)으로 왕성한 인비(印比)를 억제해야 마땅하다. 그러나 사주에 재성(財星)이 없으니 시지(時支)의 사화(巳火) 관성(官星)을 용신(用神)으로 삼으려 하나, 년지(年支) 축(丑)과 반합(半合)하여 기신(忌神) 금(金)으로 화(化)한다. 설상가상으로 공망(空亡)에 재성(財星)이 없으니 사화(巳火) 관성(官星)은 유중무기(有中無氣)로 유명무실되고 말았다. 강자의설(强者宜洩)의 용신법(用神法)에 따라 월상(月上) 임수(壬水)로 설기시켜야 한다. 용신(用神)을 정하고 보니 년상(年上) 인수(印綬) 기토(己土)가 병신(病神)이고, 목(木)이 약용

신(藥用神)이 된다.

옛글에 '사주에 유병(有病)이라야 방위귀(方爲貴)요, 무병이면 불시기(不是奇)라, 겨 중에 여거병(如去病)이면 재록(財祿)이 희상수(喜相隨)라' 하였다. 이 사주는 병(病)은 중한데 약(藥)이 없으니 어찌 형통하겠는가.

■ 성품 : 두뇌는 명석하고 정에는 약하며 의리를 중요시하는 정의파이나, 기회주의자로 얌체라는 소리를 듣는 경우도 있다. 일지(日支) 상관(傷官)이 있는 여자는 남편덕이 없어 직업전선에 나가는 경우가 많다.

■ 육친 : 월령(月令)에 망신살(亡神殺)이 있고, 인성(印星) 기토(己土)가 병신(病神)이다. 재성(財星)이 무기(無氣)하여 부모와 육친덕은 금수(金水)처럼 한냉하다. 부부궁은 비겁(比劫)이 태왕하고 관약무재(官弱無財)의 명으로 남편 자리인 일지(日支)에 상관(傷官)이 있어 관성(官星)이 절태지(絶胎地)가 되었다. 결혼해도 해로하기 어렵고 부부간의 풍파는 면하기가 어렵다.

시지(時支)에 편관(偏官) 병화(丙火)가 있으나 공망(空亡)이 되고, 년지(年支) 축(丑) 중 신금(辛金)과 암합(暗合)한다. 관성(官星) 병화(丙火)의 입장에서 추리해보면 축(丑) 중 신금(辛金)은 병화(丙火)와 정극(正剋)으로 정재(正財)가 되어 병화(丙火)의 본처가 되고, 본명 경금(庚金)은 병화(丙火)와 편극(偏剋)으로 편재(偏

財)가 되니 후실의 명으로 남편복인들 있겠는가. 자식은 4남매인데, 아들 하나는 출세하고, 막내딸은 병화(丙火) 편관(偏官)과의 사이에서 태어나 편부와 동거하는 팔자이다.

■ 직업 : 물과 관련된 직업으로 음식점·주류업·우유대리점·목욕탕업·생수업 등이 길하다. 경신자진(庚申子辰)일생 여자는 요식업으로 성공한다.

■ 건강 : 금수(金水)가 한냉하고 화(火)가 미약하니 심장이나 소장계통의 질병을 조심해야 한다. 항상 화기(火氣)를 돕는 식품과 청적색을 취하는 습관을 기르는 것이 좋다.

■ 세운(歲運) : 설기신(泄氣神)인 수(水)가 용신(用神)이고, 병성(病星)인 기토(己土)를 억제하는 목(木)이 약용신(藥用神)이다. 수목(水木)운에는 크게 발전하고 토금(土金)운은 불길하다. 화운(火運)은 목(木)을 동반하면 평길하나 토(土)를 동반하면 불길하다.

■ 대운
정축(丁丑)대운 : 47세 을해(乙亥)년에 시지(時支) 관성(官星)을 충하여 남편과 사별하고, 50세 무인(戊寅)년과 51세 기묘(己卯)년은 용신(用神)인 임수(壬水)를 극하고 용신(用神) 임수(壬水)의 뿌리인 신금(申金)을 충하여 천신만고 끝에 생명만은 건졌다.

무인(戊寅)대운 : 52세 경진(庚辰)년부터 천간(天干) 경금(庚金)은 생수(生水)하고, 지지(地支) 진(辰)은 신자진(申子辰) 수국(水局)을 이루어 용신(用神) 수(水)를 보강하니 운세가 좋아졌다. 56세 갑신(甲申)년의 년운(年運)을 살펴보면 다음과 같다. 천간(天干) 갑목(甲木)은 년천간(年天干) 병신(病神) 기토(己土)를 합거(合去)하고, 지지(地支) 신금(申金)은 용신(用神) 임수(壬水)를 보강하여 대길하다.

— 병인(丙寅) 정묘(丁卯)월 : 1월은 이사 변동수가 있고, 이성이나 건강을 조심해야 한다.

— 무진(戊辰) 기사(己巳)월 : 병신(病神) 기토(己土)가 득세하고 인성(印星)이 기신(忌神)이 되어 문서가 불리하니 매매계약이나 보증관계는 미루는 것이 좋다.

— 경오(庚午) 신미(辛未)월 : 인인손재(人因損財)의 달로 형제나 친지의 감언이설을 조심해야 한다.

— 임신(壬申) 계유(癸酉)월 : 용신(用神)의 달로 경영하는 일이 좋아지고, 수입도 늘어난다.

— 갑술(甲戌) 을해(乙亥)월 : 약용신(藥用神)의 달로 수입이 늘어나며 자식의 분가도 예상된다.

— 병자(丙子) 정축(丁丑)월 : 편관(偏官)의 달로 건강이나 구설수, 이성을 조심해야 한다.

■ 곤명(坤命) : 1960년 2월 12일 인(寅)시생

				61	51	41	31	21	11	1	
庚	丙	己	庚	壬	癸	甲	乙	丙	丁	戊	大
寅	申	卯	子	申	酉	戌	亥	子	丑	寅	運

■ 격 : 자묘유(子卯酉)는 불투(不透)라도 격을 취하니 월령(月令)을 따라 정인격(正印格)이다.

■ 강약 : 일간(日干) 병화(丙火)가 득령(得令)하고, 시지(時支) 인(寅)에서 장생(長生)을 얻어 신강(身强)사주로 보기 쉽다. 그러나 일지(日支)가 병지(病地)가 되고, 년시상(年時上) 경금(庚金) 재(財)가 일지(日支)에 건록(建祿)을 놓아 강변약(强變弱)하여 재다신약(財多身弱) 사주가 되었다.

■ 용신 : 재다신약(財多身弱)에는 비견(比肩)이 용신(用神)이고, 인성(印星)이 희신(喜神)이다. 인비(印比)인 목화(木火)의 동남운에 발전하고, 재관식(財官食)인 토금수(土金水)운은 침체된다. 월령(月令)의 정인(正印) 묘(卯)는 년지(年支) 자(子)와 형(刑)하고, 시지(時支) 편인(偏印) 인목(寅木)은 일지(日支) 신금(申金)에게 충극(沖剋)을 당하여 희신(喜神)인 인수(印綬)가 온전하지 못하니 인생항로가 어찌 평탄하겠는가.

■ 육친 : 월령(月令)의 인수(印綬) 묘목(卯木)이 육해살(六害殺)에 해당하고, 재관인(財官印) 삼기(三奇)가 모두 형충(刑沖)되어 골육이 무정한 상이다. 그러나 성품만은 병(丙)일생으로 예법을 알며 용모도 밝고, 신약(身弱)으로 마음씨도 아름답다. 년지(年支) 자수(子水) 관(官)이 재성(財星)의 생을 받아 유기(有氣)한 것 같으나 투간(透干)하지 못하고, 월령(月令)의 묘목(卯木)이 설기하고, 형살(刑殺)까지 가세하니 관성(官星)이 약하다. 자(子)운 말 31세 경오(庚午)년에 미약한 관성(官星)을 양인(羊刃)이 충거(沖去)하여 남편이 교통사고로 세상을 떠났다.

좀더 자세히 추리하면 재인(財印)이 상충(相沖)하니 부모가 상쟁하여 부모가 별거하였다. 역마(驛馬) 인수(印綬)와 지살(地殺) 재(財)가 상충(相沖)하니 부모나 배우자, 또는 본인이 교통사고를 면하기 어렵다. 또 일월(日月)이 원진(怨嗔)이니 부모형제와 뜻이 맞지 않고, 일시(日時)가 상충(相沖)하니 일부종사하기 어렵다. 월상(月上) 상관(傷官) 자성(子星) 기토(己土)마저 살지(殺地)에 있고, 단교관살(斷橋關殺)과 동주(同柱)하고, 실령(失令) 실기(失氣)한데다 형살(刑殺)까지 가세하니 자식복인들 있겠는가.

■ 직업 : 학업운이 좋으면 교육계나 종교계가 좋으나, 불리하여 문방구나 서점, 독서실 등이 천직이다.

■ 세운 : 재다신약(財多身弱)으로 비견(比肩)이 용신(用神)이고,

인성(印星)이 희신(喜神)이다. 고로 목화(木火)운에 크게 발전하고, 재관식(財官食)인 금수토(金水土)운은 침체된다.

■ 대운

을해(乙亥)대운 : 31세 경오(庚午)년에 기신(忌神) 재성(財星)이 득세(得勢)하고, 오화(午火) 양인(羊刃)이 년지(年支) 자수(子水) 관성(官星)을 충거(沖去)하여 남편이 교통사고로 사망하였다. 32세 신미(辛未)년에는 해묘미(亥卯未) 인수국(印綬局)을 이루니 아파트를 장만했으나 자식이 낙상하여 골절상을 입었다.

갑술(甲戌)대운 : 희용(喜用)의 대운으로 발전 확장한다. 43세 임오(壬午)년은 이성문제로 명예가 실추될 수 있으니 월운을 살펴 조심해야 한다.

— 임인(壬寅) 계묘(卯)월 : 이성과 구설을 조심하고 역마가 일지(日支)를 충하니 조심해야 한다.
— 갑진(甲辰) 을사(乙巳)월 : 문서상 길하니 가토매매나 신규사업은 좋고, 자녀의 근심과 걱정이 생긴다.
— 병오(丙午) 정미(未)월 : 친구나 친인척의 도움으로 독립사업을 하며 동업운도 따른다.
— 무신(戊申) 기유(己酉) : 구설수나 건강을 조심하라.
— 경술(庚戌) 신해(亥)월 : 손재수가 따르니 계나 돈놀이는 하지

말라.

— 임자(壬子) 계축(丑)월 : 이성에게 유혹당하여 일신을 망칠 수
도 있으니 이성을 조심하고 건강도 돌봐야 한다.

■ 용어익히기

— 건명(乾命) : 남명 또는 남자 사주.

— 곤명(坤命) : 여명 또는 여자 사주.

— 용신(用神) : 일간(日干)을 이롭게 하는 신.

— 희신(喜神) : 용신(用神)을 돕는 신으로 약신(藥神)이라고도 함.

— 기신(忌神) : 일간(日干)을 해롭게 하는 신.

— 구신(仇神) : 희신(喜神)을 극파(剋破)하는 신.

— 한신(閑神) : 용신(用神)이나 희신(喜神), 일주(日柱)에게 무해
무덕한 신.

— 구신(救神) : 위기에서 구해주는 신.

— 군비쟁재(群比爭財) : 많은 비겁(比劫)이 재(財)를 다투는 것.

— 득비이재(得比理財) : 비견(比肩)과 겁재(劫財)의 힘을 얻어 재
(財)를 다스리는 것.

— 강자의억법(强者宜抑法) : 강한 것을 억제하는 법.

— 강자의설(强者宜洩) : 강한 것을 설기시키는 법.

— 합관유살(合官留殺) : 정관(正官)은 합되어 다른 오행으로 변
하고 편관(偏官)만 남아 정관(正官) 역할을 하는 것.

— 합살유관(合殺留官) : 편관(偏官)은 합되어 다른 오행으로 변하고 정관(正官)만 남은 것.

— 재다신약(財多身弱) : 재성(財星)이 많아 신약(身弱)이 되는 것.

— 태쇠의상(太衰宜傷) : 극히 쇠한 것이 관으로 상한다.

— 부목지상(浮木之象) : 갑을목(甲乙木)이 무근(無根)으로 지지(地支)에 수국(水局)을 이루어 목(木)이 물에 뜨는 것.

— 신왕관쇠(身旺官衰) : 신강(身强)사주가 관(官)이 쇠한 것.

— 상관지살(傷官之殺) : 상관(傷官)이 강하거나 시상(時上)에 상관(傷官)이 있는 경우.

— 자매강강(姉妹强强) : 여명에 비겁(比劫)이 많은 것.

— 괴강살(魁罡殺) : 임진(壬辰)·임술(壬戌)·경진(庚辰)·경술(庚戌)·무술(戊戌)일생.

— 합다합정(合多合情) : 합이 많으면 정도 많다는 뜻.

— 암부중첩(暗夫重疊) : 지장간(支藏干)에 관살(官殺)이 많은 것.

— 암중투부(暗中套夫) : 남의 남자를 몰래 빼앗는 것.

— 명암부집(明暗夫集) : 천간(天干)에 관살(官殺)이 있는데 지지(地支)에도 관살(官殺)이 암장(暗藏)되어 있는 것.

— 곤랑도화(滾浪桃花) : 일간(日干)이 합되고, 일지(日支)가 형(刑)된 것으로 주색과 성병으로 고생한다.

— 간합지형(干合支刑) : 천간(天干)은 합되고 지지(地支)는 형된 것. 화목할 듯하면 풍파가 닥치니 근심과 걱정이 태산이고, 부부는 해로하기 어렵고, 술사나 승려가 된다.

— 가상관격(假傷官格) : 월령(月令)에 인수(印綬)나 비겁(比劫)이 있는데 상관(傷官)으로 용신(用神)을 삼는 것.

— 진상관격(眞傷官格) : 월령(月令)에 상관(傷官)이 있는 것.

— 파료상관(破了傷官) : 상관성(傷官星)이 손상된 것.

— 상관상진(傷官傷盡) : 상관성(傷官星)이 극파(剋破)되어 상관(傷官)이 힘이 없는 것.

— 관살혼잡(官殺混雜) : 정편관(正偏官)이 혼잡된 것.

— 관인상생(官印相生) : 관성(官星)이 인성(印星)을 생하고 인성(印星)이 일간(日干)을 생하는 것.

— 아우생아(兒又生兒) : 식신(食神)이 생재(生財)하는 것. 일간(日干)이 무근하여 의지할 곳이 없으니 식재(食財)를 희용(喜用)으로 삼고, 재성(財星)을 극하는 비겁(比劫)과 식상(食傷)을 극하는 인성(印星)이 병(病)이다. 아우생아(兒又生兒)에는 재성(財星)이 용신(用神)이다.

— 처우생아(妻又生兒) : 종재격(從財格)에서 재(財)가 생살(生殺)하는 것. 관살(官殺)이 용신(用神)이다.

— 명관과마(明官跨馬) : 천간(天干) 관성(官星)이 지지(地支) 재성(財星)의 생을 받는 것.

— 부성입묘(夫星入墓) : 관성(官星)이 묘궁(墓宮)에 있는 것.

— 통근(通根) : 뿌리가 있는 것.

— 무근(無根) : 뿌리가 없는 것.

— 녹왕(祿旺) : 건록(建祿)을 얻어 왕성한 것.

— 합거살(合去殺) : 편관(偏官)이 합되어 다른 오행(五行)으로 변하여 편관(偏官) 역할을 못하는 것.

— 합거관(合去官) : 정관(正官)이 합되어 다른 오행(五行)으로 변하여 정관(正官) 역할을 못하는 것.

— 삼반물(三般物) : 재성(財星)·관성(官星)·인성(印星).

— 투출(透出) 투간(透干) : 천간(天干)에 나타난 것.

— 암장(暗藏) : 지지(地支)에 숨어 있는 것으로 지장간(支藏干)이라고도 함.

— 불투(不透) : 천간(天干)에 투간(透干)하지 않은 것.

— 불장(不藏) : 지지(地支)에 암장(暗藏)된 것이 없는 것.

— 조토(燥土) : 마른 흙이라는 뜻으로 무토(戌土)와 미토(未土)를 말함.

— 습토(濕土) : 습한 흙이라는 뜻으로 축토(丑土)와 진토(辰土)를 말함.

— 신합(身合) : 일주(日柱)와 합되는 것. 비겁(比劫)이 신합(身合)되면 이복형제가 있고, 재관(財官)이 신합(身合)되면 총각이 자식을 두고, 관식(官食)이 신합(身合)되면 처녀가 임신한다.

— 이덕(二德) : 재성(財星)과 관성(官星).

— 괴병(魁病) : 여러 가지 살과 형충파해(刑沖破害).

— 부성(夫星) : 정관(正官)과 편관(偏官)으로 남편을 말함.

— 편부(偏夫) : 혼외 남편으로 간부와 정부를 말함.

— 정부(正夫) : 결혼한 남편.

— 충출(沖出) : 충하여 암중(暗中)에 육친이 나오는 것.

— 유년(流年) : 년의 흐름이나 돌아오는 해, 매년의 흐름.

— 명(明) : 천간(天干)에 나타난 육친을 말하며 투간(透干)이나
투출(透出)이라고 한다.

— 암(暗) : 지지(地支)에 암장(暗藏)된 신을 말하며 지장간(支藏
干)이라고도 한다.

— 설기(泄氣) : 설기(洩氣)라고도 하며 기운을 빼는 것.

— 종격(從格) : 강한 육친을 따라 격을 취하는 것.

— 방조(幇助) : 도와주는 것.

— 설상(泄傷) : 힘을 빼 상하게 하는 것.

— 전록(專祿) : 일지(日支) 건록(建祿)을 말하며 전록격(專祿格)
이라고 한다.

— 건록(建祿) : 월지(月支) 건록(建祿)을 말하며 건록격(建祿格)
이라고 한다.

— 귀록(歸祿) : 시지(時支) 건록(建祿)을 말하며 귀록격(歸祿格)
이라고 한다.

음파메세지(氣) 성명학

신비한 동양철학 51

새로운 시대에 맞는 새로운 성명학

지금까지의 모든 성명학은 모순의 극치를 이루고 있다. 이제 새로운 시대에 맞는 음파메세지(氣) 성명학이 탄생했으니 차근차근 읽어보고 복을 계속 부르는 이름을 지어 사랑하는 자녀가 행복하고 아름다운 삶을 살아갈 수 있도록 하는데 도움이 되었으면 한다.

· 청암 박재현 저

정법사주

신비한 동양철학 49

독학과 강의용 겸용의 책

이 책은 사주추명학을 연구하고자 하는 분들에게 심오한 주역의 이해를 돕고자 하는 의도에서 시작되었다. 음양오행의 상생상극에서부터 육친법과 신살법을 기초로 하여 격국과 용신 그리고 유년판단법을 활용하여 운명판단에 첩경이 될 수 있도록 했고, 추리응용과 운명감정의 실례를 하나 하나 들어가면서 독학과 강의용 겸용으로 엮었다.

· 원각 김구현 저

찾기 쉬운 명당

신비한 동양철학 44

풍수지리의 모든 것 !

이 책은 가능하면 쉽게 풀려고 노력했고, 실전에 도움이 되도록 했다. 특히 풍수지리에서 방향측정에 필수인 패철(佩鐵)사용과 나경(羅經) 9층을 각 층별로 간추려 설명했다. 그리고 이 책에 수록된 도설, 즉 오성도, 명산도, 명당 형세도 내거수 명당도, 지각(枝脚)형세도, 용의 과협출맥도, 사대혈형(穴形) 와겸유돌(窩鉗乳突)형세도 등은 국립중앙도서관에 소장된 문헌자료인 만산도단, 만산영도, 이석당 은민산도의 원본을 참조했다.

· 호산 윤재우 저

명리입문

신비한 동양철학 41

명리학의 필독서 !

이 책은 자연의 기후변화에 의한 운명법 외에 명리학도들이 궁금해 했던 인생의 제반사들에 대해서도 상세하게 기술했다. 따라서 초보자부터 심도있게 공부한 사람들까지 세심히 읽고 숙독해야 하는 책이다. 특히 격국이나 용신뿐 아니라 십신에 대한 자세한 설명, 조후용신에 대한 보충설명, 인간의 제반사에 대해서는 독보적인 해설이 들어 있다. 초보자들에게는 더할 수 없이 훌륭한 길잡이가 될 것이다.

· 동하 정지호 편역

사주대성

신비한 동양철학 33

초보에서 완성까지

이 책은 과거 현재 미래를 모두 알 수 있는 비결을 실었다. 그러나 모두 터득한다는 것은 어려울 것이다.역학은 수천 년간 동방의 석학들에 의해 갈고 닦은 철학이요 학문이며, 정신문화로서 영과학적인 상수문화로서 자랑할만한 위대한 학문이다.

・도관 박흥식 저

해몽정본

신비한 동양철학 36

꿈의 모든 것 !

막상 꿈해몽을 하려고 하면 내가 꾼 꿈을 어디다 대입시켜야 할지 모를 경우가 많았을 것이다. 그러나 이 책은 찾기 쉽고, 명료하며, 최대한으로 많은 갖가지 예를 들었으니 꿈해몽을 하는데 어려움이 없을 것이다.

・청암 박재현 저

동양철학전문출판 **삼한**

기문둔갑옥경

신비한 동양철학 32

가장 권위있고 우수한 학문 !

우리나라의 기문역사는 장구하지만 상세한 문헌은 전무한 상태라 이 책을 발간하기로 했다. 기문둔갑은 천문지리는 물론 인사명리 등 제반사에 관한 길흉을 판단함에 있어서 가장 우수한 학문이며 병법과 법술방면으로도 특징과 장점이 있다. 초학자는 포국편을 열심히 익혀 설국을 자유자재로 할 수 있도록 하고 개인의 이익보다는 보국안민에 일조하기 바란다.

· 도관 박흥식 저

정본·관상과 손금

신비한 동양철학 42

바로 알고 사람을 사귑시다

이 책은 관상과 손금은 인생을 행복으로 이끌기 위해 있다는 관점에서 다루었다. 그야말로 관상과 손금의 혁명이라고 할 수 있을 것이다. 여러분도 관상과 손금을 통한 예지력으로 인생의 참주인이 되기 바란다. 용기를 불어넣어 주고 행복을 찾게 하는 것이 참다운 관상과 손금술이다. 이 책으로 미래의 좋은 예지력을 한번쯤 발휘해 보기 바란다. 이 책이 일상사에 고민하는 분들에게 해결방법을 제시해 줄 것이다.

· 지창룡 감수

조화원약 평주

신비한 동양철학 35

명리학의 정통교본!

이 책은 자평진전, 난강망, 명리정종, 적천수 등과 함께 명리학의 교본에 해당하는 것으로 중국 청나라 때 나온 난강망이라는 책을 서낙오 선생께서 설명을 붙인 것이다. 기존의 많은 책들이 격국과 용신으로 감정하는 것과는 달리 십간십이지와 음양오행을 각각 자연의 이치와 춘하추동의 사계절의 흐름에 대입하여 인간의 길흉화복을 알 수 있게 했다.

・동하 정지호 편역

龍의 穴・풍수지리 실기 100선

신비한 동양철학 30

실전에서 실감나게 적용하는 풍수지리의 길잡이!

이 책은 풍수지리 문헌인 조선조 고무엽(古務葉) 태구승(泰九升) 부집필(父輯筆)로 된 만두산법(巒頭山法), 채성우의 명산론(明山論), 금랑경(錦囊經) 등을 알기 쉬운 주제로 간추려 풍수지리의 길잡이가 되고자 했다. 그리고 인간의 뿌리와 한 사람의 고유한 이름의 중요성을 풍수지리와 연관하여 살펴보아야 하기 때문에 씨족의 시조와 본관, 작명론(作名論)을 같이 편집했다.

・호산 윤재우 저

천직·사주팔자로 찾은 나의 직업

신비한 동양철학 34

역경없이 탄탄하게 성공할 수 있는 방법!

잘 되겠지 하는 막연한 생각으로 의욕만 갖고 도전하는 것과 나에게 맞는 직종은 무엇이고 때는 언제인가를 알고 도전하는 것은 근본적으로 다르고, 결과 또한 다르다. 더구나 요즈음은 I.M.F.시대라 하여 모든 사람들이 정신까지 위축되어 생기를 잃어가고 있다. 이런 때 의욕만으로 팔자에도 없는 사업을 시작했다고 하자, 결과는 불을 보듯 뻔하다. 그러므로 이런 때일수록 침착과 냉정을 찾아 내 그릇부터 알고, 생활에 대처하는 지혜로움을 발휘해야 한다.

· 백우 김봉준 저

통변술해법

신비한 동양철학 ㉑

가닥가닥 풀어내는 역학의 비법!

이 책은 역학에 대해 다 알면서도 밖으로 표출되지 않아 어려움을 겪는 사람들을 위한 실습서다. 특히 틀에 박힌 교과서적인 역술의 고정관념에서 벗어나, 한차원 높게 공부할 수 있도록 원리통달을 설명하는데 중점을 두었다. 실명감정과 이론강의라는 두 단락으로 나누어 역학의 진리를 설명했기 때문에 누구나 쉽게 이해할 수 있다. 역학계의 대가 김봉준 선생의 역서 「알기쉬운 해설·말하는 역학」의 후편이다.

· 백우 김봉준 저

주역육효 해설방법上·下

신비한 동양철학 38

한 번만 읽으면 주역을 활용할 수 있는 책 !

이 책은 주역을 해설한 것으로, 될 수 있는 한 여러 가지 사설을 덧붙이지 않고 주역을 공부하고 활용하는데 필요한 요건만을 기록했다. 따라서 주역의 근원이나 하도낙서, 음양오행에 대해서도 많은 설명을 자제했다. 다만 누구나 이 책을 한 번 읽어서 주역을 이해하고 활용할 수 있도록 하는데 중점을 두었다.

· 원공선사 저

사주명리학의 핵심

신비한 동양철학 ⑲

맥을 잡아야 모든 것이 보인다 !

이 책은 잡다한 설명을 배제하고 명리학자들에게 도움이 될 비법만을 모아 엮었기 때문에 초심자가 이해하기에는 다소 어려운 부분도 있겠지만 기초를 튼튼히 한 다음 정독한다면 충분히 이해할 것이다. 신살만 늘어놓으며 감정하는 사이비가 되지말기를 바란다.

· 도관 박흥식 저

동양철학전문출판 삼한

이렇게 하면 좋은 운이 온다

신비한 동양철학 ②

한 가정에 한 권씩 놓아두고 볼만한 책!

좋은 운을 부르는 방법은 방위·색상·수리·년운·월운·날짜·시간·궁합·이름·직업·물건·보석·맛·과일·기운·마을·가축·성격 등을 정확하게 파악하여 자신에게 길한 것은 취하고 흉한 것은 피하면 된다. 간혹 예외인 경우가 있지만 극소수에 불과하고 대부분은 적중하기 때문에 좋은 효과를 본다. 이 책의 저자는 신학대학을 졸업하고 역학계에 입문했다는 특별한 이력을 갖고 있기 때문에 더 많은 화제가 되고 있다.

· 역산 김찬동 저

말하는 역학

신비한 동양철학 ⑪

신수를 묻는 사람 앞에서 말문이 술술 열린다!

이 책은 그토록 어렵다는 사주통변술을 이해하기 쉽고 흥미롭게 고담과 덕담을 곁들여 사실적인 인물을 궁금해 하는 사람에게 생동감있게 통변하고 있다. 길흉작용을 어떻게 표현하느냐에 따라 상담자의 정곡을 찔러 핵심을 끄집어내고 여기에 대한 정답을 내려주는 것이 통변술이다. 역학계의 대가 김봉준 선생의 역작이다.

· 백우 김봉준 저

술술 읽다보면 통달하는 사주학

신비한 동양철학 ㉗

술술 읽다보면 나도 어느새 도사 !

당신은 당신 마음대로 모든 일이 이루어지던가. 지금까지 누구의 명령을 받지 않고 내 맘대로 살아왔다고, 운명 따위는 믿지도 않고 매달리지 않는다고, 이렇게 말하는 사람들이 많다. 그러나 그것은 우주법칙을 모르기 때문에 하는 소리다.

· 조철현 저

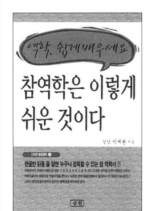

참역학은 이렇게 쉬운 것이다

신비한 동양철학 ㉔

음양오행의 이론으로 이루어진 참역학서 !

수학공식이 아무리 어렵다고 해도 1, 2, 3, 4, 5, 6, 7, 8, 9, 0의 10개의 숫자로 이루어졌듯이, 사주도 음양과 목, 화, 토, 금, 수의 오행으로 이루어졌을 뿐이다. 그러니 용신과 격국이라는 무거운 짐을 벗어버리고 음양오행의 법칙과 진리만 정확하게 파악하면 된다. 사주는 단지 음양오행의 변화일 뿐이고, 용신과 격국은 사주를 감정하는 한가지 방법에 지나지 않는다.

· 청암 박재현 저

나의 천운 운세찾기
신비한 동양철학 ⑫
놀랍다는 몽골정통 토정비결 !

이 책은 역학계의 대가 김봉준 선생이 놀랍다는 몽공토정비결을 연구 · 분석하여 우리의 인습 및 체질에 맞게 엮은 것이다. 운의 흐름을 알리고자 호운과 쇠운을 강조했으며, 현재의 나를 조명해보고 판단할 수 있도록 했다. 모쪼록 생활서나 안내서로 활용하기 바란다.

· 백우 김봉준 저

쉽게푼 역학
신비한 동양철학 ❷
쉽게 배워서 적용할 수 있는 생활역학서 !

이 책에서는 좀더 많은 사람들이 역학의 근본인 우주의 오묘한 진리와 법칙을 깨달아 보다 나은 삶을 영위하는데 도움이 될 수 있도록 가장 쉬운 언어와 가장 쉬운 방법으로 풀이했다. 역학계의 대가 김봉준 선생의 역작이다.

· 백우 김봉준 저

역산성명학

신비한 동양철학 ㉕

이름은 제2의 자신이다 !

이름에는 각각 고유의 뜻과 기운이 있어서 그 기운이 성격을 만들고 그 성격이 운명을 만든다. 나쁜 이름은 부르면 부를수록 불행을 부르고 좋은 이름은 부르면 부를수록 행복을 부른다. 만일 이름이 거지 같다면 아무리 운세를 잘 만나도 밥을 좀더 많이 얻어 먹을 수 있을 뿐이다. 이 책의 저자는 신학대학을 졸업하고 역학계에 입문했다는 특별한 이력을 갖고 있기 때문에 더 많은 화제가 되고 있다.

·역산 김찬동 저

작명해명

신비한 동양철학 ㉖

누구나 쉽게 배워서 활용할 수 있는 체계적인 작명법 !

일반적인 성명학으로는 알 수 없는 한자이름, 한글이름, 영문이름, 예명, 회사명, 상호, 상품명 등의 작명방법을 여러 사례를 들어 체계적으로 분석하여 누구나 쉽게 배워서 활용할 수 있도록 서술했다.

·도관 박홍식 저

관상오행

신비한 동양철학 ⑳

한국인의 특성에 맞는 관상법 !

좋은 관상인 것 같으나 실제로는 나쁘거나 좋은 관상이 아닌데도 잘 사는 사람이 왕왕있어 관상법 연구에 흥미를 잃는 경우가 있다. 이것은 중국의 관상법만을 익히고, 우리의 독특한 환경적인 특징을 소홀히 다루었기 때문이다. 이에 우리 한국인에게 알맞는 관상법을 연구하여 누구나 관상을 쉽게 알아보고 해석할 수 있도록 자세하게 풀어놓았다.

· 송파 정상기 저

물상활용비법

신비한 동양철학 31

물상을 활용하여 오행의 흐름을 파악한다 !

이 책은 물상을 통하여 오행의 흐름을 파악하고, 운명을 감정하는 방법을 연구한 책이다. 추명학의 해법을 연구하고 운명을 추리하여 오행에서 분류되는 물질의 운명 줄거리를 물상의 기물로 나들이 하는 활용법을 주제로 했다. 팔자풀이 및 운명해설에 관한 명리감정법의 체계를 세우는데 목적을 두고 초점을 맞추었다.

· 해주 이학성 저

운세십진법 · 本大路

신비한 동양철학 ❶

운명을 알고 대처하는 것은 현대인의 지혜다!

타고난 운명은 분명히 있다. 그러니 자신의 운명을 알고 대처한다면 비록 운명을 바꿀 수는 없지만 충분히 향상시킬 수 있다. 이것이 사주학을 알아야 하는 이유다. 이 책에서는 자신이 타고난 숙명과 앞으로 펼쳐질 운명행로를 찾을 수 있도록 운명의 기초를 초연하게 설명하고 있다.

· 백우 김봉준 저

국운 · 나라의 운세

신비한 동양철학 ㉒

역으로 풀어본 우리나라의 운명과 방향!

아무리 서구사상의 파고가 높다하기로 오천년을 한결같이 가꾸며 살아온 백두의 혼이 와르르 무너지는 지경에 왔어도 누구하나 입을 열어 말하는 사람이 없으니 답답하다. IMF라는 특수한 상황에서 불확실한 내일에 대한 해답을 이 책은 명쾌하게 제시하고 있다.

· 백우 김봉준

명인재

신비한 동양철학 43

신기한 사주판단 비법!

살(殺)의 활용방법을 완벽하게 제시하는 책!

이 책은 오행보다는 주로 살을 이용하는 비법이다. 시중에 나온 책들을 보면 살에 대해 설명은 많이 하면서도 실제 응용에서는 무시하고 있다. 이것은 살을 알면서도 응용할 줄 모르기 때문이다. 그러나 이 책에서는 살의 활용방법을 완전히 터득해, 어떤 살과 어떤 살이 합하면 어떻게 작용하는지를 자세하게 설명하고 있다.

· 원공선사 지음

사주학의 방정식

신비한 동양철학 18

가장 간편하고 실질적인 역서!

이 책은 종전의 어려웠던 사주풀이의 응용과 한문을 쉬운 방법으로 터득할 수 있게 하는데 목적을 두었고, 역학의 내용이 어떤 것이며 무엇이 어디에 속하는지를 알고자 하는데 있다.

· 김용오 저

원토정비결

신비한 동양철학 53

반쪽으로만 전해오는 토정비결의 완전한 해설판

지금 시중에 나와 있는 토정비결에 대한 책들을 보면 옛날부터 내려오는 완전한 비결이 아니라 반쪽의 책이다. 그러나 반쪽이라고 말하는 사람이 없다. 그것은 주역의 원리를 모르기 때문이다. 따라서 늦은 감이 없지 않으나 앞으로의 수많은 세월을 생각하면서 완전한 해설본을 내놓기로 한 것이다.

· 원공선사 저

내가 보고 내가 바꾸는 DIY사주

신비한 동양철학 40

내가 보고 내가 바꾸는 사주비결!

이 책은 기존의 책들과는 달리 한 사람의 사주를 체계적으로 도표화시켜 한 눈에 파악할 수 있고, DIY라는 책 제목에서 말하듯이 개운하는 방법을 제시하고 있다. 초심자는 물론 전문가도 자신의 이론을 새롭게 재조명해 볼 수 있는 케이스 스터디 북이다.

· 석오 전 광 지음

남사고의 마지막 예언

신비한 동양철학 29

이 책으로 격암유록에 대한 논란이 끝나기 바란다

감히 이 책을 21세기의 성경이라고 말한다. 〈격암유록〉
은 섭리가 우리민족에게 준 위대한 복음서이며, 선물이
며, 꿈이며, 인류의 희망이다. 이 책에서는 〈격암유록〉
이 전하고자 하는 바를 주제별로 정리하여 문답식으로
풀어갔다. 이 책으로 〈격암유록〉에 대한 논란은 끝나기
바란다.

· 석정 박순용 저

진짜부적 가짜부적

신비한 동양철학 7

부적의 실체와 정확한 제작방법

인쇄부적에서 가짜부적에 이르기까지 많게는 몇백만원
에 팔리고 있다는 보도를 종종 듣는다. 그러나 부적은
정확한 제작방법에 따라 자신의 용도에 맞게 스스로
만들어 사용하면 훨씬 더 좋은 효과를 얻을 수 있다.
이 책은 중국에서 정통부적을 연구한 국내유일의 동양
오술학자가 밝힌 부적의 실체와 정확한 제작방법을 소
개하고 있다.

· 오상익 저

한눈에 보는 손금

신비한 동양철학 52

논리정연하며 바로미터적인 지침서

이 책은 수상학의 연원을 초월해서 동서합일의 이론으로 집필했다. 그야말로 완벽하리만치 논리정연한 수상학을 정리한 것이다. 그래서 운명적, 철학적, 동양적, 심리학적인 면을 예증과 방편에 이르기까지 아주 상세하게 기술했다. 이 책은 수상학이라기 보다 한 인간의 바로미터적인 지침서 역할을 해줄 것이다. 독자 여러분의 꾸준한 연구와 더불어 인생성공의 지침서가 될 수 있을 것이다.

· 정도명 저

만세력 | 사륙배판 · 신국판 사륙판 · 포켓판

신비한 동양철학 45

찾기 쉬운 만세력

이 책은 완벽한 만세력으로 만세력 보는 방법을 자세하게 설명했다. 그리고 역학에 대한 기본적인 내용과 결혼하기 좋은 나이 · 좋은 날 · 좋은 시간, 아들 · 딸 태아감별법, 이사하기 좋은 날 · 좋은 방향 등을 부록으로 실었다.

· 백우 김봉준 저

수명비결

신비한 동양철학 14

주민등록번호 13자로 숙명의 정체를 밝힌다

우리는 지금 무수히 많은 숫자의 거미줄에 매달려 허우적거리며 살아가고 있다. 1분 · 1초가 생사를 가름하고, 1등 · 2등이 인생을 좌우하며, 1급 · 2급이 신분을 구분하는 세상이다. 이 책은 수명리학으로 13자의 주민등록번호로 명예, 재산, 건강, 수명, 애정, 자녀운 등을 미리 읽어본다.

· 장충한 저

운명으로 본 나의 질병과 건강상태

신비한 동양철학 9

타고난 건강상태와 질병에 대한 대비책

이 책은 국내 유일의 동양오술학자가 사주학과 더불어 정통명리학의 양대산맥을 이루는 자미두수 이론으로 임상실험을 거쳐 작성한 표준자료다. 따라서 명리학을 응용한 최초의 완벽한 의학서로 질병을 예방하고 치료하는데 활용한다면 최고의 의사가 될 것이다. 또한 예방의학적인 차원에서 건강을 유지하는데 훌륭한 지침서로 현대의학의 새로운 장을 여는 계기가 될 것이다.

· 오상익 저

오행상극설과 진화론

신비한 동양철학 5

인간과 인생을 떠난 천리란 있을 수 없다

과학이 현대를 설정하여 설명하고 있으나 원리는 동양 철학에도 있기에 그 양면을 밝히고자 노력했다. 우주에서 일어나는 모든 일을 과학으로 설명될 수는 없다. 비과학적이라고 하기보다는 과학이 따라오지 못한다고 설명하는 것이 더 솔직하고 옳은 표현일 것이다. 특히 과학분야에 종사하는 신의사가 저술했다는데 더 큰 화제가 되고 있다.

· 김태진 저

사주학의 활용법

신비한 동양철학 17

가장 실질적인 역학서

우리가 생소한 지방을 여행할 때 제대로 된 지도가 있다면 편리하고 큰 도움이 되듯이 역학이란 이와같은 인생의 길잡이다. 예측불허의 인생을 살아가는데 올바른 안내자나 그 무엇이 있다면 그 이상 마음 든든하고 큰 재산은 없을 것이다.

· 학선 류래웅 저

동양철학전문출판 삼한

쉽게 푼 주역

신비한 동양철학 10

귀신도 탄복한다는 주역을 쉽고 재미있게 풀어놓은 책

주역이라는 말 한마디면 귀신도 기겁을 하고 놀라 자빠진다는데, 운수와 일진이 문제가 될까. 8×8=64괘라는 주역을 한 괘에 23개씩의 회답으로 해설하여 1472괘의 신비한 해답을 수록했다. 당신이 당면한 문제라면 무엇이든 해결할 수 있는 열쇠가 이 한 권의 책 속에 있다.

· 정도명 저

핵심 관상과 손금

신비한 동양철학 54

사람을 볼 줄 아는 안목과 지혜를 알려주는 책

오늘과 내일을 예측할 수 없을만큼 복잡하게 펼쳐지는 현실에서 살아남기 위해서는 사람을 볼줄 아는 안목과 지혜가 필요하다. 시중에 관상학에 대한 책들이 많이 나와있지만 너무 형이상학적이라 전문가도 이해하기 어렵다. 이 책에서는 누구라도 쉽게 보고 이해할 수 있도록 핵심만을 파악해서 설명했다.

· 백우 김봉준 저

진짜궁합 가짜궁합

신비한 동양철학 8

남녀궁합의 새로운 충격

중국에서 연구한 국내유일의 동양오술학자가 우리나라 역술가들의 궁합법이 잘못되었다는 것을 학술적으로 분석·비평하고, 전적과 사례연구를 통하여 궁합의 실체와 타당성을 분석했다. 합리적인 「자미두수궁합법」과 「남녀궁합」 및 출생시간을 몰라 궁합을 못보는 사람들을 위하여 「지문으로 보는 궁합법」 등을 공개한다.

· 오상익 저

좋은꿈 나쁜꿈

신비한 동양철학 15

그날과 앞날의 모든 답이 여기 있다

개꿈이란 없다. 꿈은 반드시 미래를 예언한다. 이 책은 프로이드의 정신분석학적인 입장이 아닌 미래판단의 근거에 입각한 예언적인 해몽학이다. 여러 형태의 꿈을 체계적으로 정리했으니 올바른 해몽법으로 앞날을 지혜롭게 대처해 보자. 모쪼록 각 가정에서 한 권씩 두고 이용하면 생활하는데 많은 도움이 될 것이다.

· 학선 류래웅 저

완벽 만세력

신비한 동양철학 58

착각하기 쉬운 썸머타임 2도 인쇄

시중에 많은 종류의 만세력이 나와있지만 이 책은 단순한 만세력이 아니라 완벽한 만세경전으로 만세력 보는 법 등을 실었기 때문에 처음 대하는 사람이라도 쉽게 볼 수 있도록 편집되었다. 또한 부록편에는 사주명리학, 신살종합해설, 결혼과 이사택일 및 이사방향, 길흉보는 법, 우주천기와 한국의 역사 등을 수록했다.

· 백우 김봉준 저

周易·토정비결

신비한 동양철학 40

토정비결의 놀라운 비결

지금 시중에 나와 있는 토정비결에 대한 책들을 보면 옛날부터 내려오는 완전한 비결이 아니라 반쪽의 책이다. 그러나 반쪽이라고 말하는 사람이 없다. 그것은 주역의 원리를 모르기 때문이다. 따라서 늦은 감이 없지 않으나 앞으로의 수많은 세월을 생각하면서 완전한 해설본을 내놓기로 했다.

· 원공선사 저

현장 지리풍수

신비한 동양철학 48

현장감을 살린 지리풍수법

풍수를 업으로 삼는 사람들이 진(眞)과 가(假)를 분별할 줄 모르면서 24산의 포태사묘의 법을 익히고는 많은 법을 알았다고 자부하며 뽐내고 있다. 그리고는 재물에 눈이 어두워 불길한 산을 길하다 하고, 선하지 못한 물(水)을 선하다 하면서 죄를 범하고 있다. 이는 분수 밖의 것을 망녕되게 바라기 때문이다. 마음 가짐을 바로하고 고대 원전에 공력을 바치면서 산간을 실사하며 적공을 쏟으면 정교롭고 세밀한 경지를 얻을 수 있을 것이다.

· 전항수 · 주관장 편저

완벽 사주와 관상

신비한 동양철학 55

사주와 관상의 핵심을 한 권에

자연과 인간, 음양(陰陽)오행과 인간, 사계와 절후, 인상(人相)과 자연, 신(神)들의 이야기 등등 우리들의 삶과 관계되는 사실적 관계로만 역(易)을 설명해 누구나 쉽게 이해할 수 있도록 썼으며 특히 역(易)에 대한 관심과 흥미를 갖게 하고자 인상학(人相學)을 추록했다. 여기에 추록된 인상학(人相學)은 시중에서 흔하게 볼 수 있는 상법(相法)이 아니라 생활상법(生活相法) 즉 삶의 지식과 상식을 드리고자 했으니 생활에 유익함이 있기를 바란다.

· 김봉준 · 유오준 공저

동양철학전문출판 삼한

해몽 · 해몽법

신비한 동양철학 50

해몽법을 알기 쉽게 설명한 책

인생은 꿈이 예지한 시간적 한계에서 점점 소멸되어 가는 현존물이기 때문에 반드시 꿈의 뜻을 따라야 한다. 이것은 꿈을 먹고 살아가는 인간 즉 태몽의 끝장면인 죽음을 향해 달려가고 있는 인간이기 때문이다. 꿈은 우리의 삶을 이끌어가는 이정표와도 같기에 똑바로 가도록 노력해야 한다.

· 김종일 저

역점

신비한 동양철학 57

우리나라 전통 행운찾기

주역을 무조건 미신으로 치부해버리는 생각은 버려야 한다. 주역이 점치는 책에만 불과했다면 벌써 그 존재가 없어졌을 것이다. 그러나 오랫동안 많은 학자가 연구를 계속해왔고, 그 속에서 자연과학과 형이상학적인 우주론과 인생론을 밝혀, 정치 · 경제 · 사회 등 여러 방면에서 인간의 생활에 응용해왔고, 삶의 지침서로써 그 역할을 했다. 이 책은 한 번만 읽으면 누구나 역점가가 될 수 있으니 생활에 도움이 되길 바란다.

· 문명상 편저

명리학연구

신비한 동양철학 59

체계적인 명확한 이론

이 책은 명리학 연구에 핵심적인 내용만을 모아 하나의 독립된 장을 만들었다. 명리학은 분야가 넓어 공부를 하다보면 주변에 머무르는 경우가 많아, 주요 내용을 잃고 헤매는 경우가 많다. 그러므로 뼈대를 잡는 것이 중요한데, 여기서는 「17장. 명리대요」에 핵심 내용만을 모아 학문의 체계를 잡는데 용이하게 하였다.

· 권중주 저

쉽게 푼 풍수

신비한 동양철학 60

현장에서 활용하는 풍수지리법

산도는 매우 광범위하고, 현장에서 알아보기 힘들다. 더구나 지금은 수목이 울창해 소조산 정상에 올라가도 나무에 가려 국세를 파악하는데 애를 먹는다. 그러므로 사진을 첨부하니 많은 도움이 되길 바란다. 물론 결록에 있고 산도가 눈에 익은 것은 혈 사진과 함께 소개하니 참고하기 바란다. 이 책을 열심히 정독하면서 답산하면 혈을 알아보고 용산도 할 수 있을 것이다.

· 전항수 · 주장관 편저

올바른 작명법

신비한 동양철학 61

세상의 부모들에게 가장 소중한 것이 무엇이냐고 물으면 누구든 자녀라고 할 것이다. 그런데 왜 평생을 좌우할 이름을 함부로 짓는가. 이름이 얼마나 소중한지를. 이름의 오행작용이 사람의 일생을 어떻게 좌우하는지를 모르기 때문이다. 세상만물은 음양오행의 영향을 받지 않는 것이 없다. 봄이 가면 여름이 오고, 여름이 가면 가을이 오고, 가을이 가면 겨울이 오고, 겨울이 가면 봄이 오는 것 또한 음양오행의 원리다.

· 이정재 저

신수대전

신비한 동양철학 62

흉함을 피하고 길함을 부르는 방법

신수를 보는 방법은 여러 가지가 있는데 대부분이 주역과 사주추명학에 근거를 둔다. 수많은 학설 중에서 몇 가지를 보면 사주명리, 자미두수, 관상, 점성학, 구성학, 육효, 토정비결, 매화역수, 대정수, 초씨역림, 황극책수, 하락리수, 범위수, 월영도, 현무발서, 철판신수, 육임신과, 기문둔갑, 태을신수 등이다. 역학에 정통한 고사가 아니면 제대로 추단하기 어려운데 엉터리 술사들이 넘쳐난다. 그래서 누구나 자신의 신수를 볼 수 있도록 몇 가지를 정리했다.

· 도관 박흥식

음택양택

신비한 동양철학 63

현세의 운·내세의 운

이 책에서는 음양택명당의 조건이나 기타 여러 가지를
설명하여 산 자와 죽은 자의 행복한 집을 만들 수 있도
록 했다. 특히 죽은 자의 집인 음택명당은 자리를 옳게
잡으면 꾸준히 생기를 발하여 흥하나, 그렇지 않으면
큰 피해를 당하니 돈보다도 행·불행의 근원인 음양택
명당에 관심을 기울여야 한다.

· 전항수·주장관 지음

이런 집에 살아야 잘 풀린다

신비한 동양철학 64

운이 트이는 좋은 집 알아보는 비결

힘든 상황에서 내 가족이 지혜롭게 대처하고 건강을
지켜주는, 한마디로 운이 트이는 집은 모두의 꿈일 것
이다. 가족이 평온하게 생활할 수 있는 집, 나가서는 발
전을 가져다 줄 수 있는 그런 집이 있다면 얼마나 좋을
까? 그런 소망에 한 걸음이라도 가까워지려면 막연하
게 운만 기대해서는 안 된다. '호랑이를 잡으려면 호랑
이 굴로 들어가라' 는 속담이 있듯이 좋은 집을 가지려
면 그만한 노력이 있어야 한다.

· 강현술·박흥식 감수

사주에 모든 길이 있다

신비한 동양철학 65

사주를 간명하는데 조금이라도 도움이 되었으면 하는 바람에서 이 책을 쓰게 되었다. 간명의 근간인 오행의 왕쇠강약을 세분해서 설명했다. 그리고 대운과 세운, 세운과 월운의 연관성과, 십신과 여러 살이 운명에 미치는 암시와, 십이운성으로 세운을 판단하는 방법을 설명했다.

・정담 선사 편저

사주학

신비한 동양철학 66

5대 원서의 핵심과 실용

이 책은 사주학을 체계적으로 공부하려는 학도들을 위해 꼭 알아야 할 내용과 용어를 수록하는데 중점을 두었다. 이 학문을 공부하려고 찾아온 사람들에게 여러 가지 질문을 던져보면 거의 기초지식이 시원치 않다. 그런 상태로 사주를 읽으려니 제대로 될 리가 없다. 이 책으로 용어와 제반지식을 터득하면 빠른 시일에 소기의 목적을 이룰 수 있을 것이다.

・글갈 정대엽 저

주역 기본원리

신비한 동양철학 67

주역의 기본원리를 통달할 수 있는 책

이 책에서는 기본괘와 변화와 기본괘가 어떤 괘로 변했을 경우 일어날 수 있는 내용들을 설명하여 주역의 변화에 대한 이해를 돕는데 주력하였다. 그러나 그런 내용을 구분할 수 있는 방법을 전부 다 설명할 수는 없기에 뒷장에 간단하게설명하였고, 다른 책들과 설명의 차이점도 기록하였으니 참작하여 본다면 조금이나마 도움이 될 것이다.

· 원공선사 편저

사주특강

신비한 동양철학 68

자평진전과 적천수의 재해석

이 책은 『자평진전(子平眞詮)』과 『적천수(滴天髓)』를 근간으로 명리학(命理學)의 폭넓은 가치를 인식하고, 실전에서 유용한 기반을 다지는데 중점을 두고 썼다. 일찍이 『자평진전(子平眞詮)』을 교과서로 삼고, 『적천수(滴天髓)』로 보완하라는 서낙오(徐樂吾)의 말에 깊이 공감한다.

청월 박상의 편저

동양철학전문출판 **삼한**

복을 부르는방법

신비한 동양철학 69

나쁜 운을 좋은 운으로 바꾸는 비결

개운하는 방법은 여러 가지가 있으나, 이 책의 비법은
축원문을 독송하는 것이다. 독송이란 소리내 읽는다는
뜻이다. 사람의 말에는 기운이 있는데, 이 기운은 자신
에게 돌아온다. 좋은 말을 하면 좋은 기운이 돌아오고,
나쁜 말을 하면 나쁜 기운이 돌아온다. 이 책은 누구나
어디서나 쉽게 비용을 들이지 않고 좋은 운을 부를 수
있는 방법을 실었다.

· 역산 김찬동 편저

인터뷰 사주학

신비한 동양철학 70

쉽고 재미있는 인터뷰 사주학

얼마전까지만 해도 사주학을 취급하는 사람들은 미신
을 다루는 부류로 취급되었다. 그러나 지금은 하루가
다르게 이 학문을 공부하는 사람들이 폭증하고 있는
것으로 보인다. 젊은 층에서 사주카페니 사주방이니 사
주동아리니 하는 것들이 만들어지고 그 모임이 활발하
게 움직이고 있다는 점이 그것을 증명해준다. 그뿐 아
니라 대학원에는 역학교수들이 점차로 증가하고 있다.

· 글갈 정대엽 편저

육효대전

신비한 동양철학 37

정확한 해설과 다양한 활용법

동양의 고전 중에서도 가장 대표적인 것이 주역이다. 주역은 옛사람들이 자연의 법칙을 거울삼아 인간이 생활을 영위해 나가는 처세에 관한 지혜를 무한히 내포하고, 피흉추길하는 얼과 슬기가 함축된 점서)인 동시에 수양·과학서요 철학·종교서라고 할 수 있다.

· 도관 박홍식 편저

사람을 보는 지혜

신비한 동양철학 73

관상학의 초보에서 완성까지

현자는 하늘이 준 명을 알고 있기에 부귀에 연연하지 않는다. 사람은 마음을 다스리는 심명이 있다. 마음의 명은 자신만이 소통하는 유일한 우주의 무형의 에너지이기 때문에 잠시도 잊으면 안된다. 관상학은 사람의 상으로 이런 마음을 살피는 학문이니 잘 이해하여 보다 나은 삶을 삶을 영위할 수 있도록 노력해야 한다.

· 이부길 편저